职业教育·城市轨道交通类专业教材

轨道交通高电压设备测试

赵 勇 主编
杨艳萍 副主编

（第2版）

人民交通出版社
北 京

内 容 提 要

本教材为职业教育城市轨道交通类专业教材,共分8个项目,分别介绍了电介质绝缘特性测试、电压互感器测试、电流互感器测试、电力电缆测试、变压器特性测试、避雷装置测试、轨道交通高压电气设备测试、高压安全用具的检查与测试。

教材坚持育人和育才相统一的思想,在教学设计中,融入课程思政;理实一体、岗课赛证融通;校企合作,双师团队开发;形式活泼,配套数字资源,助力线上线下混合教学。

本教材可作为职业教育城市轨道交通供配电技术专业和铁道供电技术专业的教学用书,也可以作为职业技能培训与鉴定教材,或供从事高压测试类维护与管理人员、现场一线员工参考。

本教材配套PPT课件、视频动画、实训等资源,任课教师可通过加入"职教轨道教学研讨群(QQ群:129327355)"获取课件等资源。

图书在版编目(CIP)数据

轨道交通高电压设备测试/赵勇主编. —2版. —北京:人民交通出版社股份有限公司,2024.6 (2024.12重印)

ISBN 978-7-114-19414-6

Ⅰ.①轨⋯ Ⅱ.①赵⋯ Ⅲ.①轨道交通—电气化铁道—高压电器—电气设备—测试 Ⅳ.①U223.6

中国国家版本馆CIP数据核字(2024)第020432号

职业教育·城市轨道交通类专业教材
Guidao Jiaotong Gaodianya Shebei Ceshi

书　　名:	轨道交通高电压设备测试(第2版)
著 作 者:	赵　勇
责任编辑:	杨　思
责任校对:	赵媛媛　龙　雪
责任印制:	刘高彤
出版发行:	人民交通出版社
地　　址:	(100011)北京市朝阳区安定门外外馆斜街3号
网　　址:	http://www.ccpcl.com.cn
销售电话:	(010)85285911
总 经 销:	人民交通出版社发行部
经　　销:	各地新华书店
印　　刷:	北京市密东印刷有限公司
开　　本:	787×1092　1/16
印　　张:	15.5
字　　数:	360千
版　　次:	2014年1月　第1版 2024年6月　第2版
印　　次:	2024年12月　第2版　第2次印刷　总第6次印刷
书　　号:	ISBN 978-7-114-19414-6
定　　价:	48.00元

(有印刷、装订质量问题的图书,由本社负责调换)

第2版前言

【编写理念】

本教材以习近平新时代中国特色社会主义思想为指导,深入贯彻党的二十大精神,全面贯彻党的教育方针,落实立德树人根本任务;完善岗课赛证综合育人机制,按照生产实际和岗位需求设计教材,开发模块化、系统化的实训课程体系,提升学生实践能力。

【修订思路】

此次修订,进一步突出以学生为中心。根据城市轨道交通供配电技术专业和铁道供电技术专业教学标准要求以及特种作业高压电气试验工、高压电工的证书要求,增加油色谱分析、断路器开关特性测试、回路电阻测试和高压安全工器具的使用等相关内容;另外增加轨道交通高压电气设备测试部分,以满足电力设备测试的要求和电气试验工、高压电工的考证需求。其他章节根据最新的行业标准进行了删改,对电介质理论和击穿放电发展过程,以及电力系统过电压与防雷设备研究计算等理论方面进行删减,符合学生认知规律,书中还新增配了数字资源,便于学生学习。

此次修订,进一步贯彻课程思政要求。在基于工作过程的教学改革模式探索中,把胸怀祖国、服务人民的爱国精神,勇攀高峰、敢为人先的创新精神,追求真理、严谨治学的求实精神,淡泊名利、潜心研究的奉献精神等引入教材中。

此次修订,进一步加强校企合作。聘请中国铁路济南局集团有限公司济南高压试验所、济南供电段试验组、济南地铁、电力相关公司专业从事高压电气设备测试、检修工作的高级技师、高压设备生产厂家工程师等多位企业生产一线的管理及技术人员,探讨高压试验工日常真实的工作内容,重构以职业能力为核心的工作过程课程体系,系统性地设计以工作过程为导向的教材,将每个学习情境的教学内容、教学资料、教学组织、教学环境、教学方法进行整体设计。工学结合的新教材旨在创新教学方式,变学生被动学习为主动学习,变传统课堂教授为任务驱动式教学模式,变他人管理模式为学生自我管理模式,变个人学习为团队协作学习,变一次性考试为全过程考核。

此次修订，进一步深化岗课赛证融通。围绕电力系统的高电压技术，从高压电气试验工岗位技能要求出发，设置高电压设备测试课程学习标准和方向。通过特种作业电气试验工证书、高压电工证书技能训练对职业技能和职业领域进行提升、强化和拓展。教学组织引入供电技术竞赛机制，培养综合职业能力，提升就业竞争力，将岗课赛证融进每一个任务中去。验电器、接地线、安全帽、绝缘手套、绝缘靴、绝缘棒等安全防护用具与兆欧表、电桥、接地电阻测试仪等仪表的使用、安全用电相关知识与"1+X"轨道交通电气设备装调职业技能等级证书考证要求紧密相连。

【主要内容】

教材共分8个项目，分别介绍了电介质绝缘特性测试、电压互感器测试、电流互感器测试、电力电缆测试、变压器特性测试、避雷装置测试、轨道交通高压电气设备测试、高压安全用具的检查与测试。依据《电气装置安装工程 电气设备交接试验标准》(GB 50150—2016)和《电力设备预防性试验规程》(DL/T 596—2021)等国家标准和电力行业规范的相关规定，结合常规变配电所安装施工实践及常用的电力仪器设备，进行交接、预防性及特性测试。按照交接试验和预防性试验规程标准，详细介绍了各种高压电气设备的试验方法和仪器的使用方法，并根据现有设备编制出切实可行的工作任务，学以致用，增强电气设备检修与试验作业中人员的安全和规范化作业意识，为我国电气化铁路和地铁行业的安全运行培养出更多职业素质高、专业技术强的技能人才。

【编写分工】

本教材由山东职业学院赵勇担任主编，山东职业学院杨艳萍担任副主编。武汉国电西高电气有限公司高级工程师廖元杰、中国铁路济南局集团有限公司供电段工程师邹聪、包头铁道职业技术学院祁瑒娟、辽宁轨道交通职业学院马成禄参与编写。其中杨艳萍编写项目7；廖元杰编写项目1任务1.2的油色谱分析和项目8任务8.2的绝缘杆测试；祁瑒娟编写项目8任务8.2的安全帽测试；马成禄编写项目7任务7.2电缆核相；其余由赵勇编写。全书由赵勇负责统稿和修订。

【适用对象】

本教材可作为职业教育城市轨道交通供配电技术专业和铁道供电技术专业的教学用书，也可以作为职业技能培训与鉴定教材，或供从事高压测试类维护与管理人员、现场一线员工参考。

【致谢】

在此，向为教材的编写提供大量素材和技术资料的专家们表示衷心的感谢！感谢武汉国电西高电气有限公司、山东国能电力技术研究中心、山东国电电力培训中心、山东省电力行业协会提供的视频资料。

由于作者水平有限，教材内容难免会有纰漏之处，敬请广大读者或同行专家提出宝贵意见，我们将在教材重印及修订时不断完善更新。

编 者
2024年1月

数字资源索引

资源使用说明：

1. 扫描封面二维码，注意每个码只可激活一次；
2. 长按弹出界面的二维码关注"交通教育出版"微信公众号并自动绑定资源；
3. 公众号弹出"购买成功"通知，点击"查看详情"，进入后即可查看资源；
4. 也可进入"交通教育出版"微信公众号，点击下方菜单"用户服务—图书增值"，选择已绑定的教材进行观看。

序号	名称
项目1　电介质绝缘特性测试	
1	气体介质击穿测试
2	变压器油的绝缘特性测试
3	固体介质的绝缘特性测试
项目2　电压互感器测试	
4	电磁式电压互感器绝缘电阻测试(动画仿真)
5	电压互感器介质损耗角正切值测试(电气试验工)
项目3　电流互感器测试	
6	电流互感器励磁特性测试(电气试验工)
7	电流互感器特性测试(动画仿真)
项目4　电力电缆测试	
8	油纸绝缘电缆的直流耐压试验(动画仿真)
9	电力电缆变频串联谐振交流耐压试验(动画仿真)
10	交联聚乙烯电缆的交流高压测试(动画仿真)

续上表

序号	名称
项目 5　变压器特性测试	
11	三相变压器电压比的测试(动画仿真)
12	电力变压器电压比测试(电气试验工)
13	变压器直流电阻测试(动画仿真)
14	断路器触头接触排查(电气试验工)
15	断路器动作特性(动画仿真)
项目 6　避雷装置测试	
16	接地电阻测试仪介绍
项目 7　轨道交通高压电气设备测试	
17	电力电缆故障测寻
项目 8　高压安全用具的检查与测试	
18	绝缘手套的检查
19	绝缘靴的检查
20	绝缘手套测试
21	绝缘靴测试
22	验电器的检查
23	安全帽的检查
24	安全帽力学性能测试
25	绝缘杆高压测试

目 录
CONTENTS

数字资源索引 ··· I

项目1 电介质绝缘特性测试 ··· 1

 任务1.1 气体介质绝缘特性测试 ·· 2
  ◈ 专项实训1.1 气体介质击穿测试 ·································· 30
 任务1.2 液体、固体介质绝缘特性测试 ································ 33
  ◈ 专项实训1.2 变压器油的绝缘特性测试 ························· 54
  ◈ 专项实训1.3 固体介质的绝缘特性测试 ························· 56
 拓展练习 ·· 58

项目2 电压互感器测试 ·· 60

 任务2.1 电磁式电压互感器绝缘电阻测试 ···························· 61
  ◈ 专项实训2.1 电磁式电压互感器绝缘电阻测试 ················ 68
 任务2.2 电压互感器介质损耗角正切值的测试 ······················· 70
  ◈ 专项实训2.2 电压互感器介质损耗角正切值测试 ············· 76
 拓展练习 ·· 79

项目3 电流互感器测试 ·· 80

 任务3.1 电流互感器局部放电测试 ····································· 81
  ◈ 专项实训3.1 电流互感器局部放电测试 ························· 89

任务 3.2　电流互感器特性测试 ··· 92
　　　　❈专项实训 3.2　电流互感器特性测试 ······································ 97
　拓展练习 ··· 99

项目 4　电力电缆测试 ·· 100

　任务 4.1　电力电缆的直流泄漏电流及直流耐压测试 ····························· 101
　　　　❈专项实训 4.1　电力电缆直流高压测试 ·································· 110
　任务 4.2　电力电缆的交流耐压测试 ·· 114
　　　　❈专项实训 4.2　电力电缆交流高压测试 ·································· 121
　拓展练习 ··· 123

项目 5　变压器特性测试 ··· 127

　任务 5.1　电力变压器电压比测试 ··· 128
　　　　❈专项实训 5.1　电力变压器电压比测试 ·································· 132
　任务 5.2　变压器绕组的直流电阻测试 ··· 134
　　　　❈专项实训 5.2　变压器直流电阻测试 ····································· 139
　拓展练习 ··· 141

项目 6　避雷装置测试 ·· 146

　任务 6.1　金属氧化物避雷器直流 1mA 电压和 0.75 倍直流参考电压下的
　　　　　　泄漏电流测试 ··· 147
　　　　❈专项实训 6.1　避雷器直流参考电压和 0.75 倍直流参考电压下的
　　　　　　　　　　　　泄漏电流测试 ·· 173
　任务 6.2　避雷针接地电阻测试 ·· 175
　　　　❈专项实训 6.2　避雷针接地电阻测试 ····································· 183
　拓展练习 ··· 185

项目 7　轨道交通高压电气设备测试 ·· 188

　任务 7.1　开关柜 SF_6 气体检漏与含水率测试 ·································· 189
　　　　❈专项实训 7.1　SF_6 气体红外检漏测试 ····························· 193
　　　　❈专项实训 7.2　SF_6 气体含水率测试 ·································· 195
　任务 7.2　电力电缆故障测寻 ··· 197
　　　　❈专项实训 7.3　电力电缆故障测寻 ·· 208
　拓展练习 ··· 210

项目 8　高压安全用具的检查与测试 ·············· 214

任务 8.1　绝缘手套和绝缘靴的检查与测试 ·············· 215
◈ 专项实训 8.1　绝缘手套和绝缘靴的测试 ·············· 220

任务 8.2　高压验电器的检查与测试 ·············· 222
◈ 专项实训 8.2　高压验电器的测试 ·············· 227

拓展练习 ·············· 229

附录 1　标准说明书所需文件 ·············· 234

附录 2　电气试验工、高压电工文件 ·············· 235

参考文献 ·············· 236

项目1

电介质绝缘特性测试

知识目标

1. 掌握气体放电理论。
2. 熟悉电介质的基本特性。
3. 掌握液体电介质的放电理论。
4. 掌握液体电介质的击穿特性。
5. 熟悉固体电介质的击穿特性。

能力目标

1. 能用高压测试装置进行气隙放电的测试。
2. 能用油耐压测试仪进行变压器油的放电测试。
3. 能用电压击穿测试仪进行固体的放电测试。
4. 能够在专人的监护和配合下独立完成整个测试过程。
5. 能根据相关标准、规程对测试结果做出正确的判断和比较全面的分析。

素质目标

1. 具备创新思维和创新能力,能够在未来的发展中具有竞争力。
2. 具备实践能力和实践经验,能够将所学知识应用到实际岗位中。
3. 具备社会责任和国际视野,能够在社会中扮演积极的角色。

建议学时

8学时。

任务1.1 气体介质绝缘特性测试

任务导入

在实际工程应用中,许多电气设备都利用空气作为绝缘介质,因此,对空气间隙的抗电强度和击穿特性的研究在高压技术中具有一定的实际意义。一般采用棒-板间隙模拟不均匀电场的空气间隙,用对称球-球间隙模拟均匀电场的空气间隙。通过测试这两种间隙在不同电压作用下的击穿特性,以确定空气间隙在实际工程中各种击穿电压和电气设备的安全距离。那如何进行气体介质绝缘特性测试呢?

理论知识

一、气体中带电质点的产生与消失

气体放电是气体中流通电流的各种形式的统称,是电流通过气体时发生的现象。在日常生活中,利用气体放电原理制成的电光源器具也很多,比如荧光灯、钠灯等;在电力工业中,气体放电更是一个经常涉及和研究的课题。

电气设备通常是由导电体和绝缘体组成的。各种金属材料构成了设备的导电(有时是导磁)回路,各种绝缘材料则将设备不同电位的导电体与大地之间可靠隔离。大量的事实表明,绝缘体是电气设备中的关键部分,同时也是比较薄弱的部分,其性能优劣将决定设备及系统能否安全、可靠地运行。绝大多数的电力系统故障就是由于绝缘遭到破坏引起的。因此,研究各类电介质(能够被电极化的介质)在高电压作用下的电气特性是十分必要的。

电介质就其形态而言,可分为气体电介质、液体电介质和固体电介质。气体电介质,尤其是空气介质在电力系统中的应用非常广泛,例如几乎所有的高压输电线路(除了电力电缆)、隔离开关的断口等都是利用空气作为绝缘的。由物理知识可知,在正常情况下空气是不导电的,即为通常所说的绝缘体。实际上,受各种宇宙射线的作用,一般情况下,空气中含有少量的带电质点,但数量极少,故无法构成导电通道。但是,如果对空气间隙外加某一临界电压时,气隙中的电流会突然剧增,同时出现明显的发光、发热现象,空气间隙会突然失去绝缘性能而变成导电通道,我们把这种现象称为气体放电。

实际上,气体放电存在两种形式——击穿与闪络,前者是指纯气隙的放电,后者是指沿着固体表面的气体放电。击穿与闪络统称为放电。气体放电只会引起绝缘性能的暂时丧失,一旦放电结束,又可自行恢复其绝缘性能,所以气体绝缘是一种自恢复绝缘。

空气是取之不尽、用之不竭的,是一种最廉价的绝缘材料。工程上通常采用空气介质作为电气设备的外绝缘(设备外壳外部的绝缘)和架空线路的绝缘。在气体电介质中,除了空气外,工程上还大量采用六氟化硫(SF_6)气体作为绝缘介质,六氟化硫气体通常用于电气设备的内绝缘(设备外壳内部的绝缘)。

1. 气体中带电质点的产生

在外界因素的作用下,气体原子吸收外界能量使内部能量增加,这时气体原子核外的电子将从离原子核较近的轨道跳到离原子核较远的轨道上去,此过程称为原子的激励。原子的激励状态是不稳定状态,经过极短的时间就会恢复到正常状态,激励原子回到正常状态时将以光的形式放出能量。

如果中性原子由外界获得足够的能量,以致使原子中的一个或几个电子完全脱离原子核的束缚而成为自由电子和正离子(即带电质点),此过程称为原子的游离。游离是激励的极限状态,气体分子或原子游离所需要的能量称为游离能,游离能随气体种类的不同而不同,一般为 10~15eV。也就是说,气体中的带电质点是通过游离产生的。按照外界能量来源的不同,通常把游离分为碰撞游离、光游离、热游离和表面游离。

(1) 碰撞游离

处于电场中的带电质点,在电场 E 的作用下,沿电场方向不断得到加速并积累动能。当具有的动能积累到一定数值后,在其与气体原子或分子发生碰撞时,可以使后者产生游离。由碰撞而引起的游离称为碰撞游离。

电子、离子、中性质点与中性原子或分子的碰撞以及激发原子与激发原子的碰撞都能产生游离。在气体放电过程中,碰撞游离主要是由自由电子与气体原子或分子相撞而引起的,而离子或其他质点因其本身的体积和质量较大,难以在碰撞前积累足够的能量,产生碰撞游离的可能性很小,因此电子在碰撞游离中起着极其重要的作用。产生碰撞游离的必要条件如下。

$$\frac{1}{2}mv \geq W_i \qquad (1\text{-}1)$$

式中:m——电子的质量;

v——电子的运动速度;

W_i——气体原子或分子的游离能。

质点在两次碰撞之间的距离称为自由行程。由于每两次碰撞间的自由行程长短不一,具有统计性,所以我们引入自由行程 λ 的概念,将 $\bar{\lambda}$ 定义为质点自由行程的平均值(即平均自由行程)。其显然与气体间的压力 p 成反比,与热力学温度 T 成正比。一般情况下,$\bar{\lambda}$ 越大,就越容易发生碰撞游离。通过碰撞,能使中性原子或分子发生游离的电子称为有效电子。

(2) 光游离

当原子中的电子从高能级返回到低能级时,多余的能量以光子的形式释放出来;相反的过程是,原子也可以吸收光子的能量来提高它的位能。和电子碰撞一样,若光子的能量 $h\nu$

大于或等于原子或分子的游离能[式(1-2)]，则可使原子或分子游离。与电子碰撞不同的是，在碰撞后，光子把能量传给原子或分子，而自身便不再存在了。这种由于光辐射引起原子或分子游离的现象称为光游离。

$$h\nu \geqslant W_i \tag{1-2}$$

式中：h——普朗克常数，eV·s，其值为 4.136×10^{-15} eV·s；

ν——光的频率，Hz。

产生光游离的能力取决于光的波长，波长越短，光子的能量越大，则游离能力越强。所以，通常可见光是不能直接产生光游离的。只有各种短波长的高能辐射线，例如宇宙射线、短波长射线（紫外线、γ 射线、X 射线）等才有使气体产生光游离的能力。

在气体放电的过程中，当处于激励状态的原子回到常态以及异号带电质点复合时，都以光子的形式放出多余的能量，成为导致产生光游离的因素。由光游离产生的自由电子称为光电子。

(3) 热游离

气体在热状态下引起的游离过程称为热游离。

常温下，气体质点的热运动所具有的平均动能远低于气体的游离能，因此不可能产生热游离。但在高温下的气体，例如发生电弧放电时，弧柱的温度可高达数千摄氏度以上，这时气体质点的动能就足以导致气体分子或原子在碰撞时产生游离。此外，高温气体的热辐射也能导致气体分子或原子产生光游离，故热游离实质上并不是另外一种独立的游离形式，而是在热状态下产生碰撞游离和光游离的综合形式。

热游离的基本条件是

$$\frac{3}{2}KT \geqslant W_i \tag{1-3}$$

式中：K——玻耳兹曼常数，J/K，其值为 1.38×10^{-23} J/K；

T——热力学温度，K。

(4) 表面游离

以上讨论的是气体在气隙空间里带电质点的产生过程（称为空间游离）。实际上，在气体放电中还存在着金属表面发射电子的过程，称为金属电极表面游离。

使金属表面发射电子所需要的能量称为逸出功。逸出功与金属的微观结构及其表面状态有关，一般在 10eV 以内。可见，金属表面发射电子要比在空间使气体分子游离容易得多。

用各种不同的方式供给金属电极能量，如对阴极加热（热电子发射）、正离子撞击阴极、短波光照射电极（光电效应）以及强电场作用（强场发射）等，都可以使阴极表面发射电子。

2. 气体中带电质点的消失

当气体中发生放电时，除了有不断产生带电质点的游离过程外，同时还存在一个相反的过程，即去游离过程。它将使带电质点从游离区消失，或者削弱产生游离的作用。气体去游离的基本形式有漂移、扩散、复合和吸附效应。

(1) 漂移

带电质点在外电场作用下做定向运动，消失于电极而形成回路电流，从而减少了气体中的带电质点(称为漂移)。电子的漂移速度比离子快得多,故放电电流主要是电子漂移运动的结果。电流的大小取决于带电质点的浓度及其在电场方向的平均速度。

(2) 扩散

气体中带电质点的扩散是由热运动造成的,故它与气体的状态有关。气体的压力越高或温度越低,扩散速度也就越慢。电子的质量远小于离子,所以电子的热运动速度很大,它在热运动过程中所受到的碰撞机会较少,因此,电子的扩散作用比离子要强得多。

(3) 复合

气体中异号电荷的电子相遇时,有可能发生电荷的传递而相互中和,从而使气体中的带电质点减少。复合速度与异号电荷的浓度、相对速度有关。异号电荷的浓度越大,复合的过程也越快速、越强烈,故强烈的游离区也是强烈的复合区。异号电荷的相对速度越小,相互作用的时间就越长,复合的可能性也就越大。气体中电子的运动速度比离子要大得多,故正、负离子间的复合要比正离子和电子间的复合容易发生得多。

需要指出的是,带电质点的复合过程中会发生光辐射,这种光辐射在一定条件下又会导致其他气体分子游离,从而使气体放电呈现跳跃式的发展。

(4) 吸附效应

绝大多数的电子与气体原子或分子碰撞时,可能发生碰撞游离而产生电子和正离子,使得气体中自由电子的数量大增。但是,有些电子和气体原子或分子碰撞时,非但没有游离出新电子,碰撞电子反而被气体分子吸附而形成了负离子,这种现象称为吸附效应。容易吸附电子形成负离子的气体称为电负性气体,如氧、氯、氟、水蒸气和六氟化硫等气体。

如前所述,离子的游离能力远不如电子。吸附效应能有效地减少气体中的自由电子数量,从而对碰撞游离中最活跃的电子起到强烈的束缚作用,大大抑制了放电的发展,因此,也将吸附效应看作一种去游离的方式。

气体中游离与去游离这对矛盾的发展过程将决定气体的状态。当游离因素大于去游离因素时,最终可导致气体击穿;相反,当去游离因素大于游离因素时,最终使气体放电过程消失并恢复为绝缘状态。

二、均匀电场中的放电过程

气体放电理论的研究,首先是从均匀电场开始的。所谓均匀电场,就是在电场中,电场强度处处相等,如两个平行平板电极的电场。

1. 气体放电过程的一般描述

实际上,无论是均匀电场还是不均匀电场,它们的一般放电过程是类似的,那就是随着外施电压的增加,放电都是逐渐发展的,是由非自持放电转入自持放电的。

(1) 自持放电与非自持放电

如图 1-1 所示,在外界光源照射下,对两平行平板电极(极间的电场是均匀的,极间的介质为空气)间施加一可调的直流电压,当电压从零逐渐升高时,可以得到气体中的电流 I 与所加电压 U 之间的关系,即气体的伏安特性曲线,如图 1-2 所示。

线性段 OA:随着电压的升高,带电质点的运动速度增快,间隙中的电流也随之增大。

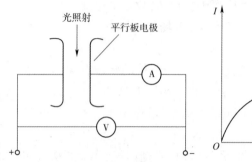
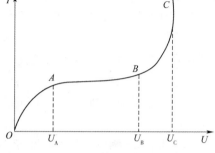

图 1-1　试验原理接线图　　　图 1-2　气体间隙放电时的伏安特性

饱和段 AB：到达 A 点后，电流不再随电压的增大而明显增大，因为这时在单位时间内所有由外界游离因素产生的有限带电质点已全部参与了导电，故电流趋于饱和。饱和段的电流密度仍然是极小的，一般只有 10^{-19}A/cm^2 的数量级，此时气隙仍处于良好的绝缘状态。

碰撞游离段 BC：进一步增大电压以后，间隙中的电流又随外加电压的增大而增大，如曲线的 BC 段。因为这时电子在足够强的电场作用下，已积累足以引起碰撞游离的动能，使得间隙中的带电质点骤增。

自持放电段（C 点以后）：当电压继续升高至某临界值 U_C 以后，电流急剧增大，同时伴随着产生明显的外部特征，如发光、发声等现象。此时气体间隙突然变为良好的导电状态。

试验表明，当外加电压小于 U_C 时，间隙电流极小，气体本身的绝缘性能尚未被破坏。此时若去掉外界游离因素，电流也将消失，我们把这类放电称为非自持放电。当外加电压达到 U_C 后，气体中的游离过程仅仅依靠外电场的作用即可自行维持，而不再需要外游离因素，我们把这类放电称为自持放电。曲线上 C 点就是非自持放电和自持放电的分界点，把由非自持放电转为自持放电的临界电压 U_C 称为起始放电电压，其对应的电场称为起始放电场强 E_0。游离放电的进一步发展以致气隙击穿的最后过程，将随气隙中电场形式的不同而不同。

在均匀电场中，由于各处的场强相等，只要任意一处开始出现自持放电，就意味着整个间隙将被完全击穿，故均匀电场中的起始放电电压等于间隙的击穿电压。试验表明，在标准大气条件下，均匀电场中空气间隙的击穿场强（也称为气体的电气强度）约为 30kV/cm（峰值）。

在不均匀电场中，由于各处的场强差异悬殊，当由非自持放电转入自持放电时，仅仅是在高场强的局部区域出现自持放电（电晕放电），而广大弱电场区域还是良好的绝缘体，故欲使整个间隙击穿，还需继续升高电压。也就是说，在不均匀电场中，击穿电压可能比起始放电电压高得多。

（2）气体放电后的形式

气体放电后，根据电源容量、气体压力、电极形状的不同，将具有不同的放电形式。在电源容量很小、气体压力较低时，表现为充满整个间隙的辉光放电；在电源容量不大、气压较高时，常表现为跳跃性的火花放电；在电源容量较大且内阻较小时，就可能出现电流大、温度高的电弧放电；在电极的曲率半径较小时，会在该电极附近出现有淡淡发光薄层的电晕放电；由电晕电极伸出的明亮而细的断续放电通道，则称为刷状放电。

2. 气体放电理论

如前所述，进入自持放电以后，即使去掉外游离因素，放电仍能够依靠自身而得以维持。

为了解释这一现象,下面介绍汤逊放电理论与流注放电理论。

(1)汤逊放电理论

①电子崩及α过程。在外游离因素的作用下,间隙中产生自由电子,这些起始电子在较强外电场的作用下加速,造成碰撞游离而产生新的电子。新电子和原有的电子又一起从电场获得动能,继续引起碰撞游离。这样,就出现了一个迅猛发展的碰撞游离,使间隙中的带电质点数量剧增,如同雪崩状,这一现象称为电子崩。图1-3所示为电子崩发展的示意图,此时的放电仍属非自持放电。

电子崩的发展过程也被称为α过程。α被称为电子碰撞游离系数,也称汤逊第一游离系数,它表示一个电子沿着电场方向行进的过程中,在单位距离内平均发生碰撞游离的次数。α值与气体的种类、气体的相对密度和电场强度有关。根据试验和理论推导可得

$$\alpha = A\delta e^{\frac{-B\delta}{E}} \tag{1-4}$$

式中:A、B——与气体性质有关的常数;

δ——空气相对密度,$\delta = K\dfrac{P}{T}$,P为压强,T为温度;

E——电场强度。

如图1-4所示,设在外界游离因素的作用下,阴极由于光电子发射产生n_0个电子,在电场的作用下,这n_0个电子在向阳极运动的过程中不断产生碰撞游离,行经距离x时变成了n个电子,再行经dx距离,增加的电子数为dn个,则

$$dn = n\alpha dx$$

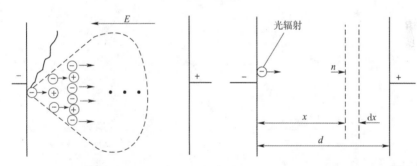

图1-3 电子崩发展的示意图　　图1-4 均匀电场电子崩电子数示意图

对式(1-4)积分,可求得n_0个电子在电场的作用下不断产生碰撞游离,发展电子崩,经距离d而进入阳极的电子数为

$$n = n_0 e^{\int_0^d \alpha dx}$$

当气体状态保持一定且电场均匀时,α为常数,上式变为

$$n = n_0 e^{\alpha d} \tag{1-5}$$

式(1-5)就是电子崩发展的规律。

②β过程。除了α过程,气隙空间中还存在着β过程。一个正离子沿电场方向行进的过程中,在单位距离内平均发生碰撞游离的次数称为正离子碰撞游离系数,即为β,也被称为汤逊第二游离系数。由于正离子质量大、体积大、平均自由行程短,所以在运动中不易积累

引起碰撞游离的能量,因而 β 值极小,在分析时可以忽略。

③γ 过程及汤逊自持放电条件。α 过程仅讨论了电极空间的碰撞游离,实际上正离子及光子在阴极表面均可激发出电子而引起阴极表面游离,称为 γ 过程。为此,引入正离子的表面游离系数 γ,它表示一个正离子在电场的作用下由阳极向阴极运动,撞击阴极表面产生表面游离的电子数,也称为汤逊第三游离系数。在式(1-5)中,令 $n_0 = 1$,则

$$n_d = e^{\alpha d}$$

即一个电子从阴极出发运动到阳极时,由于碰撞游离形成电子崩,到达阳极时将变成 $e^{\alpha d}$ 个电子(包括起始的一个电子)。如果除去起始的一个电子,那么产生的新电子数或正离子数为 $(e^{\alpha d} - 1)$ 个。这些正离子在电场的作用下向阴极运动,并撞击阴极表面,如果 $(e^{\alpha d} - 1)$ 个正离子在撞击阴极表面时,至少能从阴极表面释放出一个有效电子来弥补原来那个产生电子崩并已进入阳极的电子,使后继电子崩无须依靠其他外界游离因素而仅依靠放电过程本身就能自行得到发展。所以汤逊放电理论的自持放电条件可表达为

$$\gamma(e^{\alpha d} - 1) \geq 1 \tag{1-6}$$

④巴申定律。早在汤逊放电理论出现之前,科学家巴申于 19 世纪末对气体放电进行了大量的试验研究,并对均匀电场中的气体放电做出了放电电压与放电距离 d 和气压 p 的乘积的关系曲线,即 $U_b = f(pd)$,如图 1-5 所示。从图中可以看出,曲线呈 U 形,分为左右两半支,并在某 pd 值时曲线有极小值。不同的气体,其最低击穿电压 U_{bmin} 及对应的 pd 值各不相同。对于空气,U_b 的极小值约为 325V。

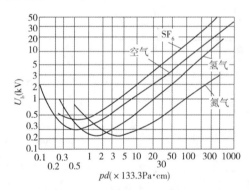

图 1-5 均匀电场中几种气体的击穿电压 U_b 与 pd 的关系曲线

假设 d 保持不变,改变 p。当 p 增大时,虽然电子容易与气体粒子碰撞,但平均自由行程 $\bar{\lambda}$ 将缩短,每次碰撞时,由于电子积聚的动能难以使气体粒子游离,故 U_b 升高;反之,当 p 过分减小时,虽然 $\bar{\lambda}$ 增大,每次碰撞时积聚的动能易引起气体粒子游离,但电子不易与气体粒子相碰撞,使碰撞的机会大大减少,故 U_b 也会增大。

假设 p 保持不变,改变 d。当 d 增大时,欲得到一定的电场强度,外加电压就必须增大;反之,当 d 减小时,电场强度增大,但电子在走完全程中所发生的碰撞次数减少,甚至 $\bar{\lambda}$ 可与 d 相比较,因此电子遇不到气体分子就带着很大的动能直接撞进阳极去了,故 U_b 也会增大。

根据汤逊放电理论,也可得出上述的函数关系 $U_b = f(pd)$。因此,巴申定律可从理论上由汤逊放电理论得到佐证,同时也给汤逊放电理论以试验结果的支持。以上分析结果都是

在假定气体温度不变的情况下得出的。为了考虑温度变化的影响,巴申定律更普遍的形式是以气体的密度代替压力。对空气而言,可用 $U_b = f(\delta d)$ 表示,其中 δ 为空气的相对密度,即实际的空气密度与标准大气条件下的密度之比。

⑤适用范围及局限性。汤逊放电理论可较好地解释低气压、短间隙、均匀电场中的放电现象,δd 过小或过大时,放电机理将出现变化,汤逊放电理论就不适用了。比如在 pd 过小时,强场发射(即金属表面发生强场发射)将导致击穿。而在解释大气中长间隙(即 pd 较大)放电过程时,发现有以下几点试验现象无法全部在汤逊放电理论范围内给予解释。

a. 放电时间。根据汤逊放电理论计算出来的击穿过程所需的时间,至少应等于正离子走过极间距离的时间,而实测的放电时间为此值的 $\frac{1}{100} \sim \frac{1}{10}$。

b. 阴极材料的影响。根据汤逊放电理论,阴极材料在击穿过程中起着重要的作用,然而试验表明,气体在大气压下,间隙的击穿电压与阴极材料无关。

c. 放电外形。按汤逊放电理论,气体放电应在整个间隙中均匀连续发展。低气压下的气体放电区确实占据了整个电极空间,如放电管中的辉光放电。但在大气中气体击穿时会出现有分支的明亮细通道。

通常认为,$\delta d > 0.26 \text{cm}$ 时,击穿过程将发生变化,汤逊放电理论的计算结果不再适用,但其所描述的气体放电的基本物理过程却具有普遍意义。

(2)流注放电理论

汤逊放电理论是用 α 过程及 γ 过程来说明 δd 较小时的放电现象,但当 pd 较大时,如前所述放电过程及现象出现了新的变化。于是在汤逊放电理论的基础上,由洛伊布(Leob)和米克(Meek)等通过大量的试验研究及对雷电的观测,提出了流注放电理论。流注放电理论认为电子的碰撞游离和空间光游离是形成自持放电的主要因素,并且强调了空间电荷畸变电场的作用。但流注放电理论还很粗糙,目前只能做定性的描述。

①空间电荷对电场的畸变作用。当外电场足够强时,一个由外界游离因素产生的初始电子,在从阴极向阳极运动的过程中产生碰撞游离而发展成为电子崩,这种电子崩称为初始电子崩,简称为初崩或主崩。由于电子的迁移速度远大于正离子,故绝大多数电子都集中在电子崩的头部,而正离子则基本上滞留在原来产生它的位置上,因而在电子崩头部集中着大部分的正离子和几乎全部的电子。由于电子崩在发展过程中带电质点的不断扩散,所以半径也会逐渐增大,如图1-6a)所示。

当电子崩发展到一定程度后,电子崩形成的空间电荷的电场将大大增强,使总的合成电场明显发生畸变,其结果是增强了崩头及崩尾的电场,而削弱了电子崩内正负电荷区域之间的电场,如图1-6b) 所示。电子崩头部电荷密度非常大,游离过程强烈,再加上电场分布受到上述的畸变,结果崩头将放射出大量光子。崩头前后,电场明显增强,这有利于产生分子和离子的激励现象,当分子和离子从激励状态恢复到正常状态时,放射出光子。而崩中间

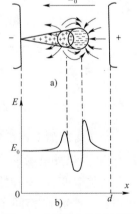

图1-6 电子崩中的空间电荷对均匀电场的畸变

区域的电场较弱,这有利于带电质点的复合和被激励分子回到原始状态,同样也会有光子辐射。当外电场相对较弱时,这些过程不会很强烈,也不会引起新的现象。但当外电场足够强时,情况则引起了质的变化,电子崩头部开始形成流注。

②流注的形成。当外加电压等于击穿电压,初崩发展到阳极时,如图1-7a)所示,初崩中的电子迅速消失于阳极中,留下来的大量正离子(在初崩头部密度最大)使尾部的电场大大增强,并向周围放射出大量的光子。这些光子在附近的气体中引起了光游离,于是在空间产生光电子,如图1-7b)所示。新形成的光电子被主崩头部的正空间电荷吸引,在受到畸变而加强了的电场中,又激烈地造成了新的电子崩,称为二次电子崩,简称二次崩,如图1-7c)所示。

二次崩头部的电子被主崩头部的正空间电荷吸引进入主崩头部区域,由于这里电场强度很小,所以电子大多形成负离子。大量的正负离子汇合后形成的混合通道,称为流注,如图1-7d)、e)、f)所示。

流注通道导电性良好,其头部(这里流注的发展方向是从阳极到阴极,称为正流注,它与初崩发展方向相反)是由二次崩形成的正电荷,使得流注头部前方出现更强的电场,同时,由于很多二次崩的汇集,流注头部游离过程蓬勃发展,向周围放射出大量光子,继续引起空间光游离。于是在流注前方出现了新的二次崩,它们被吸引到流注头部,从而延长了流注通道,如图1-7e)所示。

这样,流注不断向阴极推进,且随着流注向阴极的接近,其头部电场越来越强,因而其发展速度越来越快。当流注发展到阴极后,整个间隙被导电性能良好的等离子通道所贯通,这将导致整个间隙的击穿,如图1-7f)所示。

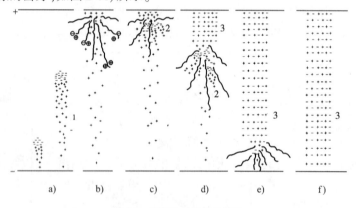

图1-7 正流注的产生及发展
1-主电子崩;2-二次电子崩;3-流注

由于流注放电理论较为抽象,为了帮助读者理解,下面用流程图的形式对流注形成过程进行描述:当外电场足够强时,初始电子加速,形成电子崩(初崩),空间出现大量电荷,外电场分布被畸变,崩头、崩尾电场增强(使游离更强烈),崩内电场削弱(使复合更容易),向空间辐射大量光子,空间光游离,产生光电子,受外电场作用及初崩正离子吸引形成电子崩(二次崩),与初崩汇合形成正负离子混合通道,形成流注,流注的导电性很好,促使流注迅速向前方发展,流注贯穿两电极,气隙绝缘破坏,即击穿。

上述介绍的是电压较低,电子崩经过整个间隙方能形成流注的情况,由于这种流注由阳极向阴极发展,故称为正流注。如果外加电压比击穿电压高,则电子崩无须穿过整个间隙,其头部的电子数即可达到足够的数量,足以形成流注。由于这种流注由阴极向阳极发展,故称为负流注。负流注的发展过程中,电子的运动受到电子崩留下的正电荷的牵制,故发展速度比正流注慢。

③流注自持放电条件。流注的形成需要初崩头部的电荷达到一定的数量,使电场发生足够的畸变和加强,并造成足够的空间光游离。

一般认为,当 $ad \approx 20cm$ 时便可满足上述条件,使流注得以形成。而一旦形成流注,放电即可转入自持,在均匀电场中即导致气隙的击穿。

④流注放电理论对放电现象的解释、适用范围及局限性。流注放电理论可以解释汤逊放电理论不能解释的大气中的放电现象。

一般认为,当 $\delta d > 0.26cm$ 时,放电就由汤逊形式过渡到流注形式,故流注放电理论适用于解释长间隙、大气压,即 pd 较大时的情况。但是流注放电理论无法很好地解释短间隙、低气压时的气体放电现象。因此,汤逊放电理论与流注放电理论互相补充,从而在广阔的 δd 范围内说明不同的放电现象。

三、不均匀电场中的放电过程

在大多数电力工程的实际绝缘结构中,电场都是不均匀的。所谓不均匀电场,就是电场内各处的电场强度不相等,如棒-棒间隙、棒-板间隙等,如图1-8所示。为了能够定量分析电场的不均匀程度,通常可用电场不均匀系数 f 来描述

$$f = \frac{E_{max}}{E_{av}}$$

式中:E_{max}——最大场强;
E_{av}——平均场强。

$$E_{av} = \frac{U}{d}$$

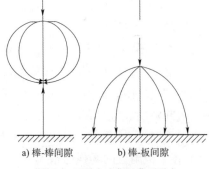

a) 棒-棒间隙　　b) 棒-板间隙

图1-8　不均匀电场的典型形式

式中:U——间隙上外加的电压;
d——间隙的最小距离。

一般情况下,对均匀电场,$f=1$;对稍不均匀电场,$1<f<2$;对极不均匀电场,$f>4$。严格来说,均匀电场在工程中是无法见到的。工程上所使用的平行板电极一般都采用了消除电极边缘效应的措施(比如高压静电电压表)。典型的稍不均匀电场实例是高电压试验中使用的球间隙以及 SF_6 封闭式组合电器(GIS)中的分相母线圆筒等,而高压输电线之间的空气绝缘则是极不均匀电场。

稍不均匀电场中放电的特点与均匀电场中相似,在间隙击穿前看不到有什么放电的迹象。而极不均匀电场(以下所述不均匀电场就是指极不均匀电场)中空气间隙的放电具有一系列的特点,因此,研究不均匀电场中气体放电的规律具有重要的实际意义。

1. 电晕放电

(1) 电晕放电现象

在极不均匀电场中,间隙中的最大场强与平均场强相差很大,以至于当外加电压及其平均场强还较小的时候,曲率半径较小的电极附近空间的局部场强已很大,在这局部强场区的空气会首先发生自持放电,此现象称为电晕放电。

发生电晕放电时,曲率半径较小的电极附近会出现淡蓝色的发光层,同时伴随轻微的"咝咝"的响声,强烈时还可嗅到臭氧的气味。

(2) 电晕放电的危害及限制措施

电晕放电会带来许多不利的影响。首先,电晕放电时产生的光、声、热效应以及化学反应等都会引起能量损失;其次,电晕放电过程中的放电脉冲现象会产生高频电磁波,对周围无线电通信、广播信号和电气测试造成干扰;另外,电晕放电还会使空气发生化学反应,形成臭氧及氧化氮等产物,对金属及有机绝缘物会产生氧化和腐蚀作用。此外,在某些环境要求较高的场合,电晕所发出的噪声也有可能超过环保标准。

限制电晕放电最有效的措施就是增大电极的曲率半径,改进电极形状,例如超(特)高压线路采用分裂导线;有些高压电气采用空心薄壳的、扩大尺寸的球面或旋转椭圆面等形式的电极;变电所里采用管型空心硬母线等。

电晕的某些效应也有可以利用的一面。例如,线路上发生电晕后可削弱线路上雷电或操作冲击波的幅值和陡度;可利用电晕原理来净化工业废气,制造净化水和空气用的臭氧发生器,发展静电喷涂技术和电除尘等;在特殊情况下,还可利用电晕来改善电场分布,从而提高间隙的绝缘强度。

2. 极不均匀电场中气隙的击穿过程

极不均匀电场中的气体放电过程与均匀电场(或称稍不均匀电场)中气体放电的特征不同,主要表现在:极不均匀电场的气体放电过程中有持续的电晕放电;存在极性效应;长间隙与短间隙的放电又有所不同。

下面以常用的棒-板电极作为典型的极不均匀电场来讨论放电过程。这种间隙击穿以前,棒电极附近的场强已很大,足以引起强烈的游离,从而在空间积聚起大量电荷,使电场畸变,棒电极的极性不同,空间电荷对放电过程发展的影响也不同,所造成的气隙击穿电压和电晕起始电压也不同,即存在极性效应。

(1) 短间隙的击穿

① 电子崩阶段(非自持放电阶段)。

a. 正棒-负板。电晕起始前,由于棒附近场强很大,足以发展起相当强烈的电子崩过程,并进入强场区,如图 1-9a)所示。崩头朝向正棒,崩中电子很快与正棒电极中和,而正离子相对来说缓慢地向板极移动,于是在正棒附近积聚起正空间电荷,如图 1-9b)所示,从而削弱了棒极附近的电场与游离过程,而略微加强了外空间的电场,如图 1-9c)中曲线 2 所示,曲线 1 为外电场分布。电子崩难以形成流注,使自持放电即电晕放电难以形成,故电晕起始电压较高。

b. 负棒-正板。负棒电极表面强场区产生电子崩,如图 1-10a)所示,崩头朝向正板,电子迅速离开强场区后以越来越慢的速度进入弱场区,不再引起游离,一部分电子消失于板极,其余的电子形成非常分散的负离子空间,如图 1-10b)所示。正离子逐渐向负棒运动而消失于棒极,由于其运动速度较慢,所以负棒附近总是滞留部分正离子而形成比较集中的正空间电荷,负棒附近电场加强,如图 1-10c)所示。因而自持放电条件容易得到满足,电子崩容易形成流注而产生电晕放电,故电晕起始电压较低。

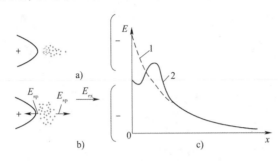

图 1-9 正棒-负板间隙中非自持放电阶段空间电荷对外电场的畸变作用
E_{ex}-外电场;E_{sp}-空间电荷电场

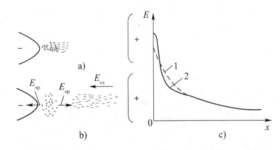

图 1-10 负棒-正板间隙中非自持放电阶段空间电荷对外电场的畸变作用
E_{ex}-外电场;E_{sp}-空间电荷电场

② 流注的形成与发展阶段(自持放电阶段)。

随着外加电压的升高,紧贴棒极附近电场增强形成流注,爆发电晕放电。之后的不同空间电荷对间隙放电进一步发展所引起的影响就和上述不同了。

a. 正棒-负板。若电压足够高,正棒附近形成流注,流注头都具有正电荷,如图 1-11a)、图 1-11b) 所示。头部的正电荷减弱了等离子体中的电场,而加强了其头部电场,如图 1-11d)中曲线 2 所示。流注头部前方电场得到加强,使前方电场容易产生新的电子崩,其电子崩造成发展正流注的有利条件。流注头部被加强的电场处产生新的电子崩(二次电子崩),如图 1-11b)所示。二次崩与初崩汇合形成流注,而流注及其头部(二次崩尾部)的正空间电荷加强了流注前方的电场,使流注进一步延长并向板极发展,如图 1-11c)所示。这样,流注及其头部的正电荷使强场区更向前推移,如图 1-11d)中曲线 3 所示。由于流注所产生的空间电荷总是加强前方的电场,所以它的发展是连续的,速度很快,与负棒相比,击穿同一间隙所需的电压要小得多。

b. 负棒-正板。负棒附近集中的正空间电荷虽然增强了负棒附近的电场,使流注容易形成,产生电晕,但在后来的路程中场强越来越弱,使流注向前发展比较困难。初崩留下的正空间电荷[图 1-12a)]削弱了前沿电场(负空间电荷非常分散,对外电场影响不大),如

图 1-12d）中曲线 2 所示,使流注向前发展受到抑制。只有再升高电压,待初崩中向负棒方向(向后)发展的流注[图 1-12b)]完成(较为容易),使前方电场加强以后[如图 1-12d)中曲线 3 所示],才可能在前方空间产生新的电子崩,如图 1-12c)所示。新电子崩的发展过程与初崩相同,这样,就形成了自负棒向正板发展的负流注。由此可见,负流注的发展是阶段式的,平均速度比正流注小得多,故与正棒相比,击穿同一间隙所需的电压要大得多。

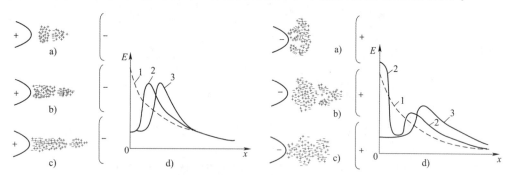

图 1-11　正棒-负板间隙中正流注的形成和发展　　图 1-12　负棒-正板间隙中负流注的形成和发展

综上所述,所谓极性效应,就是在相同极间距下,负棒-正板的起始电晕电压比正棒-负板时低,由于其流注通道向板极的发展比较困难,所以其击穿电压反而比正棒-负板时高。

当间隙距离较短时,电压进一步升高,个别流注(不论是正流注还是负流注)发展到对面电极时,整个间隙就被充满正负电荷的具有较大导电性的流注通道贯通。在电源电压的作用下,流注中的带电质点继续从电源电场获得能量,不断加速,发展更强烈的游离,使流注中带电质点浓度急剧增大,通道温度和电导进一步急剧升高和变大,最后完全失去绝缘性能,气隙的击穿就完成了。

(2) 长间隙的击穿

进一步的研究发现,在间隙距离较长时,除了与短间隙类似的上述过程外,还存在新的、不同性质的放电过程。下面进行简要介绍。

① 先导放电阶段。如图 1-13 所示,当间隙距离较长(如棒-板间隙距离大于 1m)时,间隙内弱电场区增大,流注还不足以贯通整个间隙,此时从棒极开始的流注通道发展到足够的长度后,将有较多的电子沿通道流向电极,通过通道根部的电子最多,于是流注从根部开始发热(温度可达数千摄氏度或更高,足以使气体出现热游离),出现一个茎状发亮的热游离通道,这个具有热游离过程的通道称为先导通道。由于先导中出现了新的更为强烈的游离过程,故先导通道中带电质点的浓度远大于流注通道,因而电导更大,压降更小。流注通道中的一部分转变为先导,使得流注头部的电场加强,从而为流注继续伸长到对面电极并迅速转变为先导创造了条件,这个过程称为先导放电。

② 主放电阶段。当先导通道发展到接近对面电极时,在余下的小间隙中场强达到极大的数值,从而引起强烈的游离,这一间隙中出现了离子浓度远大于先导的等离子体浓度,这一强游离区又以极高的速度向相反方向传播,同时中和先导通道中多余的空间电荷,这个过程称为主放电。主放电过程使贯穿两极间的通道最终形成温度很高、电导很大、轴向场强很小的等离子体火花通道,这时的间隙接近于短路状态,使气隙完全失去了绝缘性能,至此即

完成了长间隙的击穿。自然界中的雷电放电属于典型的超长间隙放电。

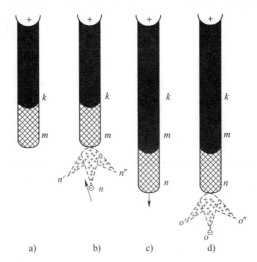

图1-13　正棒-负板间隙中先导通道的发展过程

长间隙的放电大致可分为先导放电、电子崩、流注和主放电四个阶段,而太长间隙的放电没有先导放电阶段,只有电子崩、流注和主放电阶段。

由于间隙越长,先导过程与主放电过程就发展得越充分,所以长间隙的平均击穿场强比短间隙的平均击穿场强低。

四、气体介质的电气强度

气隙的击穿电压与电场均匀程度、电极形状、极间距、气体的状态以及气体种类有关。除此以外,气隙的击穿电压还与外加的电压形式(指直流电压、交流电压、雷电冲击电压、操作冲击电压等)有非常大的关系。按作用时间的长短,外加电压形式可分为两类:一类称为持续作用电压(这类电压持续时间较长,变化速度较慢,如直流电压和工频电压);另一类称为冲击电压(这类电压持续时间极短,以微秒计,变化速度很快,如雷电冲击电压和操作冲击电压)。

在持续作用电压下,间隙放电发展所需的时间可以忽略不计,此时仅需考虑其电压大小即可,但是在冲击电压下,电压作用时间短到可以与放电需要的时间相比拟,这时放电发展所需的时间就不能忽略不计了。

1. 均匀电场气隙的击穿

在均匀电场中,间隙距离不可能很大,各处场强又大致相等,而且电场是对称的,所以击穿前无电晕,无极性效应,放电所需的时间很短。因此,在不同形式的电压(指直流、工频、雷电冲击、操作冲击)作用下,其击穿电压(注意:此处直流电压指的是平均值,工频电压指的是峰值,冲击电压指的是$U_{50\%}$)都相同,击穿电压的分散性也很弱。对于空气,均匀电场的击穿电压U_b(峰值)可用以下经验公式计算:

$$U_b = 24.22\delta d + 6.08\sqrt{\delta d} \tag{1-7}$$

式中:U_b——空气间隙的击穿电压(峰值),kV;

d——间隙距离,cm;
δ——空气相对密度。

在标准大气条件下,均匀电场中空气的电气强度(峰值)大致等于30kV/cm。

2. 稍不均匀电场气隙的击穿电压

与均匀电场相似,稍不均匀电场中的气隙在击穿以前不会形成稳定的电晕,换句话说,一旦局部区域出现电晕,将立即导致整个间隙被击穿。在设计六氟化硫绝缘结构时要特别注意这一点。稍不均匀电场的间隙距离一般不是很大,整个间隙的放电时延仍很短,因此在各种不同形式的电压作用下,其击穿电压实际上也都相同,且其分散性也不大。

值得注意的是,在稍不均匀电场不对称时,极性效应有所反映,但不是很明显。比如,球-球间隙中若一球接地,由于大地对电场的畸变作用使得不接地球处电场增强,间隙中电场分布就变得不对称了,如图 1-14 所示。结果不论是直流电压还是冲击电压,不接地球为正极性时的击穿电压开始变得大于负极性时的数值。工频电压下由于击穿总是发生在容易击穿的半周,所以其击穿电压和负极性下的相同。这与极不均匀电场中的极性效应是相反的,即电场最强的电极为负极性时的击穿电压,其反而略低于正极性时的数值。

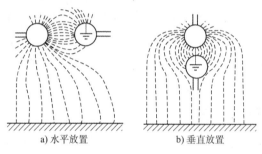

a) 水平放置　　　　b) 垂直放置

图 1-14　一球接地时的电场分布

3. 极不均匀电场气隙的击穿电压

在极不均匀电场的气隙中,棒-板间隙(不对称电场)和棒-棒间隙(对称电场)具有典型意义,比如输电线路的导线与大地之间就可视为棒-板间隙,导线与导线之间则可视为棒-棒间隙。其他类型的极不均匀电场气隙的击穿特性均介于这两者之间。与均匀及稍不均匀电场中不同,极不均匀电场中直流、工频及冲击击穿电压间的差别比较明显,分散性也较大,且极性效应显著。

下面就不同形式的电压分别予以介绍。

(1) 直流电压下的击穿电压

由试验获得棒-板与棒-棒空气间隙的直流击穿电压 U_b 与间隙距离 d 的关系如图 1-15a)所示。由图可见,对棒-板间隙,其击穿电压正如前述的具有明显的极性效应。在所测的极间距离范围内($d=10$cm),负极性击穿场强约为 20kV/cm,而正极性击穿场强只有 7.5kV/cm,相差较大。棒-棒间隙由于是对称电场,故无明显极性效应,其击穿电压介于棒-板间隙在两种极性下的击穿电压之间。因为棒-棒间隙中存在正极性尖端,容易由此发展放电,所以其击穿电压比同样间隙距离的负棒-正板的低;但棒-棒间隙是对称电场,在同样间隙距离下,其电场相对于棒-板间隙来说较为均匀,故其击穿电压又比正棒-负板间隙要高。

对于超高压直流输电线路的绝缘设计,需要研究长间隙棒-板气隙的直流击穿特性。300cm 以内的棒-板间隙的试验结果如图 1-15b)所示。由图可见,此时负极性的平均击穿场强降至 10kV/cm,正极性的平均击穿场强降至 4.5kV/cm。对较大间隙(50~300cm)的棒-棒间隙,其直流电压下的平均击穿场强为 4.8~5.0kV/cm。

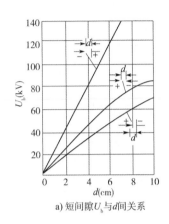
a) 短间隙 U_b 与 d 间关系

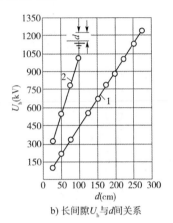
b) 长间隙 U_b 与 d 间关系

图 1-15 棒-板与棒-棒空气间隙的直流击穿电压 U_b 与间隙距离 d 的关系
1-正极性;2-负极性

(2) 工频电压下的击穿电压

在工频电压作用下,不同间隙的击穿电压 U_b 和间隙距离 d 的关系如图 1-16 所示。由于极性效应,棒-板间隙在工频电压作用下的击穿总是在棒的极性为正、电压达峰值时发生,但其击穿电压的峰值稍低于其直流击穿电压,这是由于前半周期留下的空间电荷对棒极前方的电场有所加强。

当间隙距离不太大时,击穿电压基本上与间隙距离呈线性上升的关系。例如,在间隙距离为 1m 左右时,棒-棒平均击穿场强约为 4.0kV/cm(有效值);棒-板平均击穿场强约为 3.7kV/cm(有效值)。

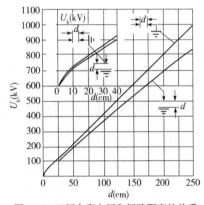

图 1-16 工频击穿电压和间隙距离的关系

但是,当间隙距离很大时,击穿电压与间隙距离的关系出现明显的饱和现象,特别是棒-板间隙,其饱和趋向尤甚明显,如图 1-17 所示。例如,在间隙距离为 10m 左右时,棒-板的平均击穿场强仅为 2.1kV/cm(有效值)。因此在设计高压装置时,应尽量采用棒-棒类对称型的电极结构,而避免棒-板类不对称型的电极结构。

(3) 雷电冲击电压下的击穿电压

在标准雷电波形下,当气隙距离 $d < 250$cm 时,棒-棒及棒-板空气间隙的雷电冲击 50%击穿电压和距离的关系如图 1-18 所示。

由图 1-18 可知,棒-板间隙具有明显的极性效应,棒-棒间隙也有不大的极性效应。这是由于大地的影响,使不接地的棒极附近电场增强的缘故。同时还可以看出,棒-棒间隙的击穿电压介于棒-板间隙两种极性的击穿电压之间。

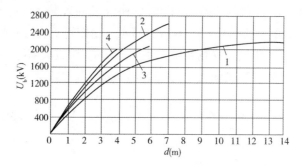

图1-17　各种长间隙的工频击穿特性曲线
1-棒-板间隙；2-棒-棒间隙；3-导线对杆塔；4-导线对导线

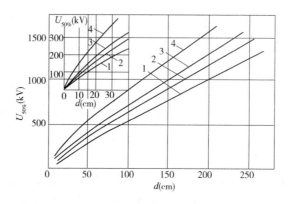

图1-18　$d<250\text{cm}$ 时棒-棒及棒-板空气间隙的雷电冲击50%击穿电压和距离的关系
1-棒-板,正极性；2-棒-棒,正极性；3-棒-棒,负极性；4-棒-板,负极性

当气隙距离更大时,其试验数据如图1-19所示。由图示可见,击穿电压与气隙距离呈直线关系。

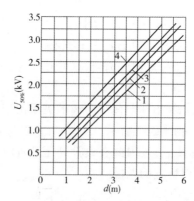

图1-19　棒-棒及棒-板长间隙的雷电冲击击穿特性
1-棒-板,正极性；2-棒-棒,正极性；3-棒-棒,负极性；4-棒-板,负极性

(4) 操作冲击电压下的击穿电压

试验结果表明：在极不均匀电场中,正极性操作冲击50%击穿电压比负极性的要低。长空气间隙的操作冲击击穿通常发生在波前部分,其击穿电压与波前时间有关,而与波尾时间

基本无关。

五、提高气隙击穿电压的措施

在高压电气设备中气体介质是经常遇到的,为了保证设备具有足够高的电气强度,又要减小设备尺寸,可采取的措施有:一是改善电场分布,使之尽量均匀;二是削弱气体间隙中的游离过程。下面分别进行介绍。

1. 改善电场分布,使之尽量均匀

气体的击穿电压与间隙电场的均匀程度有着密切的关系。试验表明,随着电场不均匀程度的逐步增强,间隙的平均击穿场强也逐步由均匀电场的 30kV/cm(峰值)左右逐渐减小到不均匀电场中的 5kV/cm(峰值)以下。

不均匀电场的平均击穿场强之所以低于均匀电场,是由于前者在较低的平均场强下,局部的场强就已超过自持放电的临界值,形成电子崩和流注(长间隙中还有先导放电)。流注或先导通道向间隙深处发展,相当于缩短了间隙的距离,所以击穿就比较容易,所需的平均场强也就比较低。因此,改善电场分布可以有效地提高间隙的击穿电压。一般可以采用以下 3 种措施。

(1) 改变电极形状

许多高压电气设备的高压引线端都具有尖锐的形状,所以增大其曲率半径是最为常见的一种方法。如在变压器套管端部加球形屏蔽罩等。同时也要改善电气设备电极的表面及其边缘状况,尽量避免毛刺及棱角等,以消除局部电场的增强。近年来,随着电场数值计算的应用,在设计电极时,常使其具有最佳外形,以提高间隙的击穿电压。

(2) 激发细线效应

极不均匀电场中,在一定的条件下,可利用电晕电极所产生的空间电荷来改善极不均匀电场中的电场分布,从而提高间隙的击穿电压。所谓"细线效应",比如,导线-平板或导线-导线的电极布置方式,当导线直径减小到一定程度后,气隙的工频击穿电压反而会随导线直径的减小而提高,这种现象称为细线效应。其原因就在于细线引起的电晕放电所形成的围绕细线的均匀空间电荷层相当于扩大了细线的等值半径,改善了气隙中的电场分布。

应该指出的是,细线效应只存在于一定的间隙距离范围内,而且仅在持续电压作用下才有效。

(3) 采用绝缘屏障

在极不均匀电场的棒-板间隙中,放入薄片固体绝缘材料(如纸或纸板等),在一定条件下,可以显著提高间隙的击穿电压。所采用的薄层固体材料称为屏障。因屏障极薄,屏障本身的耐电强度无多大意义,主要是屏障阻止了空间电荷的运动,造成空间电荷改变电场分布,从而使击穿电压提高。

通常屏障应用于正棒-负板之间,如图 1-20 所示。在间隙中加入屏障后,屏障阻止了正离子的运动,使正离子聚集在屏障向着棒的一面,根据同性电荷相互排斥的原理,正离子比较均匀地分布在屏障上,从而在屏障前方形成了比较均匀的电场,改善了整个间隙中的电场分布,所以在正棒-负板间隙中设置屏障可以显著提高间隙的击穿电压。

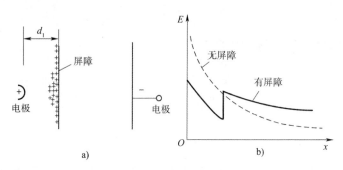

图1-20 屏障布置图

试验表明,屏障效应与外加电压类型、电极布置方式、极性及屏障的位置有关。

应该注意的是,只有在极不均匀电场中,在一定条件下应用屏障才可以提高气隙的击穿电压。因为均匀或稍不均匀电场中间隙在击穿前无显著的空间电荷积聚现象,屏障就难以发挥作用了。

2. 削弱气体间隙中的游离过程

(1) 采用高气压

由巴申定律得知,提高气体压力后,气体的密度加大,减少了电子的平均自由行程,削弱了碰撞游离的发展,从而提高了间隙的击穿电压。高气压在实际中得到了广泛应用,比如早期的压缩空气断路器就是将加压后的压缩空气作为内部绝缘的介质。在高压标准电容器中,也有将压缩空气或氮气作为绝缘介质的。

在均匀电场中,压缩空气气压在 10×101.33 kPa 以下时,间隙击穿电压随气压的增加呈线性增加。但继续增加气压到一定值时,逐渐呈现饱和。不均匀电场中提高气压后,也可提高间隙的击穿电压,但程度不如均匀电场显著,这一点在绝缘设计时应予以注意。

(2) 采用高真空

由巴申定律得知,当气隙中压力很低(接近真空)时,击穿电压也能迅速提高。因为在这样稀薄空气的空间里,电子的自由行程非常大,电子与中性质点发生碰撞的概率几乎是零,即不会发生碰撞游离使真空间隙击穿。

但是,在实际中采用高真空间隙作绝缘介质时,在一定条件下仍会发生放电现象。这是由不同于电子碰撞游离的其他过程决定的(放电机理已经发生变化)。试验证明,放电时真空中仍有一定的粒子流存在,这被认为:一是强电场下由阴极发射的电子自由飞过间隙,积累起足够的能量撞击阳极,使阳极物质质点受热蒸发或直接引起正离子发射;二是正离子运动至阴极,使阴极产生二次电子发射,如此循环进行,放电便得到维持。

这些真空间隙的击穿机理表明,真空电极的材料及电极的表面状况对真空间隙的绝缘都是非常关键的因素。

高真空介质在电力系统中得到了普遍的应用,如真空开关、真空电容器等,特别在配电系统中其优越性尤为突出。

(3) 采用高电气强度气体

在气体电介质中,有一些含卤族元素的强电负性气体,如六氟化硫(SF_6)、氟利昂(CCl_2F_2)

等,因其具有强烈的吸附效应,所以在相同的压力下具有比空气高得多的电气强度(为空气的 2.5~3 倍),故把这一类气体(或充以空气与这类气体的混合气体)称为高电气强度气体。显然,采用这些高电气强度气体替代空气将大大提高气体间隙的击穿电压。

六、沿面放电与污秽放电

高压绝缘分为内绝缘与外绝缘,所谓外绝缘是指高压设备外壳之外,所有暴露在大气中需要绝缘的部分。外绝缘的主要部分是户外绝缘,一般由空气间隙和各种绝缘子构成。

如果加在绝缘子的极间电压超过某数值时,常常会在绝缘子和空气的交界面上出现放电现象,这种沿着固体介质表面发生的气体放电称为沿面放电,沿面放电发展成电极间击穿性的放电称为闪络。沿面闪络电压不仅比固体介质本身的击穿电压低很多,而且也比纯空气间隙的击穿电压低很多,并受绝缘表面状态、电极形状、气候条件、污染程度等因素影响较大。电力系统中的绝缘事故绝大部分是由沿面放电造成的。

1. 沿面放电的一般过程

为了便于说明在同一间隙距离时,绝缘子的闪络电压总是小于纯空气间隙的击穿电压这一现象,我们首先分析最简单的理想均匀电场中的沿面放电,然后介绍极不均匀电场中的沿面放电。

(1) 理想均匀电场中的沿面放电

当在如图 1-21a)所示的两电极间电压逐渐升高时,我们发现放电总是沿瓷柱表面发生。而且在同样条件下,沿瓷柱表面的闪络电压总是显著地低于纯气隙的击穿电压。这是因为:

①电极和固体介质端面间可能存在微小气隙。气隙处场强比平均场强大得多,极易发生游离,产生的带电质点到达介质表面后会畸变原电场分布,从而使闪络电压降低。故在实际绝缘结构中常在介质端面上喷涂金属,将气隙短路以提高闪络电压。

②介质表面的伤痕裂纹或介质表面电阻不均匀也会畸变电场分布,降低沿面闪络电压。

③固体介质表面会吸附气体中的水分,形成水膜。

有关试验结果如图 1-22 所示。

(2) 极不均匀电场中的沿面放电

实际上,工程中各种电极形状所构成的电场大多属于极不均匀电场,它们的沿面放电过程可分为如图 1-21b)、c)所示的两种情况。

①强垂直分量的沿面放电。高压套管就属于这种情况,下面分析其沿面放电过程,如图 1-21b) 所示。

从图中所示的电场分布可以看出,套管法兰附近的电场最强,所以当所加电压还不太高时,此处就出现淡淡的发光圈,称为电晕放电。随着外加电压的升高,放电逐渐变成由许多平行的火花细线组成的光带,称为辉光放电。由于线状火花通道中的电阻值较高,故其中的电流密度较小,压降较大。当电压超过某一临界值后,个别火花细线会突然迅速伸长,转变为较明亮的浅紫色的树枝状火花,而且在不同的位置交替出现,并伴有轻微的爆裂声,称为滑闪放电。它是高压套管沿面放电的一种特有放电形式。滑闪放电通道中的电流密度已较大,这时外加电压微小升高,就会导致放电火花有较大的增长。当放电火花延伸到另一电极时即造成套管的闪络。

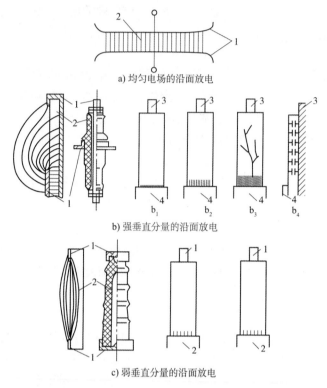

图 1-21 沿面放电的几种典型形式

1-电极;2-固体介质;3-导杆;4-法兰;b_1-电晕放电;b_2-细线状辉光放电;b_3-滑闪放电;b_4-套管表面电容等值图

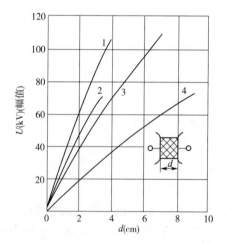

图 1-22 均匀电场中不同介质工频沿面闪络电压曲线

1-纯空气;2-石蜡;3-瓷;4-与电极接触不紧密的瓷

由于滑闪放电现象与介质体积电容及电压变化的速度有关,故在工频交流和冲击电压的作用下,可以明显看到滑闪放电现象。而在直流电压的作用下,则不会出现明显的滑闪放电现象。在直流电压的作用下,介质的体积电容对沿面放电的发展基本上没有影响,因而沿面闪络电压接近于纯空气间隙的击穿电压。

②弱垂直分量的沿面放电。支柱绝缘子就属于这种情况。下面分析其沿面放电过程,如图 1-21c) 所示。

由于支柱绝缘子本身的电极形状和布置已经使电场分布很不均匀了,其沿面闪络电压较低(与均匀电场相比),因而介质表面积聚电荷使电压重新分布所造成的电场畸变,不会显著降低沿面闪络电压。

此外,因电场的垂直分量较小,沿介质表面也不会有较大的电容电流流过,放电过程中不会出现热游离,故不会出现明显的滑闪放电,垂直于放电发展方向的介质厚度对沿面闪络电压实际上没有影响。因此,为提高此类绝缘子的沿面闪络电压,一般从改进电极形状以改善电极附近的电场着手,如采用内屏蔽或外屏蔽电极(如屏蔽罩和均压环等)。

2. 绝缘子的干闪与湿闪

高压线路绝缘子在日常运行时,要在不同的大气条件下正常工作,如天气晴朗、下雨、大雾、雷雨季节、脏污地区、沿海地区、平原和高海拔地区等条件下,所有各种情况都要求高压线路绝缘子具有一定的绝缘水平以保证供电的可靠性,所以要对绝缘子进行各种电气性能的试验。

绝缘子的电气性能常用闪络电压衡量,根据工作条件的不同,闪络电压通常分为干闪电压、湿闪电压和污闪电压 3 种。干闪电压是指表面清洁而且干燥时绝缘子的闪络电压,它是户内绝缘子的主要性能。湿闪电压是指洁净的绝缘子在淋雨情况下的闪络电压,它是户外绝缘子的主要性能。这里主要介绍在淋雨状态下高压绝缘子的沿面放电。

为了防止在淋雨情况下整个绝缘子表面都被雨水淋湿,设计时将绝缘子的形状做成伞裙状,通常伞裙突出主干直径的宽度与伞间距离之比为 1:2。为了增大沿面闪络距离,在绝缘子下表面往往还做好几个凸起的棱。这样,在淋雨时,只会在绝缘子(串)的上表面形成一层不均匀的导电水膜,而下表面仍保持干燥状态,绝大部分电压将由干燥的表面所承受。

在工频电压的作用下,当绝缘子不长时,其湿闪电压显著低于干闪电压(低 15% ~ 20%)。由于在淋雨情况下沿绝缘子串的电压分布(主要按电导分布)比较均匀,故绝缘子串的湿闪电压也基本上按绝缘子串长度的增加而线性增加;另一方面,由于干燥情况下的绝缘子串的电压分布不均匀,绝缘子串的干闪电压梯度将随绝缘子串长度的增加而下降。这样,随着绝缘子串长度的增加,湿闪电压将会逐渐接近其干闪电压,以致超过干闪电压。

3. 污秽放电(污闪)

(1) 污闪的危害性

环境污染问题严重影响着人类的日常生活,同时也严重影响着包括电力在内的工农业生产。在户外运行的绝缘子,常会受到工业污秽物或盐碱、飞尘等的污染。在干燥情况下,这种污秽物电阻很大,对运行没什么大的影响。但在大气湿度较高时,特别是在毛毛雨、雾、凝露、融雪、融冰等不利的天气条件下,绝缘子表面的污秽物被润湿,表面电导和泄漏电流剧增,闪络电压明显降低,甚至可以在工作电压下发生闪络。由这种闪络所造成的事故称为污闪事故。

污秽绝缘水平已成为选择超(特)高压系统外绝缘水平的决定性因素。在直流情况下,污闪问题更为严重,成为直流输电中的几大难题之一。我国的防污闪工作依然任务艰巨、任重道远。

(2)污闪放电的基本过程

污闪是一个非常复杂的过程,至今对它形成机理的研究还未很全面、具体,故本书只做概述性的介绍(以盘型悬式绝缘子为例)。

①绝缘子表面积污。绝缘子表面积污是一个很复杂的过程,污秽度不仅与积污量有关,而且与污秽的化学成分有关。图1-23是我国某地区污闪跳闸与污秽性质的关系的统计图。

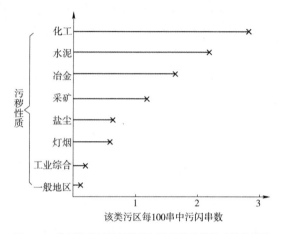

图1-23 我国某地区污闪跳闸与污秽性质的关系的统计图

为了模拟自然界中的污秽,通常可用"等值附盐密度"(ESDD,简称"等值盐密")来表征绝缘子表面的污秽程度。等值盐密法,就是将绝缘子表面的污秽物密度转化为相当于每平方厘米含多少毫克的氯化钠的表示方法,一般为 $0.2 \sim 0.4 \mathrm{mg/cm^2}$。

②污层的湿润。在绝缘子表面积污后,如果又有合适的湿润条件,污染绝缘表面变成导电层,表面绝缘能力下降。空气中的水分有各种各样的形式,除下大雨、中雨、小雨、毛毛雨外,还有雾、露、雪等。经大量的测试表明,各种气象条件中以雾的威胁最为严重。图1-24是我国某地区污闪跳闸与气象条件的关系的统计图。

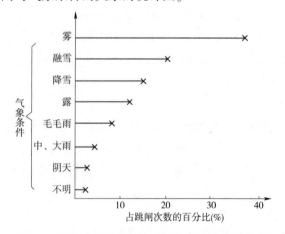

图1-24 我国某地区污闪跳闸与气象条件的关系的统计图

③局部电弧的产生与发展。当绝缘子积污和湿润以后,在运行电压的作用下,污秽放电的过程大致如下:流过绝缘子表面的泄漏电流增大,产生焦耳热使水分蒸发。在电流密度大、污层电阻高的局部区域(如铁脚周围)热效应较显著,污层可能被烘干,形成干区。干区隔断了泄漏电流,使作用电压集中于干区两端而形成高场强,引起空气碰撞游离,在铁脚周围出现局部放电现象。这种局部放电具有不稳定、时断时续的性质(有时也称为闪烁放电)。于是,大部分泄漏电流经闪烁放电的通道流过,很容易形成局部电弧(其间可能会持续出现熄灭—重燃或延伸—收缩的交替变化过程)。

干区上出现的局部放电(负伏安特性)与未烘干的污层电阻(正伏安特性)相串联,当局部电弧延伸到某一临界长度时,弧道温度已很高,弧道的进一步伸长就不再需要更高的电压,而由热游离予以维持(表面电弧能自动延伸)。最后将导致电弧贯通绝缘子两极,从而造成污闪事故。

从上述可知,在污秽放电过程中,局部电弧不断延伸,直至贯通两极,所需的外加电压只要维持弧道就足够了,而不必像干闪那样需要很高的电场强度来使空气发生激烈的碰撞游离才能出现。这就是污闪电压要比干闪电压和湿闪电压低得多的原因。

(3)防污闪措施

在规划设计时,应尽量使高压输电线路远离污秽区,避免在污秽地区建设发变电所,并遵循表 1-1 所规定的各污秽等级所要求的爬电比距值 λ。

各污秽等级所要求的爬电比距值 λ 表 1-1

污秽等级	爬电比距值(cm/kV)			
	线路		发电厂、变电所	
	≤220kV	≥330kV	≤220kV	≥330kV
0	1.39(1.60)	1.45(1.60)	—	—
Ⅰ	1.39~1.74(1.60~2.00)	1.45~1.82(1.60~2.00)	1.60(1.84)	1.60(1.76)
Ⅱ	1.74~2.17(2.00~2.50)	1.82~2.27(2.00~2.50)	2.00(2.30)	2.00(2.20)
Ⅲ	2.17~2.78(2.50~3.20)	2.27~2.91(2.50~3.20)	2.50(2.88)	2.50(2.75)
Ⅳ	2.78~3.30(3.20~3.80)	2.91~3.45(3.20~3.80)	3.10(3.57)	3.10(3.41)

注:括号内的数据为以系统额定电压为基准的爬电比距值。

表中的爬电比距值 λ 是指绝缘子的"相对地"之间的爬电距离与系统最高工作线电压有效值的比值(cm/kV),用它来表征绝缘子的耐污水平。表中的爬电比距值 λ 是以大量的实际运行经验为基础而规定的,故一般只要遵循规定的爬电比距值选择绝缘子串的总爬距和片数,即可保证必要的运行可靠性。在运行维护时,可采取以下 4 种措施。

①加强清扫或采取带电水冲洗的办法。

②增加爬距,可采取的措施包括:一是改进绝缘子结构,在大风和雨天时容易自行清扫,降低污染程度,即采用所谓的防污型绝缘子以增大泄漏距离;二是增加绝缘子片数,此办法会增加绝缘子串长度,从而减小风偏时的空气距离,为此,可采用 V 形串来固定导线。

③采用新型的合成绝缘子。这种新型绝缘子近年来发展很快,其防污性能比普通的瓷

绝缘子要好得多。如图 1-25 所示，合成绝缘子是由承受外力负荷的芯棒(兼内绝缘)和保护芯棒免受大气环境侵袭的伞套(外绝缘)通过黏结层组成的复合结构绝缘子。玻璃钢芯棒是用玻璃纤维束浸渍树脂后通过引拔模加热固化而成，具有极高的抗拉强度。伞套是由硅橡胶一次注塑而成，其有很高的电气强度、很强的憎水性和很好的耐局部电弧性能。由于硅橡胶是憎水性材料，因此在运行中不需清扫，其污闪电压比瓷绝缘子高得多。除优良的防污闪性能外，合成绝缘子又以质量小、体积小、抗拉性强、抗弯性强、防爆性强而著称，所以又称为轻型绝缘子。目前合成绝缘子已经大量生产，并在电力系统中得到了广泛的应用。硅橡胶合成绝缘子的外形图如图 1-26 所示。

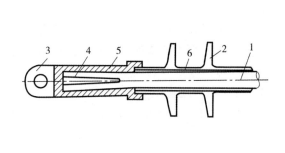

图 1-25　棒型合成绝缘子的结构示意图
1-芯棒;2-护套;3-金属附件;4-楔子;5-黏结层;6-填充层

图 1-26　硅橡胶合成绝缘子的外形图

④在绝缘子表面涂憎水性涂料。涂上憎水性涂料后，污层中不易形成连续的导电水膜，抑制了泄漏电流，从而提高了沿面闪络电压。比如 RTV 涂料就是一种长效防污涂料，其寿命大大超过一般涂料(如硅油、地蜡等)。

七、六氟化硫气体绝缘

1. SF_6 气体特点及应用

SF_6 是一种无色、无味、无毒的气体，具有较高的电气强度、优良的灭弧性能、良好的冷却特性，不可燃。

SF_6 气体电气强度高的原因可以从以下几方面来分析。

(1) 由于含有卤族元素，这些气体具有很强的电负性，气体分子容易和电子结合成为负离子，从而削弱了电子的碰撞游离过程，同时又加强了复合过程。

(2) 由于分子量比较大，分子直径较大，电子在其中的自由行程缩短，不易积聚能量，从而降低了电子的碰撞游离能力。

(3) 电子在和这些气体的分子相遇时，易引起分子发生极化等过程，增加能量损失，从而减弱了电子的碰撞游离的能力。

将它用于高压电气设备的绝缘,可以免除火灾威胁,缩小设备尺寸,提高系统运行的可靠性。另外,SF_6 分子中,6个氟原子 F 围绕硫原子 S 对称排布,呈正八面体结构。由于 S—F 的键矩小,键合能量高,所以 S—F 的化学性能非常稳定,仅当温度很高(>726.85℃)时,分子才发生热游离。SF_6 的缺点是:放电时 SF_6 会发生分解,形成硫的低氟化物,这些产物有毒,并能腐蚀许多绝缘材料和导电材料;在较高的压力下,SF_6 会液化。

SF_6 气体具有较高的耐电强度和很强的灭弧性能,而且其液化温度较低、化学性质稳定、价格便宜、供应量大,因此广泛用于高压断路器、GIS、充气管道电缆中。近年来,充 SF_6 气体的开关柜也得到了很快的发展。此外,SF_6 气体还作为绝缘介质,使用于电缆、电流互感器、电压互感器、套管、避雷器和试验变压器等设备中。

2. SF_6 气体击穿

(1)均匀电场 SF_6 气体击穿

SF_6 是一种高电气强度气体介质,均匀电场中的电气强度约为相同气压下空气的 2~3 倍,气压为 0.3 MPa 时 SF_6 的电气强度约和变压器油的相当。图 1-27 所示为 SF_6 气体绝缘、空气、变压器油在工频电压下击穿电压与气体压强之间的关系曲线。

① SF_6 的电子游离系数和附着系数。

均匀电场下的 SF_6 气体击穿机理和其他气体的击穿机理相同。但是,由于 SF_6 气体分子具有很强的电负性,因此对于 SF_6 气体不仅要考虑电子在电场作用下因碰撞游离而不断产生的新的带电质点,同时要考虑 SF_6 分子吸附电子形成负离子阻碍电子的碰撞游离过程。

所以在相同条件下,电子在 SF_6 气体中运行产生的实际电子数要比在空气中少,因此 SF_6 气体的击穿电压要比空气高。

② 巴申定律。

在均匀电场中,气体击穿通常符合巴申定律,即温度不变时,均匀电场中气体的击穿电压 U_b 是气体压强与电极间距离乘积 pd 的函数。图 1-28 所示是 SF_6 气体的巴申曲线,U_b 的最小值出现在 $pd = 3.5 \times 10^{-5}$ MPa·cm,其值为 507V。

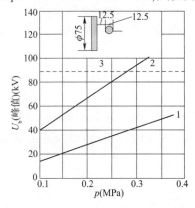

图 1-27 SF_6 气体绝缘、空气、变压器油在工频电压下击穿电压与气体压强之间的关系曲线(尺寸单位:mm)
1-空气;2-SF_6 气体绝缘;3-变压器油

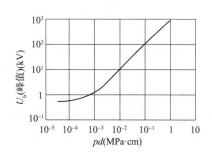

图 1-28 SF_6 气体的巴申曲线

③导电微粒的影响。

SF_6气体对灰尘和导电微粒十分敏感。研究表明,少量的气体杂质或绝缘微粒不会引起击穿电压的明显下降,而自由金属微粒或灰尘却会剧烈降低SF_6的击穿电压。

在装配和维修SF_6电气设备时必须注意清洁,以尽可能减少导电微粒。但在设备加工、装配过程中总会存在一些金属微粒,特别是对于较长的输电电缆,更难以避免;开关电气在运行过程中也会产生一些金属微粒,所以在实际结构中常常采取措施以捕捉和收集导电微粒。此外,也可以利用净化效应来提高击穿电压。对于充SF_6气体的电气设备,如果将放电能量限制在不致损坏电极表面的程度,则金属微粒、脏污等将在击穿时被清除掉,而使击穿电压逐次提高,最后达到一个稳定值。这种现象称为净化效应。

④面积效应。

电气设备中,电极面积越大,电极表面严重的凸出物和一些影响击穿电压的偶然因素出现的概率也越大,因而击穿电压下降。这种随着电极面积增大,击穿电压下降的现象称为面积效应。电极表面越光滑,气压越高,面积效应也越强(图1-29),这是因为电极表面偶然因素的影响更为显著的缘故。冲击电压作用时间较短,影响击穿的偶然因素出现的概率降低,所以面积效应较持续作用电压时弱。

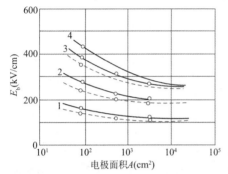

图1-29 SF_6气体中击穿场强与电极面积的关系
1-0.2MPa;2-0.4MPa;3-0.6MPa;4-0.8MPa
实线-粗糙度±0.5μm;虚线-粗糙度±20μm

(2)稍不均匀电场SF_6气体击穿

稍不均匀电场中,电场强度足够大时,SF_6气体中的电子崩不断发展,最后电子崩转变为流注导致气体击穿。电场的不均匀程度对SF_6气体击穿的影响很大。在均匀、稍不均匀的电场中,SF_6气体的击穿电压比空气高出很多。

(3)极不均匀电场SF_6气体击穿

电场不均匀程度对SF_6气体击穿电压的影响远比对空气的影响大。具体地说,与均匀电场中的击穿电压相比,SF_6气体在极不均匀电场中击穿电压下降的程度比空气的大。这就缩小了极不均匀电场中SF_6和空气的绝缘能力差别。因此,工程上SF_6绝缘结构大多采用稍不均匀电场结构。

和其他气体一样,在极不均匀电场中,SF_6击穿电压随气体间隙距离的增加产生饱和现象;击穿电压具有极性效应,正极性击穿电压比负极性的低。

SF_6气体也具有冲击特性。均匀电场中SF_6气体的冲击系数为1;稍不均匀电场中,雷电冲击电压负极性的冲击系数约为1.3,正极性的冲击系数约为1.5;操作冲击电压负极性的冲击系数约为1.1,正极性的冲击系数约为1.3。

3. 含SF_6气体的混合气体绝缘

将SF_6气体和其他气体按一定的容积比混合,就组成了含SF_6的混合气体。SF_6气体虽然电气强度较高,但也有价格高、液化温度和压强低等缺点。将SF_6气体与价格较低的空气、氮气、二氧化碳等气体混合,其电气强度虽然比纯SF_6低,但只要混合比例合适,其电气强度的下降并不是很大。用这些含SF_6的混合气体制造用气体量大的电气设备(如SF_6电缆),在经济技术上是可行的。

图1-30所示为稍不均匀电场中,N_2-SF_6混合气体工频击穿电压U_b与混合比(容积)的关系。当SF_6含量下降到只占50%时,混合气体的U_b只比纯SF_6气体的略有下降。即使SF_6含量降到只占10%,混合气体U_b的下降也不超过30%。混合气体的这一特点在工程上具有实用价值。同时,由于N_2-SF_6混合气体可用于比相同压强纯SF_6气体更低的温度下,这使得它成为工业上很有应用价值的一种气体。

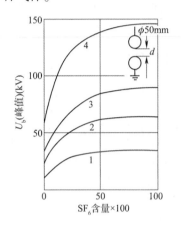

图1-30 N_2-SF_6混合气体的工频击穿电压

1-$d=2mm$,$p=0.22MPa$;2-$d=2mm$,$p=0.43MPa$;3-$d=2mm$,$p=0.22MPa$;4-$d=2mm$,$p=0.43MPa$

将SF_6和一些含卤族元素的气体组成混合气体,其电气强度可能比纯的SF_6气体更高,用这种混合气体制造的电气设备的体积更小。

专项实训1.1 气体介质击穿测试

一、工作任务

以球-球间隙为例模拟稍不均匀的电场,并确定球-球电极间隙的击穿电压和间隙距离关系曲线,观察电晕起始电压。

二、引用的标准、规程和文件

(1)《电气装置安装工程 电气设备交接试验标准》(GB 50150—2016)。

(2)《电力安全工作规程 发电厂和变电站电气部分》(DL/T 408—2023)。

(3)直流高压发生器使用说明书。

三、试验仪器、仪表及材料(表1-2)

试验仪器、仪表及材料　　　　　　　　表1-2

序号	试验所用设备(材料)	数量	序号	试验所用设备(材料)	数量
1	YTZG型直流高压发生器	1套	4	小线箱(各种小线夹及跨接线)	1套
2	电源盘	2个	5	放电球隙测压器	1套
3	常用仪表(电压表、微安表、万用表等)	1套	6	设备试验原始记录	1本

四、测试准备及工作危险点分析、防范措施

(1)现场工作必须执行工作票制度、工作许可制度、工作监护制度、工作间断和转移及终结制度。

(2)试验人员进入试验现场,必须按规定戴好安全帽,正确着装。

(3)高压试验工作人员不得少于2人,试验负责人应由具有经验的人员担任。开始试验前,负责人应向全体试验人员详细讲解试验中的安全事项。

(4)在试验现场应装设遮栏或围栏,字面向外悬挂"止步,高压危险!"标示牌,并派专人看守。

(5)合理、整齐地布置试验场地,试验器具应靠近试品,所有带电部分应互相隔开,面向试验人员并处于视线之内。试验人员的活动范围与带电设备部分的最小允许距离如表1-3所示。

(6)试验器具的金属外壳应可靠接地,高压引线应尽量缩短,必要时用绝缘物支持牢固。为了在试验时确保高压回路的任何部分不对接地体放电,高压回路与接地体(如墙壁等)之

间的距离必须留有足够的裕度。

操作人员的活动范围与带电设备的最小允许距离　　　　表 1-3

电压等级(kV)	6~10	35	110	220	500
不设围栏时(m)	0.7	1.0	1.5	3.0	5.0
设围栏时(m)	0.35	0.6	1.0	2.0	3.0

(7)试验设备应牢靠接地,防止感应电伤人、损坏仪器。试验电源开关应使用具有明显断开点的双极刀闸,并装有合格的漏电保护装置,防止低压触电。

(8)加压前必须认真检查接线、表计量程,确认调压器在零位及仪表的开始状态均正确无误,并通知所有人员离开被试设备,在征得试验负责人的许可后,方可加压,加压过程中应有人监护。

(9)操作人员应站在绝缘垫上。试验人员在加压过程中,应精力集中,随时警惕异常现象发生。操作时应有条不紊,在操作中除有特殊要求,均不得突然加压或失压。当发生异常现象时,应立即降压、断电、放电、接地,而后再检查、分析。

(10)变更接线或试验结束时,应首先降下电压,断开电源、对被试品放电,并将升压装置的高压部分短路接地。

五、测试人员配置

此任务可配测试负责人 1 名,测试人员 3 名(1 名接线;1 名操作仪表;1 名验电、放电)。

六、测试仪表设备介绍

放电球隙测压器是一对直径相同的球形电极,当其与高压试验变压器、控制台、调压器、水电阻等组成成套测试设备后,可在工频高压试验时用于高压测试及保护试品。放电球隙测压器(水平式)其结构由活动底座、绝缘支管、铜球、调节轴、坚固螺钉、微调轴(标尺)、微调轮、水电阻等主要部件组成。

直流高压发生器可对氧化锌避雷器、磁吹避雷器、电力电缆、发电机、变压器、开关等设备进行直流高压试验。由于采用了高频率开关脉冲宽度调制,可以选用较小的电感、电容进行滤波,滤波回路的时间常数减小,有利于自动调节回路品质和改善输出电压波形。

七、方案设计

根据试验线路和仪表介绍,自行画出测试接线图。

八、测试步骤

(1)测试电路如图 1-31 所示。
①T_1:变压器。
②R_1:保护水阻 10~20kΩ;S:试品间隙;M:静电电压表。

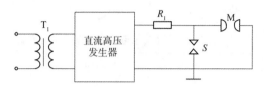

图 1-31 气隙工频试验线路

(2) 确定球间隙在 0.5cm、1.0cm、1.5cm 距离下的交直流击穿电压,可从附录 1 中的文件及网上查询,先将球隙调整在 60% 试验电压。当球隙放电时,记录数据即可。记录测试时的大气气象条件,按气象条件对击穿电压进行校正。

(3) 确定尖板极不均匀电场在 1cm、3cm、5cm、8cm 间隙距离下,交直流击穿电压。

(4) 每次触及试验设备时,必须先挂好接地棒,在试验前必须先检查接地棒的引接线是否可靠接地,特别注意:电容器在短时放电后仍有残余电荷,故在测试完毕后必须先把接地棒挂在电极两端,才能更新电极距离,变更后要拆除接地棒后才可重新加电压。

(5) 在测试中不得接近高压电源和带电设备之周围,保持必要的安全距离,以免发生危险。

(6) 全部工作结束后,试验人员对直流高压发生器进行检查,恢复至试验前的状态,清理工作现场,并向试验负责人汇报问题、结果等。

九、测试报告(表1-4)

测试报告　　　　　　　　　表 1-4

电极形状间隙距离	球对球间隙的击穿电压(kV)			正极性针对板间隙的击穿电压(kV)					负极性针对板间隙的击穿电压(kV)			
	1	2	3	1	2	3	4	加极间隙	1	2	3	4
1												
2												
3												
平均值												

(1) 整理测试数据,并进行大气条件的校正。

(2) 根据所得数据,作出击穿电压和间隙距离之间的关系曲线。

(3) 对测试中观察到的现象和测试结果进行分析,讨论心得体会和存在的问题。

任务1.2　液体、固体介质绝缘特性测试

任务导入

工程上应用的电介质按物态可分为气态、液态和固态3大类;按化学结构可分为非极性和弱极性电介质、偶极性电介质和离子性电介质3类。非极性和弱极性电介质是由非极性分子(即分子正、负电荷中心重合)或弱极性分子组成的电介质,如氮气、聚四氟乙烯、聚苯乙烯等;偶极性电介质是由极性分子(分子正、负电荷中心不重合)组成的电介质,如聚氯乙烯、蓖麻油、纤维素等;离子性电介质是由正、负离子组成的,只有固体形式(固体无机化合物),如石英、电瓷等。这些电介质在电场作用下的电气特性可用极化、电导、损耗及击穿来表征。一般气体电介质的极化、电导和损耗都很微弱,可忽略不计,需要注意的是液体和固体电介质的特性,所以需要对液体和固体电介质进行绝缘特性测试。那如何对液体和固体电介质进行绝缘特性测试?

理论知识

一、介质的极化、电导和损耗

1. 电介质的极化及相对介电常数

(1) 极化的定义

电介质在电场中所发生的束缚电荷的弹性位移及偶极子的转向现象,称为电介质的极化。

(2) 电介质的相对介电常数

我们知道,平行板电容器的电容量 C 与平板电极的面积 A 成正比,而与平板电极间的距离 d 成反比,其比例常数取决于介质的特性。

设平行板电容器在真空中的电容量为

$$C_0 = \varepsilon_0 \frac{A}{d} \tag{1-8}$$

式中:A——极板面积,m^2;

　　　d——极间距离,m;

　　　ε_0——真空的介电常数,F/m,$\varepsilon_0 = \frac{1}{36\pi} \times 10^{-9}$ F/m。

此时,若在极板上施加直流电压 U,如图 1-32a) 所示,则两极板上分别充上正、负电荷。设其电荷为 Q_0,则有

$$Q_0 = C_0 U \tag{1-9}$$

当平板电极间插入介质后,如图 1-32b) 所示,其电容量增为

$$C = \varepsilon \frac{A}{d} \tag{1-10}$$

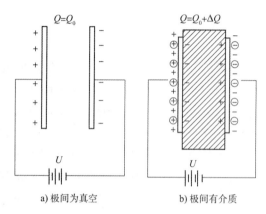

a) 极间为真空　　b) 极间有介质

图 1-32　电介质的极化

在相同直流电压 U 的作用下,由于介质的极化,介质表面出现了与极板电荷异号的束缚电荷,电荷为 ΔQ,相应从电源再吸取等量的异性电荷到极板上,极板上的电荷变为 Q,则有

$$Q = Q_0 + \Delta Q \tag{1-11}$$

对于同一平行板电容器,放入的介质不同,介质极化的程度也不同,表现为极板上的电荷 Q 不同,于是 Q/Q_0 就反映了在相同条件下不同介质极化现象的强弱,则有

$$\frac{Q}{Q_0} = \frac{CU}{C_0 U} = \frac{C}{C_0} = \frac{\varepsilon \frac{A}{d}}{\varepsilon_0 \frac{A}{d}} = \frac{\varepsilon}{\varepsilon_0} = \varepsilon_r \tag{1-12}$$

ε_r 称为电介质的相对介电常数,它是表征电介质在电场作用下极化现象强弱的指标。其值由电介质本身的材料决定。气体分子间的距离很大,密度很小,气体的极化率很小,因此,各种气体的 ε_r 都接近 1,常用液体、固体电介质的 ε_r 一般为 2~10。各种电介质的 ε_r 与温度、电源频率的关系也各不相同,这与极化的形式有关。

(3) 极化的基本形式

① 电子位移极化。如图 1-33 所示,电介质中的原子、分子或离子中的电子在外电场的作用下,使电子轨道相对于原子核产生位移,从而形成感应电矩的过程,称为电子位移极化。电子位移极化的特点为:

a. 极化存在于一切电介质中。

b. 由于电子质量很小,极化建立所需时间极短,为 10^{-15} ~ 10^{-14} s。因此,这种极化在各种频率的交变电场中均能发生,即 ε_r 不随频率的变化而变化。

c. 极化程度取决于电场强度 E,由于温度不足以引起质点内部电子能量状态的变化,因

此,温度对此种极化的影响极小。

d. 极化是弹性的,去掉外电场,极化可立即恢复,极化时消耗的能量可以忽略不计,因此,也称为"无损极化"。

②离子位移极化。如图 1-34 所示,在由离子结合成的电介质中,外电场的作用使正、负离子产生有限的位移,具有了电场方向的偶极矩,这种极化称为离子位移极化。离子位移极化的特点为:

a. 极化存在于离子结构的电介质中。

b. 极化建立所需时间极短,为 $10^{-13} \sim 10^{-12}$ s,因此,极化(ε_r)不随频率的变化而变化。

c. ε_r 具有正的温度系数,温度升高时,离子间的距离增大,一方面使离子间的结合力减弱,极化程度增强;另一方面使离子的密度减小,极化程度减弱,而前者影响大于后者,因此,这种极化随温度的升高而增强。

d. 极化也是弹性的,无能量损失。

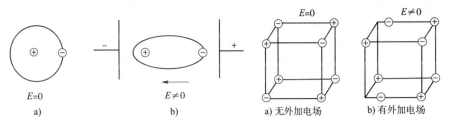

图 1-33 电子位移极化　　　　图 1-34 离子位移极化

③转向极化。在极性电介质中,分子中的正、负电荷作用中心不重合,就单个分子而言,已具有偶极矩,称为偶极子。当没有外电场作用时,由于偶极子处于不规则的热运动状态,因此,宏观上对外并不呈现电矩,如图 1-35a) 所示。当有外电场作用时,原先排列杂乱的偶极子将沿电场方向转动,做较有规则的排列,如图 1-35b) 所示。这时整个介质的偶极矩不再为零,对外呈现极性,这种极化称为转向极化。转向极化的特点为:

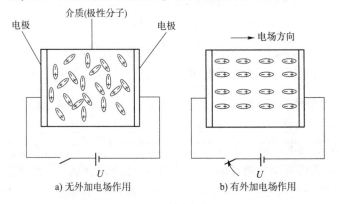

图 1-35 转向极化

a. 存在于偶极性电介质中。

b. 极化建立所需时间较长,一般为 $10^{-6} \sim 10^{-2}$ s,因此,这种极化与频率有较大关系。频率较高时,转向极化跟不上电场的变化,从而使极化减弱,即 ε_r 随频率的增加而减小。

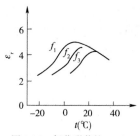

图1-36 氯化联苯的 ε_r、f、t 之间的关系

c. 温度对转向极化的影响大。温度很高时，分子热运动加剧，妨碍偶极子沿电场方向转向，极化减弱；温度很低时，分子间联系紧密，偶极子难以转向，不易极化，所以随温度增加，极化程度先增强后减弱。以氯化联苯为例，其 ε_r、f、t 之间的关系如图1-36所示，其中 $f_1 < f_2 < f_3$。

d. 转向极化为非弹性的，偶极子在转向时需要克服分子间的吸引力和摩擦力而消耗能量，因此，也称为"有损极化"。

④夹层极化。上述3种极化都是由带电质点的弹性位移或转向形成的，而夹层极化的机理与上述3种极化完全不同，它是由带电质点的移动形成的。

在实际电气设备中，常采用多层电介质的绝缘结构，如电缆、电机和变压器的绕组等，在两层介质之间常夹有油层、胶层等形成多层介质结构。即便是采用单一电介质，由于不均匀，也可以看成是由几种不同的电介质组成的。现以最简单的双层电介质为例来分析夹层极化。如图1-37所示，图a)为双层介质的示意图，图b)为等值电路。

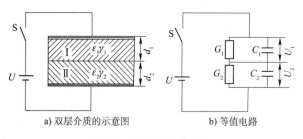

a) 双层介质的示意图　　　b) 等值电路

图1-37 双层电介质的极化

在开关S闭合瞬间，两层介质的初始电压按电容成反比分配，即

$$\left.\frac{U_1}{U_2}\right|_{t\to 0} = \frac{C_2}{C_1} \tag{1-13}$$

到达稳态时，两层介质上的电压按电导成反比分配，即

$$\left.\frac{U_1}{U_2}\right|_{t\to \infty} = \frac{G_2}{G_1} \tag{1-14}$$

如果 $\frac{C_2}{C_1} = \frac{G_2}{G_1}$，则双层介质的表面电荷不重新分配，初始电压比等于稳态电压比。但实际中很难满足上述条件，电荷要重新分配。设 $C_1 > C_2$ 而 $G_1 < G_2$，则在 $t \to 0$ 时，$U_1 < U_2$；而在 $t \to \infty$ 时，$U_1 > U_2$。这样，在 $t > 0$ 后，随着时间 t 的延长，U_2 逐渐下降，而外施电压 $U = U_1 + U_2$ 为一定值，所以 U_1 逐渐升高。在这个电压重新分配的过程中，由于 U_2 下降，所以电容 C_2 在初瞬时获得的电荷将有部分通过电导 G_2 泄放掉；相应地，电容 C_1 则要通过 G_2 从电源再吸收一部分电荷，这部分电荷称为吸收电荷。这种在双层介质分界面上出现的电荷重新分配的过程，就是夹层极化过程。

这种极化形式存在于不均匀夹层介质中，由于电荷的重新分配是通过电介质电导 G 完成的，一方面这必然带来能量损失，属于有损极化；另一方面由于电介质的电导通常都很小，所以这种极化的建立所需时间很长，一般为几分钟到几十分钟，有的甚至长达几小时，因此，这种性质的极化只有在低频时才有意义。

(4) 液体电介质的极化

①非极性和弱极性液体电介质。在非极性和弱极性液体电介质极化中起主要作用的是电子位移极化,这类液体介质的相对介电常数一般在 2.5 左右,有四氯化碳、苯、二甲苯、变压器油等。

对于非极性和弱极性液体介质,它们的分子在外电场的作用下,所感应的偶极矩大小相等,且沿电场方向排列。又由于液体无一定的形状,分子在空间各处出现的概率相等,因而分子的分布可以看作是对称的,对中心分子作用的场强为 0。

②极性液体电介质。极性液体介质包括中极性和强极性液体介质,这类介质在电场的作用下,除了电子位移极化外,还有偶极子极化,对于强极性液体介质,偶极子的转向极化往往起主要作用。极性液体分子具有固有偶极矩,它们之间的距离近、相互作用强,形成较强的附加电场。

极性液体电介质的 ε_r 与电源频率有较大的关系。频率太高时偶极子来不及转动,因而 ε_r 值变小,如图 1-38 所示。其中 ε_{r0} 相当于直流电场下的相对介电常数,$f>f_1$ 后偶极子越来越跟不上电场的交变,ε_r 值不断下降;当频率 $f=f_2$ 时,偶极子已经完全跟不上电场的转动了,这时只存在电子式极化,ε_r 减小到 $\varepsilon_{r\infty}$,在常温下,极性液体电介质的 ε_r 为 3~6。

温度对极性液体电介质的 ε_r 值也有很大的影响。如图 1-39 所示,当温度很低时,由于分子间的联系紧密,液体电介质黏度很大,偶极子转动困难,所以 ε_r 很小;随着温度的升高,液体电介质黏度减小,偶极子转动幅度变大,ε_r 随之变大;温度继续升高,分子热运动加剧,阻碍极性分子沿电场取向,极化减弱,ε_r 又开始减小。

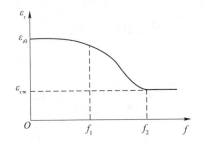

图 1-38 极性液体电介质 ε_r 与电源频率的关系

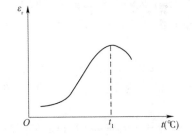

图 1-39 极性液体电介质 ε_r 与温度的关系

(5) 固体电介质的极化

①非极性固体电介质。非极性固体电介质在外电场的作用下,只能发生电子位移极化,它包括原子晶体(例如金刚石)、不含极性基团的分子晶体(例如晶体萘、硫等)、非极性高分子聚合物(例如聚乙烯、聚四氟乙烯、聚苯乙烯等)。

②极性固体电介质。极性固体电介质在外电场的作用下,除了发生电子位移极化外,还能发生极性分子的转向极化。转向极化的贡献使介电常数与温度有明显的关系。

一些低分子极性化合物(HCl、HBr、CH_3NO_2、H_2S 等)在低温下形成极性晶体,在这些晶体中,除了电子位移极化外,还可能观察到弹性偶极子极化或转向极化。当极性液体凝固时,由于分子失去转动定向能力而往往观察到介电常数在熔点温度时急剧下降。

又有一些低分子极性化合物,在凝固后极性分子仍有旋转的自由度,如冰、氧化乙烯等,最典型的是冰。这一类低分子极性晶体,虽然具有转向极化,可能贡献较大的是介电常数,但是其ε_r对温度的不稳定性,介质损耗角正切值大以及某些物理、化学性能不良等,很少被用作电介质。

对于极性高分子聚合物,如聚氯乙烯、纤维树脂等,由于它们含有极性基团因而结构不对称而具有极性。由于极性高聚物的极性基团在电场作用下能够旋转,所以极性高聚物的介电常数是由电子位移极化和转向极化所贡献的,但在固体介质中,由于每个分子链相互紧密固定,旋转很困难,因此,极性高聚物的极化与其玻璃化温度密切相关。

(6)极化在工程实际中的应用

①选择绝缘。在选择高压电气设备的绝缘材料时,除了要考虑材料的绝缘强度外,还应考虑相对介电常数ε_r。例如在制造电容时,要选择ε_r大的材料作为极板间的绝缘介质,以使电容器单位容量的体积和质量减小;在制造电缆时,则要选择ε_r小的绝缘材料作为缆芯与外皮间的绝缘介质,以减小充电电流。其他绝缘结构也往往需要选用ε_r小的绝缘材料。

②多层介质的合理配合。一般高压电气设备中的绝缘装置常常是由几种电介质组合而成的。在交流及冲击电压下,串联电介质中的电场强度是按与ε_r成反比分布的,这样就使得外加电压的大部分常常为ε_r较小的材料所负担,从而降低了整体的绝缘强度。因此,要注意选择ε_r,以使各层电介质的电场分布较均匀。

③介质损耗与极化类型有关,而介质损耗是绝缘老化和热击穿的一个重要影响因素。

④在绝缘预防性试验中,夹层极化现象可用来判断绝缘状况。

2. 电介质的电导

任何电介质都不可能是理想的绝缘体,电介质内部总存在一些自由的或联系较弱的带电质点,在电场的作用下,它们可沿电场方向运动构成电流,因此,任何电介质都具有一定的电导。

(1)电介质电导的定义

在电场的作用下,电介质中的带电质点做定向移动而形成电流的现象,称为电介质电导。

(2)电介质电导与金属电导的本质区别

①电介质电导主要是由离子造成的,包括介质本身和杂质分子离解出的离子(主要是杂质离子),所以电介质电导是离子性电导;而金属电导是由金属导体中的自由电子造成的,所以金属电导是电子性电导。

②电介质电导很小,其电阻率一般为$10^9 \sim 10^{22} \Omega \cdot cm$;而金属电导很大,其电阻率仅为$10^{-6} \sim 10^{-2} \Omega \cdot cm$。

③电介质电导具有正的温度系数,即随温度的升高而增大。这是因为,当温度升高时,介质本身分子和杂质分子的离解度增大,使参加导电的离子数增多;另外,随着温度的升高,分子间的相互作用力减弱,同时离子的热运动加剧,改变了原来受束缚的状态,这些都有利于离子的迁移,所以使电介质电导增大。而金属电阻随温度的升高而升高,故其电导随温度的升高而下降,因此具有负的温度系数。

(3) 吸收现象

图 1-40a)所示为测试固体电介质中电流的电路。开关 S_1 闭合后，流过电介质内部的电流随时间的变化规律，如图 1-40b)所示，它随时间的延长而逐渐衰减，最终达到某个稳定值，这种现象称为吸收现象。吸收现象是由电介质的极化产生的，图中 i_c 是由无损极化产生的电流，由于无损极化建立所需时间很短，所以 i_c 很快衰减到零；i_a 是由有损极化产生的电流，而有损极化建立所需时间较长，所以 i_a 较为缓慢地衰减到零，这部分电流又称为吸收电流；I_g 是不随时间变化的恒定分量，称为电介质的电导电流或泄漏电流。因此，通过电介质的电流由 3 部分组成，泄漏电流所对应的电阻称为绝缘电阻。电介质中的电流完全衰减至恒定电流 I_g 往往需要数分钟以上的时间，通常在测试绝缘电阻时，应以施加电压 1min（或 10min，如大型电机）后测得的电流来求出。

在图 1-40a)中施加电压达到稳定后断开 S_1，再合上 S_2，则流过电流表的电流如图 1-40b)下部曲线所示，有与吸收电流变化规律相同的电流反向流过。

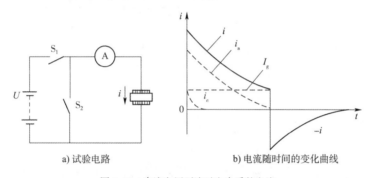

图 1-40　直流电压下流过电介质的电流

根据上述分析，可以得到直流电压下电介质的等值电路，如图 1-41 所示。它由 3 条并联支路组成，其中含有电容 C_0 的支路代表无损极化引起的瞬时充电电流支路，电阻 r_a 和电容 C_a 串联的支路代表有损极化引起的吸收电流支路，而含有电阻 R 的支路代表电导电流支路。

(4) 气体电介质的电导

气体电介质的伏安特性如图 1-2 所示，OA 段可视其电导为常数，之后就不再是常数了。通常气体绝缘工作在 AB 段，其电导极微小，故气体电介质只要工作在场强低于其击穿场强时，其电导可以忽略不计。

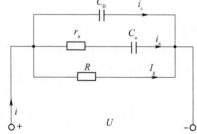

图 1-41　直流电压下电介质的等值电路

(5) 液体电介质的电导

构成液体电介质电导的主要因素有两种：离子电导和电泳电导。离子电导是由液体本身分子或杂质的分子离解出来的离子造成的；电泳电导是由荷电胶体质点造成的，所谓荷电胶体质点即固体或液体杂质以高度分散状态悬浮于液体中形成了胶体质点，例如变压器油中悬浮的小水滴，它吸附离子后成为荷电胶体质点。

根据液体介质中离子来源的不同，离子电导可分为本征离子电导和杂质离子电导两种。

本征离子是指出组成液体本身的基本分子热离解而产生的离子。在强极性液体介质中(如有机酸、醇、酯类等)才明显存在这种离子。杂质离子是指由外来杂质分子(如水、酸、碱、有机盐等)或液体的基本分子老化的产物(如有机酸、醇、酚、酯等)离解而生成的离子,它是工程液体介质中离子的主要来源。

极性液体分子和杂质分子在液体中仅有极少的部分离解成为离子,可能参与导电。

离子电导的大小和分子极性及液体的纯净程度有关。非极性液体电介质本身分子的离解是极微弱的,其电导主要由离解性的杂质和悬浮于液体电介质中的荷电胶体质点所引起。纯净的非极性液体电介质的电阻率 ρ 可达 $10^{18}\Omega \cdot cm$,弱极性电介质 ρ 可达 $10^{15}\Omega \cdot cm$。对于偶极性液体电介质,极性越大,分子的离解度越大,ρ 为 $10^{10} \sim 10^{12}\Omega \cdot cm$。强极性液体,如水、酒精等实际上已经是离子性导电液了,不能用作绝缘材料。表1-5列出了部分液体电介质的电导率 γ 和相对介电常数 ε_r。

部分液体电介质的电导率 γ 和相对介电常数 ε_r 　　表 1-5

液体种类	液体名称	温度(℃)	相对介电常数	电导率(S/cm)	纯净程度
中性	变压器油	80	2.2	0.5×10^{-12}	未净化的
		80	2.1	2×10^{-15}	净化的
		80	2.1	10^{-15}	两次净化的
		80	2.1	0.5×10^{-15}	高度净化的
极性	三氯联苯	80	5.5	10^{-11}	工程上应用
	蓖麻油	20	4.5	10^{-12}	工程上应用
强极性	水	20	8.1	10^{-7}	高度净化的
	乙醇	20	25.7	10^{-8}	净化的

在工程应用中,为了改善液体介质的某些物理化学性能(如提高黏度和抗氧化稳定性等),往往在液体介质中加入一定量的树脂(如在矿物油中混入松香),这些树脂在液体介质中部分呈溶解状态,部分可能呈胶粒状悬浮在液体介质中,形成胶体溶液,此外,水分进入某些液体介质也可能形成乳化状态的胶体溶液。这些胶粒均带有一定的电荷,当胶粒的介电常数大于液体的介电常数时,胶粒带正电;反之,胶粒带负电。胶粒相对于液体的电位 U_0 一般是恒定的(为 $0.05 \sim 0.07V$),在电场的作用下定向迁移构成"电泳电导"。胶粒为液体介质中导电的载流子之一。

(6)固体电介质的电导

任何电介质都不可能是理想的绝缘体,它们内部总是或多或少地具有一些带电粒子(载流子),例如可以迁移的正、负离子以及电子、空穴和带电的分子团。在外电场的作用下,某些联系较弱的载流子会产生定向漂移而形成传导电流(电导电流或泄漏电流)。换言之,任何电介质都不同程度地具有一定的导电性能,只不过其电导率很小而已。表征电介质导电性能的主要物理量为电导率 γ 或其倒数——电阻率 ρ。

固体电介质的电导分为体积电导和表面电导。固体电介质的电导按导电载流子种类可分为离子电导和电子电导两种,前者以离子为载流子,而后者以自由电子为载流子,在弱电场中主要是离子电导,构成固体电介质电导的主要因素是离子电导。非极性和弱极性固体电介质的电导主要是由杂质离子造成的,纯净介质的电阻率 ρ 可达 $10^{10} \sim 10^{12}\Omega\cdot cm$。对于偶极性固体电介质,因本身分子能离解,所以其电导是由其本身和杂质离子共同造成的,电阻率较小,最高的可达 $10^{10} \sim 10^{12}\Omega\cdot cm$。

对于离子性电介质,电导的大小和离子本身的性质有关。单价小离子(Li^+、Na^+、K^+),束缚弱,易形成电流,因而含单价小离子的固体电介质的电导较大。结构紧密、洁净的离子性电介质的电阻率 ρ 为 $10^{17} \sim 10^{19}\Omega\cdot cm$;结构不紧密且含单价小离子的离子性电介质的电阻率 ρ 仅为 $10^{13} \sim 10^{14}\Omega\cdot cm$。

通常固体介质的表面有一种表面电导电流(I_s)。此电流与固体介质上所加电压 U 成正比,即

$$I_s = G_s U \tag{1-15}$$

式中:G_s——固体介质的表面电导,S。

固体电介质的表面电导主要由表面吸附的水分和污物引起,介质表面、干燥、清洁时电导很小。介质吸附水分的能力与自身结构有关。石蜡、聚苯乙烯、硅有机物等非极性和弱极性电介质,其分子和水分子的亲和力小于水分子的内聚力,表现为水滴的接触角大于 90°,如图 1-42a)所示,水分不易在其表面形成水膜,表面电阻率很小,这种固体电介质称为憎水性介质;玻璃、陶瓷等离子性电介质和偶极性电介质,其分子和水分子的亲和力大于水分子的内聚力,表现为水滴的接触角小于 90°,如图 1-42b)所示,水分在其表面容易形成水膜,表面电导率很大,这种固体电介质称为亲水性介质。

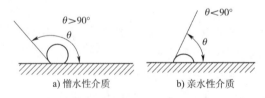

图 1-42 水滴在固体表面的接触角示意图

由上述分析可知,固体电介质中的泄漏电流,除了通过介质本身体积的泄漏电流 I_v 外,还包括沿介质表面的泄漏电流 I_s,即 $I = I_v + I_s$,因而介质的绝缘电阻 R 实际上是体积电阻 R_v 和表面电阻 R_s 两者的并联值,即

$$R = \frac{R_v R_s}{R_v + R_s} \tag{1-16}$$

为了消除或减小介质表面状况对所测绝缘电阻的影响,在测试之前通常先对介质表面进行清洁处理,并在测试接线上采取一定的措施,以减小表面泄漏电流对测试的影响。

(7) 电导在工程实际中的应用

① 串联的多层电介质,在直流电压的作用下,各层电压分布与电导成反比。因此,设计用于直流的电气设备时,要注意所用电介质的电导率,尽量使材料得到合理的使用。

② 注意环境湿度对固体电介质表面电导的影响,注意亲水性材料的表面防水处理。

③ 在绝缘预防性试验中,通过测试介质的绝缘电阻和泄漏电流来判断绝缘是否存在受

潮或其他劣化现象。

3. 电介质的损耗

由前述电介质的极化和电导可以看出，电介质在电场中是有能量损耗的。

(1) 介质损耗的定义

在外加电压作用下，电介质在单位时间内消耗的能量称为介质损耗，简称介损。

(2) 介质损耗的基本形式

① 电导损耗。电导损耗是由电介质中的泄漏电流引起的。气体、液体和固体电介质中都存在这种形式的损耗。通常，电介质的电导损耗很小，但当电介质受潮、脏污或温度升高时，电导损耗会急剧增大。

由于电介质中的泄漏电流与电源频率无关，所以，电导损耗在交、直流电压下都存在。

② 极化损耗。极化损耗是由有损极化（即转向极化和夹层极化）引起的。在偶极性电介质及复合电介质中存在这种形式的损耗。

在直流电压下，极化的建立仅在加压瞬间出现一次，与电导损耗相比可以忽略不计。而在交流电压下，随着电压极性的改变，不断有极化建立，极化损耗的大小与电源的频率有很大关系。在频率不太高时，随频率升高，极化损耗增大；当频率超过某一数值后，随频率升高，极化过程反而减弱，损耗减小。

③ 游离损耗。游离损耗是由气体电介质在电场的作用下出现局部放电引起的。气体电介质及含有气泡的液体、固体电介质中都存在这种形式的损耗。游离损耗仅在外加电压超过一定值时才出现，且随电压升高而急剧增大。这在交、直流电压下都存在。

(3) 介质损耗的指标

在直流电压（低于发生局部放电的电压）的作用下，介质中仅有电导损耗，因此可用体积电导率和表面电导率这两个物理量来表征。

在交流电压的作用下，除电导损耗外，还有极化损耗，仅用电导率来表征介质损耗就不全面了，需要引入一个新的物理量——介质损耗角正切值 $\tan\delta$ 来表示此时介质中的能量损耗。

图 1-41 所示的 3 条并联支路等值电路可以代表任何实际电介质，不但适用于直流电压，也适用于交流电压。电路中的电阻 R 和 r_a 是引起功率损耗的元件，R 代表电导引起的损耗，r_a 代表极化损耗。此等值电路可进一步简化为图 1-43 和图 1-44 所示的电阻、电容并联和串联的等值电路。

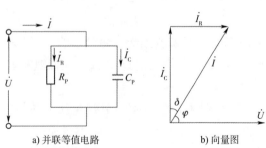

a) 并联等值电路　　b) 向量图

图 1-43　电介质的并联等值电路及向量图

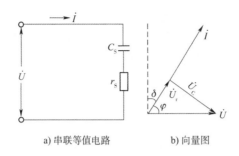

a) 串联等值电路　　　　b) 向量图

图 1-44　电介质的串联等值电路及向量图

在等值电路所对应的相量图中，φ 为电压电流相量之间的夹角，即电路的功率因数角，δ 为 φ 的余角，称为介质损耗角。

不论是并联等值电路还是串联等值电路都能推导出同一公式，即

$$P = U^2 \omega C \tan\delta \tag{1-17}$$

显然，介质损耗 P 与外加电压 U、电源角频率 ω 及电介质的等值电容 C 等因素有关，因此，直接将 P 作为比较各种电介质品质好坏的指标是不合适的。在上述各量均为给定值的情况下，P 最后决定于 $\tan\delta$，而 $\tan\delta$ 是一个无量纲的量，它与电介质的几何尺寸无关，只反映介质本身的性能。因此，在高电压工程中常把 $\tan\delta$ 作为衡量电介质损耗的指标，称之为介质损耗因数或介质损耗角正切。

(4) 电介质的损耗及其影响因素

影响电介质损耗的因素主要有温度、频率和电压。不同的电介质所具有的损耗形式不同，从而温度、频率和电压对电介质损耗的影响也不同。

① 气体电介质的损耗。气体电介质的相对介电常数 ε_r 接近 1，极化率极小，因此，气体电介质损耗仅由电导引起。当外加电压低于气体的起始放电电压时，气体电介质的电导也是极小的，所以气体电介质的损耗很小，受温度和频率的影响都不大。因此，实际工程中，常用气体作为标准电容器的介质。

当外加电压超过气体的起始放电电压时，气体将发生局部放电，损耗急剧增加，如图 1-45 所示。

② 液体和固体电介质的损耗。非极性或弱极性的液体、固体及结构较紧密的离子性电介质，它们的极化形式主要是电子位移极化和离子位移极化，没有能量损耗，因此，这类电介质的损耗主要由电导引起，$\tan\delta$ 较小。频率对其损耗没有影响，温度对这类介质的损耗影响与温度对电导的影响相似，即 $\tan\delta$ 随温度的升高也是按指数规律增大。

偶极性液体、固体及结构不紧密的离子性电介质，除具有电导损耗外，还有极化损耗，因此，$\tan\delta$ 较大，而且与温度和频率等因素有较复杂的关系，如图 1-46 所示。图中曲线有最大值和最小值，首先分析电源频率为 f_1 时的情况，在温度较低 ($t < t_1$) 时，电导损耗和极化损耗都很小，随温度的升高，偶极子转向容易，从而使极化损耗显著增加，同时电导损耗也随温度的升高而略有增加，因此在这一范围内 $\tan\delta$ 随温度的升高而增大。当 $t = t_1$ 时，总的介质损耗达到最大值。当温度继续升高 ($t_1 < t < t_2$) 时，分子热运动加剧，阻碍了偶极子在电场的作

用下做规则排列,极化损耗减小,在此阶段虽然电导损耗随温度的升高仍是增加的,但其增加的程度比极化损耗减小的程度小,因此,在这一范围内 tanδ 是随温度升高而减小的,当 $t=t_2$ 时,总损耗达到最小值。当温度进一步升高($t>t_2$)时,电导损耗随温度的升高而急剧增加,此时总损耗以电导损耗为主,并随之急剧增大。

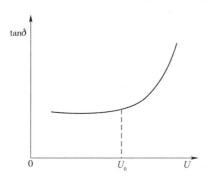
图 1-45 气体的 tanδ 与电压的关系

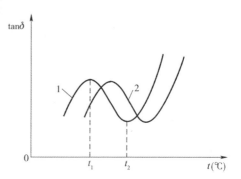
图 1-46 极性介质 tanδ 与温度和频率的关系
1-频率 f_1 的曲线;2-频率 f_2 的曲线($f_1<f_2$)

当电源频率增高时,由图可见,整个曲线右移,这是因为在较高的频率下,偶极子来不及充分转向,要使转向极化充分进行,就必须减小黏滞性,即升高温度。

在一定的电压范围内,tanδ 与外加电压无关,若电介质中含有气泡,当电压升高到气泡的起始游离电压以上时,气泡发生游离,介质中产生了游离损耗,tanδ 随电压的升高而急剧增大。

(5)tanδ 在工程实际中的应用

①选择绝缘。设计绝缘结构时,必须注意绝缘材料的 tanδ,tanδ 过大会引起严重发热,容易使材料劣化,甚至导致热击穿。

②在绝缘预防性试验中判断绝缘状况。当绝缘受潮或劣化时,tanδ 将急剧增加,绝缘内部是否存在局部放电,也可以通过 tanδ 与 U 的关系曲线加以判断。

③介质损耗引起的发热有时也可以加以利用。例如电瓷生产中对泥坯加热即是在泥坯两端加上交流电压,利用介质损耗发热加速泥坯的干燥过程。由于这种方法是利用材料本身介质损耗的发热,所以加热非常均匀。

二、液体电介质的击穿

工程上常用的液体电介质有矿物油、植物油(蓖麻油)及人工合成油(如硅油、十二烷基苯)等几类。目前应用最广泛的是从石油中提炼出的矿物油,通过不同程度的提炼可得到应用于不同高压设备中的液体电介质,如变压器油、电缆油和电容器油等。液体电介质的耐电强度一般比气体高,除具有绝缘的作用外,还有冷却、灭弧的作用。

根据液体纯净程度的不同,有 3 类液体介质击穿的理论、观点:(1)高度纯净去气液体电介质的电击穿机理;(2)含气纯净液体电介质的气泡击穿机理;(3)工程用液体电介质的击穿机理。

纯净液体介质的击穿场强虽高,但其精制、提纯极其复杂,而且在电气设备制造过程中又难免会有杂质重新混入;此外,在运行中也会因液体介质劣化而分解出气体或低分子物,所以工程用液体介质或多或少含有一些杂质。例如,油常因受潮而含有水分,还常含有由纸或布脱落的纤维等固体微粒。因此,在工程纯液体介质的击穿中,这些杂质起着决定性的作用。杂质的存在使工程用液体电介质的击穿具有了新的特点,一般用"小桥"理论说明工程用液体电介质的击穿过程。

"小桥"理论认为,由于液体电介质中的水和纤维的相对介电常数(分别为81、6~7)比油的相对介电常数(1.8~2.8)大得多,这些杂质很容易极化并沿电场方向定向排列成杂质的"小桥"。当杂质"小桥"贯穿两极时,在电场的作用下,由于组成此小桥的水分和纤维的电导较大,泄漏电流增加,从而使"小桥"急剧发热,油和水分局部沸腾汽化,形成"气体桥"。气体中的电场强度要比油中高很多(与相对介电常数成反比),而气体的耐电强度比油的低很多,最后沿此"气体桥"击穿。这种形式的击穿包含热过程,所以属于热击穿的范畴。

1. 影响液体电介质击穿电压的因素

液体电介质击穿电压的大小既决定于其自身品质的优劣,又与外界因素,如温度、电压等有关。

(1) 液体电介质本身品质的影响

液体电介质的品质决定于其所含杂质的多少。含杂质越多,品质越差,击穿电压越低。对液体电介质,通常用标准试油器(又称标准油杯)按标准试验方法测得的工频击穿电压来衡量其品质的优劣,而不用击穿场强值。

我国国家标准《绝缘油 击穿电压测定法》(GB/T 507—2002)对标准油杯推荐了两种电极:一种为球形电极;另一种为球盖形电极,电极材料为黄铜或不锈钢。球形电极由两个直径为12.5~13.0mm的球电极组成,电极间距离为2.5mm;球盖形电极由两个直径为36mm的球盖形电极组成,电极间距离也为2.5mm,如图1-47所示,标准油杯的器壁为透明的有机玻璃。

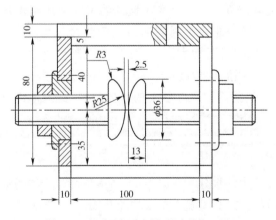

图1-47 标准油杯示意图(尺寸单位:mm)

下面具体讨论变压器油本身的某些品质因素对耐电弧度的影响。

① 含水率。水分在油中有3种存在方式,当含水率极微小时,水分以分子状态溶解于油

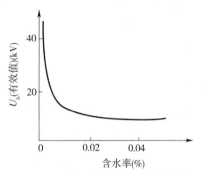

图1-48 在标准油杯中变压器油的工频击穿电压与含水率的关系

中,这种状态的水分对油的耐电强度影响不大;当含水率超过其溶解度时,多余的水分便以乳化状态悬浮在油中,这种悬浮状态的小水滴在电场的作用下易极化形成"小桥",对油的耐电强度有很强烈的影响。图1-48所示是在标准油杯中测出的变压器油的工频击穿电压与含水率的关系。由图可见,在常温下,只要油中含有0.01%的水分,就会使油的击穿电压显著下降。当含水率超过0.02%时,多余的水分沉淀到油的底部,因此,击穿电压不再降低。

② 含纤维量。当油中有纤维存在时,在电场力的作用下,纤维将沿着电场方向极化排列形成杂质"小桥",使油的击穿电压大大下降。纤维又具有很强的吸附水分的能力,吸湿的纤维对击穿电压的影响更大。

③ 含气量。绝缘油能够吸收和溶解相当数量的气体,其饱和溶解量主要由气体的化学成分、气压、油温等因素决定。电压升高时,各种气体在油中的饱和溶解量都会增加,所以油的脱气处理通常都是在高真空下进行的。溶解于油中的气体在短时间内对油的性能影响不大,只是使油的黏度和耐电强度稍有降低。

④ 含碳量。碳粒对油的耐电强度有两方面的作用:一方面,碳粒本身为导体,它散布在油中,使碳粒附近局部电场增强,从而使油的耐电强度降低;另一方面,新生的活性炭的碳粒有很强的吸附水分和气体的能力,从而使油的耐电强度提高。总的来说,细而分散的碳粒对油的耐电强度的影响并不显著,但碳粒(再加吸附了某些水分和杂质)逐渐沉淀到电气设备的固体介质表面,形成油泥,则易造成油中沿固体介质表面的放电,同时也影响散热。

(2) 温度的影响

温度对变压器油耐电强度的影响和油的品质、电场均匀度及电压作用时间有关。在较均匀电场及1min工频电压的作用下,变压器油的击穿电压与温度的关系如图1-49所示。曲线1、2分别代表干燥的油和受潮的油的试验曲线。受潮的油,当温度从0℃逐渐升高时,水分在油中的溶解度逐渐增大,一部分乳化悬浮状态的水分就转化为溶解状态,使油的耐电强度逐渐增大;当温度超过60~80℃时,部分水分开始汽化,使油的耐电强度降低;当油温稍低于0℃时,呈乳化悬浮状态的水分最多,此时油的耐电强度最低;温度再低时,水分结成冰粒,冰的介电常数与油相近,对电场畸变的程度减弱,因而油的耐电强度又逐渐增加。对于很干燥的油,就没有这种变化规律,油的耐电强度只是随着温度的升高而单调地降低。

在极不均匀电场中,油中的水分和杂质不易形成"小桥",受潮的油的击穿电压和温度的关系不像均匀电场中那样复杂,只是随着温度的上升,击穿电压略有下降。

不论是均匀电场还是不均匀电场,在冲击电压的作用下,即使是品质较差的油,油隙的击穿电压和温度也没有显著关系,只是随着温度的上升,油隙的击穿电压稍有下降。造成这种现象主要是因为冲击电压作用时间太短,杂质来不及形成"小桥"。

(3) 电压作用时间的影响

电压作用时间对油的耐电强度有很大影响,如图1-50所示。

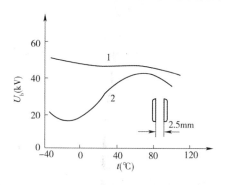

图1-49 在标准油杯中变压器油的击穿电压与温度的关系
1-干燥的油;2-受潮的油

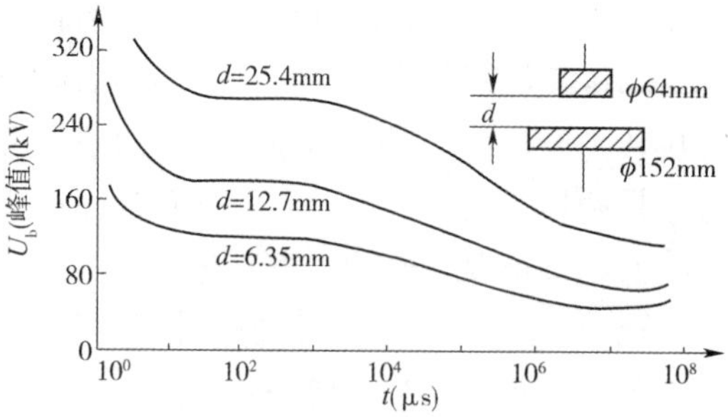

图1-50 变压器油的击穿电压和电压作用时间的关系

在电压作用时间很短时(小于毫秒级),击穿电压随时间的变化规律和气体电介质的伏秒特性相似,具有纯电击穿的性质;电压作用时间越长,杂质成桥,介质发热越充分,击穿电压越低,属于热击穿。对一般不太脏的油做1min击穿电压和长时间击穿电压的试验结果差不多,故做油耐压试验时,只做1min的时长。

(4) 电场情况的影响

由图1-51可见,在工频电压的作用下,如电场比较均匀(曲线2),则油的品质对油隙击穿电压的影响很大;如电场极不均匀(曲线1),则油的品质对油隙击穿电压的影响很小。这是因为在极不均匀电场下,电极附近的电场很强,造成强烈的游离,电场力对带电质点强烈的吸斥作用使该处的油受到剧烈的扰动,以致杂质和水分等很难形成"小桥"。

在冲击电压的作用下,由于杂质本身的惯性,不可能在极短的电压作用时间内沿电场方向排列成"小桥",故不论电场均匀与否,油的品质对冲击击穿电压均无显著影响,如图1-52所示。

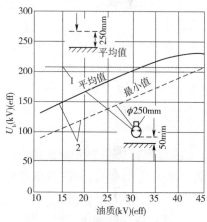

图1-51 不同电场情况下变压器油的击穿电压和油的品质的关系

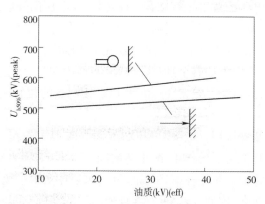

图1-52 冲击电压作用下油的品质对冲击击穿电压的影响

(5) 压力的影响

不论电场均匀与否,当压力增大时,工程用变压器油的工频击穿电压会随之升高,这个关系在均匀电场中更为显著。其原因是随着压力的增加,气体在油中的溶解度增加,气泡的局部放电起始电压也升高,这两个因素都将使油的击穿电压升高。若除净油中所含气体或在冲击电压的作用下,则压力对油隙的击穿电压几乎没有什么影响。这说明油隙的击穿电压随压力的增加而升高的原因在于油中含有气体。总的来说,即使是较均匀电场,油隙的击穿电压随压力的增大而升高的程度也远不如气隙。

2. 提高液体电介质击穿电压的方法

(1) 提高并保持油的品质

提高并保持油的品质最常用的方法如下:

①过滤。将油在压力下连续通过滤油机中的大量滤纸层,油中的杂质(包括纤维、碳粒、树脂、油泥等)被滤纸阻挡,油中大部分的水分和有机酸等也被滤纸纤维吸附,从而大大提高油的品质。若在油中加一些白土、硅胶等吸附剂,吸附油中的水分、有机酸等,然后再过滤,效果会更好。

②防潮。油浸式绝缘在浸油前必须烘干,必要时可用真空干燥法去除水分,在油箱呼吸器的空气入口放干燥剂,以防潮气进入。

③祛气。常用的方法是先将油加热,在真空中喷成雾状,油中所含水分和气体随即挥发并被抽走,然后在真空条件下将油注入电气设备中。

(2) 采用"油-屏障"式绝缘

①覆盖层。覆盖层是指紧贴在金属电极上的固体绝缘薄层,通常用漆膜、黄蜡布、漆布带等做成。由于它很薄(<1mm),所以它并不会显著改变油中电场分布。它的作用主要是使油中的杂质、水分等形成的"小桥"不能直接与电极接触,从而减小了流经杂质"小桥"的电流,阻碍了杂质"小桥"中热击穿过程的发展。覆盖层的作用显然是与杂质"小桥"密切相关的,在杂质"小桥"的作用比较显著的场合,覆盖层的效果就会较强,反之就会较弱。

试验结果表明,油本身品质越差、电场越均匀、电压作用时间越长,则覆盖层对提高油隙击穿电压的效果就越显著,且能使击穿电压的分散性大为减小。对一般工程用的油,在工频电压的作用下,覆盖层的效果大致为:在均匀电场、稍不均匀电场和极不均匀电场中,覆盖层可使油隙的工频击穿电压分别提高 100%~70%、70%~50%、50%~20%。试验结果还表明,覆盖层上如有个别穿孔或击穿(但无明显的烧焦)等情况对油隙击穿电压没有产生很大影响,这可能是杂质"小桥"和电极接触点的位置具有概率统计性质的缘故。在冲击电压的作用下,覆盖层几乎不起什么作用。

②绝缘层。绝缘层在形式上就像加厚了的覆盖层(有的厚度可达几十毫米),绝缘层不仅能起覆盖层的作用,减小杂质的有害影响,而且它还能承担一定的电压,可改善电场的分布。它通常只用在不均匀电场中,包括在曲率半径较小的电极上,由于固体绝缘层的介电常数比油大,因此,能降低绝缘层所填充的部分空间的场强;固体绝缘层的耐电强度也较高,不会在其中造成局部放电。固体绝缘层的厚度使其外缘处的曲率半径已足够大,致使此处油中的场强已减小到不会发生电晕或局部放电的程度。变压器高压引线、屏蔽环以及充油套

管的导电杆上都包有绝缘层。

③屏障。屏障又称极间障或隔板,是放在电极间油间隙中的固体绝缘板(层压纸板或层压布板),其形状可以是平板、圆筒、圆管等,厚度通常为 2~7mm,主要由所需机械强度决定。屏障的作用一方面是阻隔杂质"小桥"的形成;另一方面和气体电介质中放置屏障的作用类似,在极不均匀电场中,曲率半径小的电极附近场强高,会先发生游离,游离出的带电粒子被屏障阻挡,并分布在屏障的一侧,使另一侧油隙中的电场变得比较均匀,从而提高油间隙的击穿电压。

在极不均匀电场(如棒-板)中,在工频电压的作用下,当屏障与棒极距离 S' 为总间隙距离 S 的 15%~25% 时,屏障的作用最强,此时,油隙的击穿电压可达无屏障时的 200%~250%。当屏障过分靠近棒极时,有可能引起棒极与屏障之间的局部击穿,使屏障逐渐被破坏。

在较均匀电场中,屏障的最优位置仍在 $S'/S \approx 0.25$ 处,但此时油隙的平均击穿电压只能提高 25%,不过它能使击穿电压的分散性减弱。

为了使屏障能充分发挥作用,屏障的面积应足够大,以避免绕过其边缘的放电,最好是将屏障的形状做成与电极的形状接近和相似,并使屏障包围电极。屏障的厚度超过机械强度所要求的厚度是不必要的,而且是没有好处的。特别在较均匀电场中,由于屏障材料的介电常数比油大得多,过厚的屏障反而会增大油隙中的场强。

在较大的油间隙中,若合理地布置几个屏障,可使击穿电压进一步提高。在冲击电压的作用下,油中杂质来不及形成"小桥",所以屏障的作用就很小了。

三、固体电介质的击穿

当施加于电介质的电场增大到相当强时,电介质的电导就不服从欧姆定律了,试验表明,电介质在强电场下的电流密度按指数规律随电场强度的增强而增强,当电场进一步增强到某个临界值时,电介质的电导突然剧增,电介质便由绝缘状态变为导电状态,这一跃变现象称为电介质的击穿。发生击穿时的临界电压称为电介质的击穿电压,相应的电场强度称为电介质的击穿场强。

电介质的击穿场强是电介质的基本电性能之一,它决定了电介质在电场的作用下保持绝缘性能的极限能力。固体电介质的击穿特性与气体、液体电介质的击穿特性有很大不同,主要体现在以下两点:一是固体电介质的固有耐电强度比气体和液体电介质高。通常,空气的耐电强度一般为 3~4kV/mm;液体的耐电强度为 10~20kV/mm;而固体的耐电强度为十几至几百千伏/毫米。二是与气体、液体介质相比,固体介质的击穿场强较高,击穿过程最复杂,且击穿后其绝缘性能不能恢复。固体电介质击穿后会出现烧焦或熔化的通道、裂缝等,即使去掉外施电压,也不能像气体、液体电介质那样恢复绝缘性能,属于非自恢复绝缘。

1. 固体电介质的击穿理论

固体电介质的击穿与电压作用时间有很大的关系,如图 1-53 所示,并且随电压作用时间的不同,固体电介质的击穿有:电击穿、热击穿和电化学击穿 3 种不同的形式。

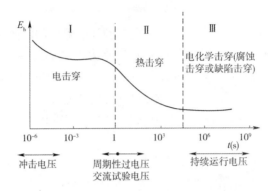

图1-53　固体电介质的击穿场强与电压作用时间的关系

(1) 电击穿

固体电介质的电击穿理论与气体的击穿理论相似,认为是在强电场的作用下,电介质内部少量的带电质点剧烈运动,发生碰撞游离形成电子崩,当电子崩足够强时,破坏了固体电介质的晶格结构,导致击穿。

电击穿的主要特点是:电压作用时间短;击穿电压高;击穿电压与环境温度无关;而电场均匀程度对击穿电压影响很大。当介质的电导很小,又有良好的散热条件以及电介质内部不存在局部放电时,固体电介质所发生的击穿一般为电击穿。

(2) 热击穿

热击穿是由于固体电介质内部的热不稳定过程造成的。固体电介质长期在电压的作用下,由于电导和极化损耗的存在,介质发热升温,而电介质电导具有正的温度系数,温度升高;电导变大,损耗发热也随之增大。

热击穿的主要特点是:发生热击穿时,介质温度尤其是热击穿通道处的温度特别高;热击穿电压随环境温度的升高呈指数规律下降;随外施电压作用时间的增长而下降;随外施电压频率的增高而下降;周围媒介的散热条件越差,热击穿电压越低;固体电介质的厚度增加或其 $\tan\delta$ 增大,都会使介质发热量增大,导致热击穿电压下降。

(3) 电化学击穿

电介质在运行中长期受到电、热、化学和机械力等的作用,使其物理、化学性能发生不可逆的劣化,最终导致击穿,这种过程称为电化学击穿。电化学击穿是由固体电介质在电压的长期作用下劣化、老化而引起的,它与固体电介质本身的制造工艺、工作条件等有密切关系,并且电化学击穿的击穿电压比电击穿和热击穿更低,甚至在工作电压下就可能发生,所以对固体电介质的电化学击穿应保持足够的重视。

2. 影响固体电介质的击穿电压的因素

(1) 电压作用时间

电压作用时间越长,击穿电压越低,而且对于大多数固体电介质来说电压作用时间存在着明显的分界点。当电压作用时间足够长,以致引起热击穿或电化学击穿时,击穿电压急剧下降。以常用的油浸电工纸板为例,如图1-54所示,以1min工频击穿电压(幅值)作为基准值(100%),则在长期工作电压下的击穿电压值仅为其几分之一,而在雷电冲击电压作用下的击穿电压值为其300%以上。电击穿与热击穿的分界点时间在$10^5 \sim 10^6 \mu s$,小于此值的击穿属于电击穿,因为在这段时间内,热与化学的影响都来不及起作用,在此区域内,在较宽的时间范围内击穿电压与电压作用时间几乎无关,只有在时间小于微秒级时击穿电压才升高,这与气体放电的伏秒特性很相似。当时间大于$10^5 \sim 10^6 \mu s$时,随加压时间的增加,击穿电压明显下降,这只能用发展较慢的热过程来解释,属于热击穿。当电压作用时间更长时,击穿电压仅为1min工频击穿电压(幅值)的几分之一,此时是由于绝缘老化,绝缘性能降低后发生了电化学击穿。

(2) 电场均匀程度和介质厚度

在均匀电场中,固体电介质的击穿电压要高于不均匀电场中的击穿电压,且其击穿电压随着介质厚度的增加近似地呈线性增大;在不均匀电场中,介质厚度越大,电场越不容易均匀,击穿电压不再随厚度的增加而呈线性增大。值得注意的是,当介质厚度增加到散热困难以致出现热击穿时,再靠继续增加厚度来提高击穿电压就没有多大意义了。

(3) 温度

当环境温度较低时,固体电介质的击穿电压与温度几乎无关,属于电击穿;当环境温度高到一定程度,电击穿转为热击穿时,击穿电压大幅下降,如图1-55所示,且环境温度越高,热击穿电压越低。对于不同材料,临界温度t_0是不同的,即使是同一材料,t_0值也会因介质的厚度、冷却条件和所加电压性质等因素的不同而在很大范围内变动。

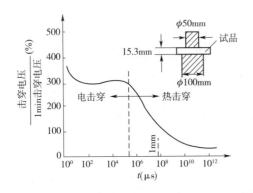

图1-54 油浸电工纸板的击穿电压与电压作用时间的关系   图1-55 工频电压下电瓷的击穿电压与温度的关系

(4) 电压种类

在相同条件下,固体电介质在直流、交流和冲击电压下的击穿电压往往是不同的。在直流电压下,固体电介质的损耗(主要为电导损耗)比工频交流电压下的损耗(除电导损耗外,还包括极化损耗,甚至还有游离损耗)小,电介质发热少,因此,直流击穿电压比工频击穿电压(幅值)高。而在交流电压下,工频交流击穿电压要高于高频交流击穿电压,因为高频下局部放电严重,发热也严重,使其击穿电压最低。在冲击电压下,由于电压作用的时间极短,热的效应和电化学的影响来不及起作用,因此,击穿电压比工频交流和直流下都高。

(5) 受潮

固体电介质受潮后其击穿电压的下降程度与材料的吸水性有关。对不易吸潮的电介质,如聚乙烯、聚四氟乙烯等,受潮后击穿电压下降一半左右;对易吸潮的电介质,如棉纱、纸等纤维材料,受潮后击穿电压仅为干燥时的几百分之一。所以,高压电气设备的绝缘在制造时应注意烘干,在运行中要注意防潮,并定期检查受潮情况。

(6) 累积效应

由于固体电介质属于非自恢复绝缘,因而每次施加某一电压时,都会使绝缘产生一定程度的损伤,那么在多次施加同样电压时,绝缘的损伤会逐步积累,被称为累积效应。显然,累积效应会使固体电介质的绝缘性能劣化,导致击穿电压下降。因此,在确定电气设备试验电压和试验次数时应注意累积效应,而在设计绝缘结构时也应留有一定的裕度。

(7) 机械负荷

均匀和致密的固体电介质在弹性限度内,击穿电压与其机械变形无关;但对某些具有孔隙的不均匀固体电介质,机械应力和变形对其击穿电压影响较大。机械应力可能使电介质中的孔隙减少或缩小,从而使击穿电压提高;也可能使某些原来较完整的电介质开裂、松散,如该介质放在气体中,则气体将填充到裂缝内,从而使击穿电压下降。

3. 提高固体电介质的击穿电压的措施

(1) 改进绝缘设计

采用合理的绝缘结构,使各部分绝缘的耐电强度与其所承担的场强有适当的配合;改善电极形状及表面粗糙度,尽可能使电场分布均匀,使边缘效应减小到最低程度,改善电极与电介质的接触状态,消除接触处的气隙或使接触处的气隙不承受电位差;改进密封结构,确保可靠密封等。

(2) 改进制造工艺

尽可能地清除固体电介质中残留的杂质、气泡、水分等,使固体电介质尽可能均匀致密。这可通过精选材料、改善工艺、真空干燥、加强浸渍(油、胶、漆等)等方法来达到。

(3) 改善运行条件

注意防潮,防止尘污和各种有害气体的侵蚀,加强散热冷却(如自然通风、强迫通风、氢冷、油冷、水内冷)等。

四、电介质的老化

电气设备的绝缘在运行中受到电场、高温、机械力等作用将产生一系列的化学、物理变化,以致机械性能逐渐变差,强度逐渐变弱,甚至丧失绝缘性能,这一过程称为电介质的老化。

电介质老化主要分为3类:电老化、热老化及环境老化。环境老化是由光、氧气、臭氧及污秽等因素引起,主要对暴露在大气中的绝缘影响较大;对绝大多数电气设备的绝缘来讲,主要是电老化和热老化。

1. 电老化

电介质在电场的长时间作用下,其物理、化学性能会逐渐发生不可逆的劣化,最终导致电介质的击穿,这一过程称为电老化。

某些缺陷(如固体绝缘中的气隙或液体绝缘中的气泡),在交变电场作用下的局部场强达到一定值以上时,就会发生局部放电;或者电介质在直流电压的长期作用下,即使所加电压远低于局部放电的起始电压,由于介质内部进行着电化学过程,电介质也会逐渐老化,最终导致击穿。

2. 热老化

电介质在长期受热的情况下,其绝缘性能会发生不可逆的劣化,这就是电介质的热老化。液体电介质的热老化是由于介质在热作用下发生了缓慢的化学变化(主要是氧化)所致,主要表现为酸价升高,颜色加深,黏度增大,出现沉淀物,绝缘性能下降。固体电介质的热老化是由于介质在受热情况下发生了热裂解、氧化裂解以及低分子挥发物逸出等所致,主要表现为失去弹性、变硬、变脆、机械强度降低,有的表现为变软、发黏、变形、失去机械强度,与此同时介质电导变大,介质损耗增加,击穿电压下降,绝缘性能变差。

热老化的进程与电介质的工作温度有关,温度升高,则热老化过程加快。各种电介质都有一定的耐热性能,电介质的最高允许温度是由其耐热性能决定的。为了保证绝缘具有一定的、经济合理的工作寿命,通常规定了各类绝缘材料的最高允许温度,在运行中电介质的温度一般不允许超过其最高允许温度。各种电工绝缘材料按其耐热程度可划分成 7 个耐热等级(Y、A、E、B、F、H、C),电工绝缘材料的耐热等级见表 1-6。

电工绝缘材料的耐热等级　　　　　　表 1-6

级别	最高持续工作温度(℃)	材料举例
Y	90	未浸渍的木材、棉纱、天然丝和纸等或其组合物;聚乙烯、聚氧乙烯、天然橡胶
A	105	矿物油及浸入其中的 Y 级材料;油性漆、油性树脂漆及其漆包线
E	120	由酚醛树脂、糠醛树脂、三聚氰胺甲醛树脂制成的塑料、胶纸板、胶布板、聚酯薄膜及聚酯纤维;环氧树脂;聚氨酯及漆包线;油改性三聚氰胺漆
B	130	以合适的树脂或沥青浸渍、黏合或涂过的或用有机补强材料加工过的云母、玻璃纤维、石棉等的制品;聚酯漆及其漆包线;使用无机填充的塑料
F	155	用耐热有机树脂划漆所黏合或浸渍的无机物(云母、石棉、玻璃纤维及其制品)
H	180	硅有机树脂、硅有机漆或用它们黏合或浸渍过的无机材料;硅有机橡胶
C	220	有机黏合剂或浸渍的无机物,如云母、石英、石板、陶瓷、玻璃或玻璃纤维、石棉水泥制品、玻璃云母模压品等;聚四氟乙烯塑料

专项实训1.2 变压器油的绝缘特性测试

一、工作任务

对变压器油进行绝缘特性测试。

变压器油的绝缘特性测试

二、引用的标准、规程和文件

(1)《高电压试验技术 第1部分：一般定义及试验要求》(GB/T 16927.1—2011)。
(2)《绝缘油 击穿电压测定法》(GB/T 507—2002)。
(3)《电力安全工作规程 发电厂和变电站电气部分》(DL/T 408—2023)。
(4)绝缘油介电强度测试仪使用说明书。

三、试验仪器、仪表及材料(表1-7)

表1-7 试验仪器、仪表及材料

序号	试验所用设备(材料)	数量	序号	试验所用设备(材料)	数量
1	绝缘油介电强度测试仪	1套	3	小线箱(各种小线夹及跨接线)	1套
2	电源盘	2个	4	设备试验原始记录	1本

四、测试准备及工作危险点分析、防范措施

同项目1专项实训1.1气体介质击穿测试要求。

五、测试人员配置

此任务可配测试负责人1名，测试人员2名(1名接线、操作仪表；1名记录数据)。

六、测试仪表设备介绍

图1-56 绝缘油介电强度测试仪外观图

绝缘油介电强度测试仪是根据国家标准《绝缘油 击穿电压测定法》(GB/T 507—2002)研制而成，仪器LCD显示屏可以实现试验过程和结果显示，内置EEPROM存储器可以保存100多组试验数据和结果，所有的人机交互操作都由旋转鼠标完成，微型打印机可以随时打印试验结果，测试仪操作简单，功能强大，稳定可靠，抗干扰能力极强，试验过程中无死机现象发生。绝缘油介电强度测试仪外观如图1-56所示。

七、方案设计

根据绝缘油介电强度测试仪使用说明书,画出测试接线图。

注意:

(1)试验过程中,如果高压舱被打开,仪器会自动报警,提示高压舱已被打开。

(2)试验过程中如果意外关机,再开机时仪器会接着上次没有完成的试验继续进行。

(3)仪器通电后会有高压输出,严禁打开高压舱。

绝缘油介电强度测试仪使用步骤

八、测试报告(表1-8)

测试报告 表1-8

项目	次数				
	一次	二次	三次	四次	五次
油的耐压值(kV)					
油的耐压值平均值(kV)					
击穿场强(kV/cm)					

专项实训 1.3　固体介质的绝缘特性测试

一、工作任务

对固体介质进行电气绝缘特性进行测试。

固体介质的绝缘
特性测试

二、引用的标准、规程和文件

(1)《高电压试验技术 第 1 部分：一般定义及试验要求》(GB/T 16927.1—2011)。

(2)《电力安全工作规程　发电厂和变电站电气部分》(DL/T 408—2023)。

(3)《现场绝缘试验实施导则 交流耐压试验》(DL/T 474.4—2018)。

(4)电压击穿强度测试仪使用说明书。

三、试验仪器、仪表及材料(表 1-9)

试验仪器、仪表及材料　　　　　　　　　　表 1-9

序号	试验所用设备(材料)	数量	序号	试验所用设备(材料)	数量
1	电压击穿强度测试仪	1 套	3	小线箱(各种小线夹及跨接线)	1 套
2	电源盘	2 个	4	设备试验原始记录	1 本

四、测试准备及工作危险点分析、防范措施

同项目 1 专项实训 1.1 气体介质击穿测试要求。

五、测试人员配置

此任务可配测试负责人 1 名,测试人员 2 名(1 名接线、操作仪表;1 名记录数据)。

六、测试仪表设备介绍

电压击穿强度测试仪主要适用于固体绝缘材料(如塑料、橡胶、薄膜、树脂、云母、陶瓷、玻璃、绝缘漆)等介质在工频电压或直流电压下击穿强度和耐电压的测试。其外观如图 1-57 所示。做测试的电极形状如图 1-58 所示。

图 1-57　电压击穿强度测试仪外观图

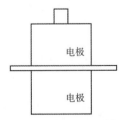

图 1-58　测试用电极形状

试验电压见表1-10。

试验电压 表1-10

短时试验时电压值(kV)	0~2	2~5	5~10	10~20	20~30	30~50	50~75	75~100
分段升高电压值(kV)	0.1	0.2	0.5	1	2	3	5	7

七、方案设计

根据电压击穿强度测试仪使用说明书,画出测试接线图。

八、实施步骤

见相关资源。

九、测试报告

(1) 测试数据见表1-11。

测试数据 表1-11

固体介质	击穿电压 U(kV)				介质厚度 (mm)	击穿电场强度 (kV/mm)
	一次	二次	三次	平均值		
5层电缆纸的短时击穿试验						
5层电缆纸的1min击穿试验						
5层浸油电缆纸的短时击穿试验						

(2) 分析试验中观察到的现象,得出测试结果,讨论心得体会和存在的问题。

拓 展 练 习

一、绝缘油的气相色谱分析

参见相关资源。

二、沿面放电测试

1. 试验设备

高压试验测试装置。

2. 测试接线图

沿面放电测试接线图如图 1-59 所示,其中:T—高压试验变压器;R—保护用水阻。

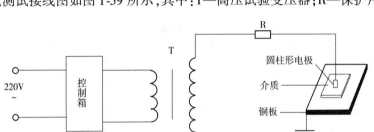

图 1-59 沿面放电测试接线图

3. 测试内容

(1)按图 1-59 所示接线图接线,在一块接地的铜板上放一块玻璃板(其厚度为 t)作为被试品。在板的中间放一可移动的圆柱形电极,将此电极经水电阻接到高压电源上。

为了观察沿面放电现象,试验需在暗室中进行,试验时为了使试验者的眼睛适应黑暗,要在关灯后 5min 才可开始试验。

逐渐升高被试电极上的电压,观察从圆柱形电极周围发生电晕的开始电压(有声和紫色光圈)和滑闪放电到介质表面完全放电的过程。

(2)按图 1-59 所示接线图接线,改变圆柱形电极在玻璃板中间的位置(距玻璃板边缘的最小尺寸为 a),求两极之间的沿面距离与沿面放电电压的关系曲线(注意每点做 3 次,取其平均值)。将试验结果换算为标准大气条件下的情况。

(3)把图 1-59 所示的圆柱形电极、玻璃板、铜板去掉,换成支持绝缘子,然后逐步升高被试支持绝缘子上的电压,观察在绝缘子上下极周围发生电晕的开始电压(有声和紫色光圈)和滑闪放电到介质表面完全放电的过程。测试支持绝缘子的干闪电压 40 次,记录其干闪电压数据,画出概率分布曲线。

三、理论题

(1) 气体带电质点的产生和消失有哪些主要方式？

(2) 什么叫自持放电？简述汤逊放电理论的自持放电条件。

(3) 汤逊放电理论与流注放电理论的主要区别是什么？它们各自的适用范围如何？

(4) 极不均匀电场中有何放电特性？比较棒-板气隙极性不同时电晕起始电和击穿电压的高低，简述其理由。

(5) 电晕放电是自持放电还是非自持放电？电晕放电有何危害及用途？

(6) 什么是巴申定律？有何种情况下气体放电不遵循巴申定律？

(7) 雷电冲击电压下间隙击穿有何特点？冲击电压作用下放电时延包括哪些部分？用什么来表示气隙的冲击特性？

(8) 什么叫伏秒特性？伏秒特性有何意义？

(9) 影响气体间隙击穿电压的因素有哪些？若想要提高气体间隙击穿电压可采取哪些措施？

(10) 沿面闪络电压为什么低于同样距离下纯空气间隙的击穿电压？

(11) 分析套管的沿面闪络过程中，若想要提高套管沿面闪络电压可采取哪些措施？

(12) 试分析绝缘子串的电压分布及改进电压分布措施。

(13) 什么叫绝缘的污闪？若想要防止绝缘子污闪可采取哪些措施？

(14) 列表比较电介质4种极化形式的形成原因、过程进行的速度、有无损耗、受温度的影响。

(15) 说明绝缘电阻、泄漏电流、表面泄漏的含义。

(16) 说明介质电导与金属电导的本质区别。

(17) 何为吸收现象？在什么条件下会出现吸收现象？试说明吸收现象的成因。

(18) 说明介质损失角正切值 $\tan\delta$ 的物理意义，画出与电源频率、温度和电压的关系曲线。

(19) 说明变压器油的击穿过程以及影响其击穿电压的因素。

(20) 比较气体、液体、固体介质击穿场强数量级的高低。

(21) 说明固体电介质的击穿形式和特点。

(22) 说明提高固体电介质击穿电压的措施。

项目2

电压互感器测试

知识目标

1. 掌握兆欧表的工作原理。
2. 熟悉绝缘电阻、吸收比的测试。
3. 掌握高压交流平衡电桥的基本原理。
4. 熟悉介质损耗角正切值的测试。

能力目标

1. 能用绝缘表进行电压互感器绝缘电阻、吸收比的测试。
2. 能根据电力设备预防性试验规程进行介质损耗角正切值的测试。
3. 能够在专人的监护和配合下独立完成整个测试过程。
4. 能根据相关标准、规程对测试结果做出正确的判断和比较全面的分析。

素质目标

1. 具备创新思维和创新能力,能够在未来的发展中具有竞争力。
2. 具备实践能力和实践经验,能够将所学知识应用到实际岗位中。
3. 具备社会责任和国际视野,能够在社会中扮演积极角色。

建议学时

4学时。

任务 2.1　电磁式电压互感器绝缘电阻测试

任务导入

电磁式电压互感器在投入使用后,每隔 3 年或在大修后都要进行绝缘电阻测试,当怀疑有绝缘缺陷时也要进行绝缘电阻测试,一般绝缘电阻值不应低于出厂值或初始值的 70%。测试电磁式电压互感器的绝缘电阻,能比较灵敏地反映电磁式电压互感器的绝缘情况,有助于发现绝缘整体或贯通性受潮、脏污,绝缘油劣化,绝缘击穿和严重热老化等缺陷。如何进行绝缘电阻测试呢?

理论知识

一、绝缘电阻、吸收比和极化指数

电气设备在制造、运输、安装、检修的过程中,有可能因发生意外事故而残留有潜伏性缺陷;在长期运行过程中,又会受到电场、导体发热、机械外力损伤、化学腐蚀及大气条件等因素的影响,使其绝缘性能劣化,严重的会造成设备损坏。这将直接影响电力系统运行的稳定性和可靠性,因此,必须对设备的绝缘情况进行检测和诊断。

绝缘缺陷通常分为两类:一类是集中性缺陷,指缺陷集中于绝缘的某个或某几个部分。如绝缘子瓷质开裂、绝缘局部磨损、绝缘内部气泡、绝缘局部受潮等,它又分为贯穿性缺陷和非贯穿性缺陷,这类缺陷的发展速度较快,因而具有较大的危险性;另一类是分布性缺陷,指由于受潮、过热、动力负荷及长时间过电压的作用导致的电气设备整体绝缘性能下降,如绝缘整体受潮、老化、变质等,这是一种普遍性的劣化,是经过缓慢演变而出现的。

绝缘试验按照其对被试绝缘的危险性可分为两类:一类为非破坏性试验,也称检查性试验或绝缘特性试验,是指在较低电压下或用其他不会损坏绝缘的方法来检测绝缘除电气强度以外的电气性能,这类试验的目的是判断绝缘状态,及时发现可能的劣化现象,主要包括绝缘电阻测试、直流泄漏电流测试和介质损失角正切值测试及局部放电测试等;另一类为破坏性试验,是指在各种较高的电压下进行的试验,也称耐压试验,它考核绝缘的电气强度,试验过程中有可能给绝缘造成一定的损伤,主要包括交流耐压试验、直流耐压试验、雷电冲击耐压试验及操作冲击耐压试验。这两类试验是相辅相成的,实际中应先进行非破坏性试验,再进行破坏性试验,若非破坏性试验表明绝缘有不正常情况,则必须查明原因并加以消除后才能再进行破坏性试验,以避免造成不应有的击穿。

测试电气设备的绝缘电阻,有助于发现电气设备中影响绝缘的异物,绝缘整体或贯通性受潮、脏污,绝缘油劣化,绝缘击穿和严重热老化等缺陷,因此测试绝缘电阻是电气检修、运行和试验人员都应掌握的基本方法。绝缘电阻通常采用兆欧表(也称摇表)进行测试。

绝缘电阻是指在绝缘体的临界电压以下,施加直流电压时,测试其所含的离子沿电场方向移动形成的电导电流 I_g,应用欧姆定律所确定的比值。如果施加的直流电压超过临界值,就会导致产生电导电流,使绝缘电阻急剧下降。这样,在过高电压的作用下绝缘就遭到了损伤,甚至可能击穿,所以,一般兆欧表的额定电压不能太高,使用时应根据不同电压等级的绝缘性能选用。

对于单一的绝缘体(如瓷质或玻璃绝缘子、塑料、酚醛绝缘板材料及棒材等),在直流电压的作用下,其电导电流瞬间即可达稳定值,所以测试这类绝缘体的绝缘电阻时,也很快就达到了稳定值。

在高压工程上用的设备内绝缘,大部分是夹层绝缘(如变压器、电缆、电机等)。夹层绝缘在直流电压的作用下,会产生多种极化,从极化开始到完成需要相当长时间。通常用夹层绝缘的绝缘电阻随时间变化的关系作为判断绝缘状态的依据。

在夹层绝缘体上施加直流电压后,其中便有 3 种电流产生,即电导电流、电容电流和吸收电流。这 3 种电流值的变化能反映绝缘电阻值的大小,即随着加压时间的增长,这 3 种电流的总和下降,而绝缘电阻值相应地增大。对于具有夹层绝缘的大容量设备,这种吸收现象就更明显。因为总电流随时间衰减,经过一定时间后,总电流才趋于电导电流的数值,所以通常要求在加压 1min(或 10min)后,读取兆欧表指示的值,才能代表比较真实的绝缘电阻值。

不同的绝缘设备,在相同的电压下,其总电流随时间下降的曲线不同,即使对同一设备,当绝缘受潮或有缺陷时,其总电流曲线也要发生变化。当绝缘受潮或有缺陷时,电流的吸收现象不明显,总电流随时间下降得较缓慢。

如图 2-1 所示,在相同时间内电流的比值就不一样,由图 2-1a)中的 i_{15}/i_{60} 大于图 2-1b)中的 i_{15}/i_{60} 即可说明。因此,对同一绝缘设备,根据 i_{15}/i_{60} 的变化就可以初步判断绝缘的状况。通常以绝缘电阻的比值表示,即

$$k_1 = \frac{R_{60}}{R_{15}} = \frac{i_{15}}{i_{60}} \tag{2-1}$$

式中:i_{15}、R_{15}——加压 15s 时的电流和相应的绝缘电阻;
$\quad i_{60}$、R_{60}——加压 60s 时的电流和相应的绝缘电阻;
$\quad k_1$——吸收比。

通常将加压 60s 时测得的绝缘电阻值与加压 15s 时测得的绝缘电阻值之比,称为吸收比 k_1。参考《电力设备预防性试验规程》(DL/T 596—2021)中对油浸式电力变压器绕组连同套管的绝缘电阻测试规定,吸收比 $k_1 \geq 1.3$,为绝缘干燥;吸收比 $k_1 < 1.3$,为绝缘受潮。由于吸收比 k_1 是同一被试品的两个绝缘电阻之比,它与被试绝缘的尺寸无关,只取决于绝缘本身的特性,所以更有利于反映绝缘的状态。

经验表明,吸收比在工程应用中是存在局限性的。对于电容量较大的设备是适用的,但

对电容量小的设备,由于吸收现象不明显,无实用价值。近几年来,由于干燥工艺的改进,大容量变压器的吸收现象也不明显,吸收比往往在 1.3 以下,而这并不一定表明变压器绝缘受潮,还要结合其他测试数据进行综合分析判断。

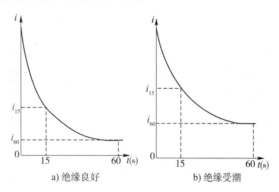

图 2-1　总电流 i 随时间的变化曲线

对于大型电机或大型电力变压器及电容器等,由于吸收现象特别显著,在 60s 时测得的绝缘电阻仍会受吸收电流的影响,这时应采用加压 10min 和 1min 时的绝缘电阻值之比,即极化指数 k_2 作为衡量指标,即

$$k_2 = \frac{R_{10\min}}{R_{1\min}} \tag{2-2}$$

极化指数测试加压时间较长,测定的电介质吸收比率与温度无关。绝缘良好时,极化指数 k_2 一般不小于 1.5,变压器极化指数 k_2 一般应大于 1.5,绝缘较好时其值可达到 3~4。

二、绝缘电阻、吸收比的测试

1. 兆欧表的工作原理

常用的兆欧表有手摇式、电动式和数字式几种。兆欧表是利用流比计的原理制成的,图 2-2 所示为兆欧表的原理接线图。图中 G 为电源,是由手摇(或电动)直流发电机或交流发电机经晶体二极管整流构成的;电压线圈 L_V 和电流线圈 L_A 绕向相反、相互垂直且固定在同一转轴上,它们处在同一个永久磁场中(图中未画出),由于没有弹簧游丝,当没有电流通过时,指针可以停留在任意位置;R_V、R_A 分别为分压电阻(包括电压线圈的电阻)和限流电阻(包括电流线圈的电阻)。

测试时,接地端子 E 接被试品的接地端、外壳或法兰等处,线路端子 L 接被试品的另一极(绕组、芯柱或其他)。摇动手摇发电机,直流电压就加到两个并联支路上,电流通过两个线圈,在同一磁场中产生方向相反的转动力矩,在两个力矩差的作用下,线圈带动指针偏转,直至两个力矩平衡为止。当达到平衡时,指针偏转的角度 α 与流过 I_V 和 I_A 中的电流的比值有关,即

$$\alpha = F\left(\frac{I_V}{I_A}\right) \tag{2-3}$$

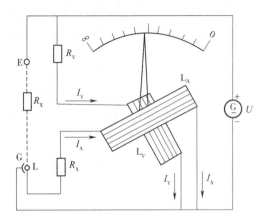

图 2-2 兆欧表的原理接线图

而 $I_V = \dfrac{U}{R_V}$，$I_A = \dfrac{U}{R_A + R_X}$，$R_X$ 为被试品的绝缘电阻，所以

$$\alpha = F\left(\dfrac{I_V}{I_A}\right) = F\left[\dfrac{U/R_V}{U/(R_A + R_X)}\right] = F\left(\dfrac{R_A + R_X}{R_V}\right) = F'(R_X) \tag{2-4}$$

可见指针偏转角 α 直接反映 R_X 的大小。当兆欧表分压电阻和限流电阻一定时，R_V、R_A 均为常数，故指针偏转角 α 的大小仅由被试品的绝缘电阻 R_X 决定。

当 L(相线)、E(地线)两端头间开路时，流比计电流线圈 L_A 中没有电流，$I_A = 0$，只有电压线圈 L_V 中有电流 I_V 流过，仅产生单方向转动的力矩，使指针沿逆时针方向偏转到最大位置，指向"∞"，也即 L、E 两端开路就相当于被试品的绝缘电阻 R_X 为无穷大。

当两端头间短路时，并联电路两支路中都有电流，但流过电流线圈 L_A 中的电流 I_A 最大，其转动力矩大大超过 I_V 产生的反力矩，使指针沿顺时针转到最大位置，指向"0"，即被测绝缘电阻 R_X 为零。

当外接被测绝缘电阻 R_X 在"0"与"∞"之间的任一数值时，指针停留的位置由通过这两个线圈中的电流 I_V 和 I_A 的比值来决定。兆欧表在额定电压下，I_V 为一定值，但被测绝缘电阻 R_X 与电流线圈 L_A 相串联，所以 I_A 的大小随 R_X 数值的改变而改变，于是 R_X 的大小就决定了指针偏转角的位置，因而在校准的电阻刻度盘上便可读取兆欧表测出的被试品绝缘电阻。

在端头 L 的外圈设有一个金属圆环 G，称为屏蔽端(或称保护环)，有些兆欧表专设有屏蔽端头。它们均直接与电源的负极相连，起着屏蔽表面漏电的作用。因为在 L 和 E 之间会有高达几百伏至几千伏的直流电压，在这种高压下，L 和 E 之间的表面泄漏是不可忽略的，如图 2-3 中的漏电流 i_1，而且在测试被试品时，还会有表面的漏电，如图 2-3 中的 i_2。屏蔽端头的作用是使漏电流 i_1 和 i_2 直接从屏蔽端头"G"流回电源，而不经过测试机构，防止给测试结果造成误差，如图 2-3b)所示。

兆欧表的负载特性，即所测绝缘电阻值和端电压的关系曲线，如图 2-4 所示。目前国内生产的不同类型的兆欧表的负载特性不同。从某种兆欧表的负载特性看出，当被测绝缘电阻小于 100MΩ 时，端电压剧烈下降。所以在测试极化指数和绝缘电阻时，应选择最大输出电流在 2mA 以上的数字兆欧表,并且在测试绝缘电阻范围内负载特性平稳的兆欧表时,才能得到正确的结果。

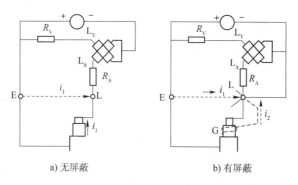

图 2-3　手摇兆欧表的屏蔽

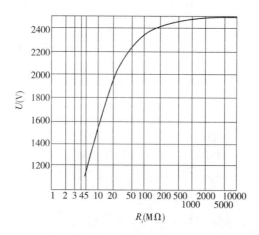

图 2-4　兆欧表的负载特性

常用的兆欧表的额定电压有 500V、1000V、2500V、5000V 等几种;通常额定电压为 1kV 及以上的电气设备要选用 2500V 或 5000V 的兆欧表,额定电压为 1kV 以下的电气设备选用 500V 或 1000V 的兆欧表。

目前现场已广泛采用数字式兆欧表,其原理图如图 2-5 所示,数字兆欧表是将直流电源变频产生直流高压,程序控制使各种绝缘测试可通过菜单选择自动进行或以设定方式进行。其测试电压达到 500～5000V 时可设定选择;试验电流为 2.5mA 等;测试范围比手动兆欧表大,最大量程可读到 $5 \times 10^6 \mathrm{M}\Omega$,显示直观准确。由于目前变压器等大容量设备需做极化指数试验,用手摇式兆欧表测试就比较困难,因此,数字式兆欧表正在逐步取代手摇式兆欧表。

2. 影响测试结果的主要因素

(1) 温度、湿度及表面脏污的影响

温度对绝缘电阻的影响很大,一般绝缘电阻是随温度的上升而减小的。原因在于当温度升高时,绝缘介质中的极化加剧,电导增加,致使绝缘电阻值降低,绝缘电阻的降低程度还与温度变化的程度、绝缘材料的性质和结构等有关。一般温度每下降 10℃,绝缘电阻增加

1.5~2倍。为了比较测试结果,需要将测试结果换算成同一温度下的数值。

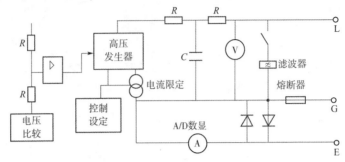

图2-5 数字式兆欧表的原理图

湿度主要影响绝缘表面泄漏电流,绝缘表面吸附潮气,形成水膜,使绝缘电阻降低。此外,某些绝缘材料由于毛细管作用,在湿度大的情况下会吸收一些水分,也会导致电导增加,绝缘电阻下降。

电气设备绝缘表面的脏污会使表面的绝缘电阻下降,从而造成整体绝缘电阻的明显降低。

(2)放电时间及感应电压的影响

每测完一次绝缘电阻后,应将被试品充分放电,放电时间应大于充电时间,以利于将剩余电荷放尽。否则,在重复测试时,由于剩余电荷的影响,其充电电流和吸收电流将比第一次测试时小,因而造成吸收比减小、绝缘电阻值增大的虚假现象。

此外,带电设备和停电设备间的电容耦合,使得被试设备上存在感应电压,这在500kV设备试验时表现得尤其突出,会造成指针不稳定、摆动,感应电压强烈时甚至会损坏兆欧表,得不到真实的数值,为此,必要时可采取电场屏蔽等措施。

3. 测试方法及注意事项

(1)断开被试品的电源,拆除或断开对外的一切连线,并将其接地放电。对电容量较大的被试品(如发电机、电缆、大中型变压器和电容器等)更应充分放电。此项操作应利用绝缘工具(如绝缘棒、绝缘钳等)进行,不得用手直接接触放电导线。

(2)用干燥清洁柔软的布擦去被试品表面的污垢,必要时可先用汽油或其他适当的去垢剂洗净套管表面的积污。

(3)将兆欧表放置平稳,驱动兆欧表达到额定转速,此时兆欧表的指针应指"∞",再用导线短接兆欧表的L与E端头,其指针应指零(瞬间低速旋转以免损坏兆欧表)。然后将被试品的接地端接于兆欧表的接地端头E上,测量端接于兆欧表的相线端头L上。如遇被试品表面的泄漏电流较大时,或对重要的被试品,如发电机、变压器等,为避免表面泄漏的影响,必须加以屏蔽。屏蔽线应接在兆欧表的屏蔽端头G上。接好线后,相线暂时不接被试品,驱动兆欧表至额定转速,其指针应指向"∞",然后使兆欧表停止转动,将相线接至被试品。

(4)驱动兆欧表达额定转速,待指针稳定后,读取绝缘电阻的数值。

(5)测试吸收比或极化指数时,先驱动兆欧表达额定转速,待指针指向"∞"时,用绝缘工具将相线立即接至被试品上,同时记录时间,分别读取 15s 和 60s 或 10min 时的绝缘电阻值。

(6)读取绝缘电阻值后,先断开接至被试品的相线,然后将兆欧表停止运转,以免被试品的电容在测试时所充的电荷经兆欧表放电而损坏兆欧表,这一点在测试大容量设备时更要注意。此外,也可在相线端至被试品之间串入一只二极管,其正端与兆欧表的相线相接,这样就不必先断开相线,也能有效地保护兆欧表。

(7)在湿度较大的条件下进行测试时,可在被试品表面加等电位屏蔽,此时在接线上要注意,被试品上的屏蔽环应接近加压的相线而远离接地部分,减少屏蔽对地的表面泄漏,以免造成兆欧表过载。屏蔽环可用熔断丝或软铜线紧缠几圈而成。

4. 测试结果的分析判断

(1)所测的绝缘电阻应等于或大于一般容许的数值(见有关规定)。

(2)将所测的绝缘电阻,换算至同一温度,并与出厂、交接、历年、大修前后和耐压前后的数值进行比较;与同类型设备、同一设备相间比较。比较结果均不应有明显的降低或较大的差异,否则应引起注意,对重要的设备必须查明差异的原因。

(3)对电容量比较大的高压电气设备,如电缆、变压器、发电机、电容器等的绝缘状况,主要以吸收比值和极化指数的大小为判断依据。如果吸收比和极化指数有明显下降,说明绝缘受潮或油质严重劣化。

专项实训2.1 电磁式电压互感器绝缘电阻测试

一、工作任务

某电厂A新进一批电磁式电压互感器等设备,要对其中的10kV电磁式电压互感器进行绝缘电阻测试,并判断是否符合要求。

二、引用的标准、规程和文件

(1)《电气装置安装工程 电气设备交接试验标准》(GB 50150—2016)。
(2)《电力安全工作规程 发电厂和变电站电气部分》(DL/T 408—2023)。
(3)数字式兆欧表仪器说明书。

三、试验仪器、仪表及材料(表2-1)

试验仪器、仪表及材料　　　　　表2-1

序号	试验所用设备(材料)	数量	序号	试验所用设备(材料)	数量
1	数字式兆欧表	1块	4	小线箱(各种小线夹)	1套
2	电源盘、刀闸板	2个	5	常用仪表	1套
3	常用工具	1套	6	设备试验原始记录	1本

四、测试准备及工作危险点分析、防范措施

(1)测试负责人应组织作业人员学习作业指导书,使全体人员熟悉测试内容、测试标准和安全注意事项。

(2)试验前为防止互感器剩余电荷伤人或损坏试验仪器,测试人员应对被试互感器进行充分放电。

(3)测试人员确认拆除所有与设备连接的引线,并保证有足够的安全距离。

(4)仪表操作人员检查仪器状态是否良好,所有试验仪器须校验合格,未超试验周期。

(5)测试人员检查设备表面脏污及潮湿情况,表面应保持清洁干燥,外瓷套无裂纹和明显的烧伤痕迹,无渗漏。

(6)用高压试验警戒带将试验区域围起,挂上"止步,高压危险"字样且向外,范围应保证试验电压不会伤害围带区域外的人员。

五、测试人员配置及接线图

此任务可配测试负责人1名,测试人员2名(1名接线、操作仪表,1名记录数据)。绝缘电阻测试接线图如图2-6所示。

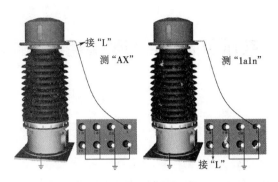

图 2-6　绝缘电阻测试接线图

六、测试结果的分析判断

（1）测试结果

测试结果记录于表 2-2。

绝缘电阻测试步骤

测试结果记录表　　　　　　　　　　　　　　　　　　　表 2-2

项目	一次绕组对二次绕组	一次绕组对外壳	二次绕组间	二次绕组对外壳
绝缘电阻（MΩ）				

（2）判断

参考《电气装置安装工程 电气设备交接试验标准》（GB 50150—2016）要求，测试电磁式电压互感器绕组的绝缘电阻，应符合下列规定：应测量一次绕组对二次绕组及外壳、各二次绕组间及其对外壳的绝缘电阻；绝缘电阻值不宜低于 1000MΩ。

任务2.2　电压互感器介质损耗角正切值的测试

任务导入

电压等级 35kV 及以上油浸式电压互感器在交接试验、预防性试验和例行试验时，应测试一次绕组的介质损耗角正切值 tanδ，以在综合分析时作为参考。通过测试介质损耗角正切值 tanδ，可有效地发现互感器局部集中性和整体分布性的缺陷，灵敏地发现绝缘受潮、劣化及套管绝缘损坏等缺陷。介质损耗角正切值 tanδ 如何测试呢？

理论知识

一、介质损耗角正切值测试的意义及原理

介质损耗角正切值 tanδ 是评价绝缘品质的重要指标，测试 tanδ 是判断电气设备绝缘状态的一种灵敏有效的方法。通过测试可以发现电气设备绝缘整体受潮、劣化变质以及小体积被试品中的严重局部性缺陷、气隙放电等。

图 2-7 为在交流电压作用下绝缘介质损耗角等值电路图，图 2-8a) 为绝缘介质损耗角相量图。由图可见，流过介质的电流由两部分组成，即通过 C_X 的电容电流分量 I_{Cx}、通过 R_X 的有功电流分量 I_{Rx}。通常 $I_{Cx} \gg I_{Rx}$，介质损失角 δ 甚小。介质中的功率损耗

$$P = UI_{Rx} = UI_{Cx}\tan\delta = U^2\omega C_X \tan\delta \tag{2-5}$$

tanδ 为介质损耗角的正切（或称介质损耗因数），一般比较小。通过测试 tanδ，可以反映绝缘的一系列缺陷，如绝缘受潮、油或浸渍物脏污、劣化变质，绝缘中有气隙发生放电等。这时，流过绝缘的电流中有功电流分量 I_R 增大，tanδ 也随之增大。绝缘中存在气隙这种缺陷，最好通过作 tanδ 与外加电压的关系曲线 tanδ = f(U) 来发现。例如对于发电机线棒，如果绝缘老化、气隙较多，则 tanδ = f(U) 将呈现明显的转折，如图 2-8b) 所示。U_C 代表气隙开始放电时的外加电压，tanδ 增加的陡度可反映老化的程度。但对于变电设备来说，由于电桥电压（2500～10000V）常远低于设备的工作电压，因此，tanδ 测试虽可反映绝缘受潮、油或浸渍物脏污、劣化变质等缺陷，但难以反映绝缘内部的工作电压下局部放电性缺陷。

由于 tanδ 是一项表示绝缘内功率损耗大小的参数，对于均匀介质，它实际上反映着单位体积介质内的介质损耗，与绝缘的体积大小没有关系。在一定的绝缘的工作场强下，可以近似地认为绝缘厚度正比于 U。当绝缘厚度一定，绝缘面积越大，其电容量越大，I_C 也越大，故

I_{C} 正比于绝缘面积。因此，近似地认为绝缘体积正比于 UI_{C}。由式(2-5)可知，$\tan\delta$ 反映单位体积中的介质损耗。

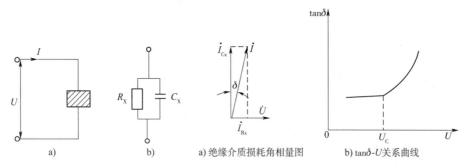

图 2-7　绝缘介质损耗角等值电路图　　图 2-8　介质损耗角 $\tan\delta$-U 相量图和关系曲线

如果绝缘内的缺陷不是分布性的而是集中性的，则 $\tan\delta$ 有时反应就不灵敏。被试绝缘的体积越大或集中性缺陷所占的体积越小，那么集中性缺陷处的介质损耗占被试绝缘全部介质损耗中的比重就越小，而 I_{C} 一般几乎是不变的，故由式(2-5)可知，$\tan\delta$ 增加得也越少，这样，测 $\tan\delta$ 法就越不灵敏。对于像电机、电缆这类电气设备，由于运行中故障多为集中性缺陷发展所致，而且被试绝缘的体积较大，测 $\tan\delta$ 法的效果就差。因此，通常对运行中的电机、电缆等设备进行预防性试验时，便不做这项试验。相反，对于套管或互感器绝缘，$\tan\delta$ 试验就是一项必不可少而且比较有效的试验。因为套管的体积小，$\tan\delta$ 法不仅可以反映套管绝缘的全面情况，而且有时可以检查出其中的集中性缺陷。

当被试品绝缘部分由不同的介质组成，例如由两种不同的绝缘部分并联组成时，则根据被试品总的介质损耗为其两个组成部分介质损耗之和，而且被试品所受电压即为各组成部分所受的电压，由式(2-5)可得，

$$U^2\omega_2 C_{\mathrm{X}}\tan\delta = U^2\omega_2 C_1 \tan\delta_1 + U^2\omega_2 C_2 \tan\delta_2$$

因此

$$\tan\delta = \frac{C_1\tan\delta_1 + C_2\tan\delta_2}{C_{\mathrm{X}}} = \frac{C_1\tan\delta_1 + C_2\tan\delta_2}{C_1 + C_2} \tag{2-6}$$

由式(2-6)可知，C_2/C_{X} 越小，则 C_2 的缺陷($\tan\delta_2$ 增大)在测整体的 $\tan\delta$ 时越难发现，故对于可以分解为各个绝缘部分的被试品，常用分解进行 $\tan\delta$ 测试的办法来更有效地发现缺陷。例如测变压器的 $\tan\delta$ 时，对套管的 $\tan\delta$ 单独进行测试，可以有效地发现套管的缺陷，不然，由于套管的电容比绕组的电容小得多，在测试变压器绕组连同套管的 $\tan\delta$ 时，就不易反映套管内的绝缘缺陷。

在通过 $\tan\delta$ 值判断绝缘状况时，同样必须着重于与该设备历年的 $\tan\delta$ 值相比较以及和处于同样运行条件下的同类型设备相比较。即使 $\tan\delta$ 值未超过标准，但和过去比以及和同样运行条件的其他设备相比，$\tan\delta$ 突然明显增大，也必须进行处理，不然常常会在运行中发生事故。

二、高压交流平衡电桥

目前在预防性、交接试验中，测试介损使用较普遍的仪器有西林电桥、数字式自动介损

测试仪,西林电桥现已应用不多,但数字式自动介损测试仪是在西林电桥的基础上发展起来的,所以还是先介绍西林电桥的典型——QS1 型西林电桥。

1. QS1 型西林电桥

（1）基本原理

QS1 型西林电桥的基本原理和其他西林电桥相同。其原理接线如图 2-9 所示,图中 C_X、R_X 为被试品的电容和电阻;R_3 为无感可调电阻;C_N 为高压标准电容器;C_4 为可调电容器;R_4 为无感固定电阻;P 为交流检流计。

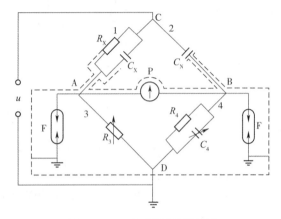

图 2-9　QS1 型电桥的原理接线图

当电桥平衡时,检流计 P 内无电流通过,说明 A、B 两点间无电位差,如图 2-10 所示。因此,电压 $\dot{U}_{CA}$ 与 $\dot{U}_{CB}$ 以及 $\dot{U}_{AD}$ 与 $\dot{U}_{BD}$ 必然大小相等、相位相同。即

$$\frac{\dot{U}_{CA}}{\dot{U}_{AD}} = \frac{\dot{U}_{CB}}{\dot{U}_{BD}} \tag{2-7}$$

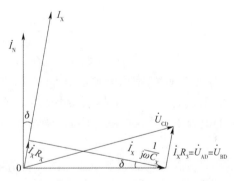

图 2-10　电桥平衡时向量图

所以,在桥臂 CA 和 AD 中流过相同的电流 I_X,在桥臂 CB 和 BD 中流过相同的电流 I_N,各桥臂电压之比应等于相应桥臂阻抗之比,即

$$\frac{Z_X}{Z_3} = \frac{Z_N}{Z_4} \tag{2-8}$$

而由图 2-10 可见,被试品阻抗为

$$Z_X = \frac{1}{1/R_X + j\omega C_X} \quad Z_N = \frac{1}{j\omega C_N}$$

$$Z_3 = R_3 \quad Z_4 = \frac{1}{1/R_4 + j\omega C_4}$$

代入式(2-8)，并使等式两边虚部、实部分别相等，则可得到

$$\tan\delta = \omega C_4 R_4 \tag{2-9}$$

$$C_X = \frac{1}{1+\tan^2\delta} \cdot \frac{R_4}{R_3} \cdot C_N \tag{2-10}$$

在 50Hz 时，$\omega = 2\pi f = 100\pi$，为计算方便，在制造电桥时，取 $R_4 = \frac{10^4}{\pi}\Omega$，则 $\tan\delta = 10^6 C_4$，若 C_4 以 μF 为单位，则在数值上 $\tan\delta = C_4$，C_4 的微法数值经刻度转换就是被试品的 $\tan\delta$ 值，直接从电桥面板上的 C_4 数值读得。

如 Z_X 用串联回路代表，则代入式(2-8)后同样可得到 $\tan\delta = \omega C_4 R_4$。因为等值回路不应改变 $\tan\delta$ 本身。通常桥臂阻抗 Z_X 和 Z_N 要比 Z_3 和 Z_4 大得多，所以工作电压主要作用在 Z_X 和 Z_N 上，因此它们被称为高压臂，而 Z_3 和 Z_4 称为低压臂，其作用电压往往只有几伏。但如果被试品或标准电容发生击穿时，在 A、B 点可能出现高电位，为了确保人身和设备安全，在 A、B 两点对地之间各并联一个放电管，其放电电压约为 100~200V。

QS1 型电桥的平衡是通过调节 R_3 和 C_4，从而分别改变桥臂电压的大小和相位来实现的。在电桥平衡过程中，流过检流计的电流不为零（检流计支路的阻抗不是无穷大），所以 R_3 和 Z_4 是互相影响的，需要反复调节 R_3、C_4，才能最终达到平衡。

（2）QS1 型电桥的接线方式

①正接线法。所谓正接线就是正常接线，如图 2-9 所示。在正接线时，桥体处于低压，操作安全方便。因不受被试品对地寄生电容的影响，测试准确。但这时要求被试品两极均能对地绝缘（如电容式套管、耦合电容器等），由于现场设备外壳几乎都是固定接地的，故正接线的采用受到了一定限制。

②反接线法。反接线适用于被试品一极接地的情况，故在现场应用较广，如图 2-11 所示。这时的高、低电压端恰与正接线相反，D 点接高压而 C 点接地，因而称为反接线。在反接线时，电桥体内各桥臂及部件处于高电位，所以，在面板上的各种操作都是通过绝缘柱传动的。此时，被试品高压电极连同引线的对地寄生电容将因与被试品电容 C_X 并联而造成测试误差，尤其是 C_X 值较小时更为显著。

③对角接线。当被试品一极接地而电桥又没有足够绝缘强度进行反接线测试时，可采用对角接线，如图 2-12 所示。在对角接线时，由于试验变压器高压绕组引出线回路与设备对地（包括对低压绕组）的全部寄生电容均与 C_X 并联，给测试结果带来很大误差，因此，要进行两次测试，一次不接被试品，另一次接被试品，然后按式(2-11)和式(2-12)计算，以减小寄生电容的影响。

$$C_X = C_2 - C_1 \tag{2-11}$$

$$\tan\delta = \frac{C_2\tan\delta_2 - C_1\tan\delta_1}{C_2 - C_1} \tag{2-12}$$

式中：$\tan\delta_1$——未接入被试品时的测得值；
$\tan\delta_2$——接入被试品后的测得值；
C_1——未接入被试品时测得的电容；
C_2——接入被试品后测得的电容。

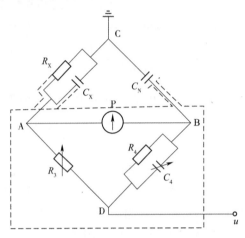

图 2-11　反接线法接线图

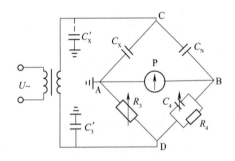

图 2-12　对角接线法接线图

这种接线方式只有在被试品电容远大于寄生电容时才宜采用。

2. 数字式自动介损测试仪

数字式自动介损测试仪使用方便，较好的自动介质损耗测试仪测试精度及可靠性都比 QS1 型等西林电桥高。由于测试接地试品时采用侧接试验方式，测试部分全部处于低电位，故使用安全可靠，且易于实现全自动测试功能。

3. 影响测试结果的主要因素

(1) 外界电场干扰

外界电场干扰主要是由干扰电源（包括试验用高压电源和试验现场高压带电体）通过带电设备与被试设备之间的电容耦合造成的。

为避免干扰，最根本的办法是尽量离开干扰源，或者加电场屏蔽，即用金属屏蔽罩或将被试品与干扰源隔开，并将屏蔽罩与电桥本体相连，以消除电容的影响。

(2) 外界磁场的干扰

外界磁场干扰主要是测试现场附近有漏磁通较大的设备（电抗器、通信的滤波器等）时，由其交变磁场作用于电桥检流计内的电流线圈回路造成的。

为了消除磁场干扰,可设法将电桥移到磁场干扰范围以外。若不能做到,则可以改变检流计极性开关并进行两次测试,用两次测试的平均值作为测试结果,以减小磁场干扰的影响。

(3) 温度的影响

温度对 $\tan\delta$ 有直接影响,影响的程度随材料、结构的不同而异。一般情况下,$\tan\delta$ 是随温度上升而增加的。现场试验时,设备温度是变化的,为便于比较,应将不同温度下测得的 $\tan\delta$ 值换算至20℃。

应当指出,由于被试品真实的平均温度是很难准确测定的,换算系数也不是十分符合实际,故换算后往往有很大误差。因此,应尽可能在 10～30℃ 的温度下进行测试。

有些绝缘材料在温度低于某一临界值时,其 $\tan\delta$ 可能随温度的降低而上升;而潮湿的材料在0℃以下时水分冻结,$\tan\delta$ 会降低。所以,过低温度下测得的 $\tan\delta$ 不能反映真实的绝缘状况,容易导致错误的结论,因此,测试 $\tan\delta$ 应在不低于5℃时进行。

(4) 试验电压的影响

良好绝缘的 $\tan\delta$ 不随电压的升高而明显增加,当绝缘内部有缺陷时,$\tan\delta$ 将随试验电压的升高而明显增加。

(5) 被试品电容量的影响

对电容量较小的设备(套管、互感器、耦合电容器等),测试 $\tan\delta$ 能有效地发现局部集中性的和整体分布性的缺陷。但对电容量较大的设备(如大中型发电机、变压器,电力电缆,电力电容器等),测试 $\tan\delta$ 只能发现绝缘的整体分布性缺陷,因为局部集中性的缺陷所引起的损失增加只占总损失的极小部分,这样用测试 $\tan\delta$ 的方法来判断设备的绝缘状态就很不灵敏了。对于可以分解为几个彼此绝缘的部分的被试品,应分别测试其各个部分的 $\tan\delta$ 值,这样能更有效地发现缺陷。

(6) 表面泄漏电流的影响

被试品表面泄漏电流可能影响反映被试品内部绝缘状况的 $\tan\delta$ 值。在被试品 C_X 值较小时需特别注意。为了减小或消除这种影响,测试前应将被试品表面擦干净,必要时可加屏蔽。

综上所述,$\tan\delta$ 与介质的温度、湿度、内部有无气泡、缺陷部分体积大小等有关,通过 $\tan\delta$ 的测试发现的缺陷主要是:设备普遍受潮,绝缘油或固体有机绝缘材料的普遍老化;对小电容量设备,还可发现局部缺陷。必要时,可以作出 $\tan\delta$ 与电压的关系曲线,以便分析绝缘中是否夹杂较多气隙。

4. 测试结果的分析判断

根据 $\tan\delta$ 测试结果对绝缘状况进行分析判断时,除与试验规程规定值比较外,还应与以往的测试结果及处于同样运行条件下的同类设备相比较,观察其发展趋势。如果测试值低于规程规定值,但增长迅速,也应认真对待,否则运行中也可能发生绝缘事故。此外,还可与同类设备比较,观察是否有明显差异。在比较时,除 $\tan\delta$ 值外,还应注意 C_X 值的变化情况。如发生明显变化,可配合其他试验方法,如绝缘油的分析、直流泄漏试验或提高测试 $\tan\delta$ 值的试验电压等进行综合判断。

专项实训 2.2　电压互感器介质损耗角正切值测试

一、工作任务

某电厂新进一批设备,要对其中的 220kV 电磁式电压互感器进行介质损耗角正切值测试,并判断其是否符合要求,本次测试在实验室中进行。

电压互感器介质损耗角正切值测试（电气试验工）

二、引用的标准、规程和文件

(1)《电气装置安装工程 电气设备交接试验标准》(GB 50150—2016)。
(2)《互感器 第 3 部分:电磁式电压互感器的补充技术要求》(GB/T 20840.3—2013)。
(3)《电力安全工作规程　发电厂和变电站电气部分》(DL/T 408—2023)。
(4)数字式介损测试仪说明书。

三、试验仪器、仪表及材料(表 2-3)

试验仪器、仪表及材料　　表 2-3

序号	试验所用设备（材料）	数量	序号	试验所用设备（材料）	数量
1	数字式介质损耗（介损）测试仪	1 套	5	常用仪表（电压表、微安表、万用表等)	1 套
2	电源盘	2 个	6	小线箱（各种小线夹及跨接线）	1 套
3	常用工具	1 套	7	操作杆	1 套
4	刀闸板	2 个	8	设备试验原始记录	1 本

四、测试准备及工作危险点分析、防范措施

同项目 2 任务 2.1 专项实训 2.1 电磁式电压互感器绝缘电阻的测试要求。

五、测试人员配置

此任务可配测试负责人 1 名,测试人员 3 名(1 名接线;1 名操作仪表;1 名验电、放电)。

六、测试仪表设备介绍

自动抗干扰精密介质损耗测试仪,用于现场抗干扰介损测试或实验室精密介损测试。仪器为一体化结构,内置介损电桥、变频电源、试验变压器和标准电容器等。采用变频抗干扰和傅利叶变换数字滤波技术,全自动智能化测试,强干扰下测试数据非常稳定。测试结果由大屏幕液晶显示,自带微型打印机可打印输出。

七、测试方案

1. 正接法

正接法接线图如图 2-13 所示。（图 2-13 ~ 图 2-16 的接线均以 AI-

电压互感器介损测试步骤

6000 型介质损耗测试仪为例，实际接线应按所使用的仪器说明书进行接线。）测试结果主要反映一次绕组和二次绕组之间、端子板绝缘的电容量和介质损耗因损耗角正切值；结果不包括铁芯支架绝缘的电容量和介质损耗角正切值（如果 PT 底座垫绝缘就可以）；测试结果不受端子板的影响；试验电压不应超过 3kV（建议为 2kV）。

2. 反接法

反接法接线图如图 2-14 所示，测试结果主要反映一次绕组和二次绕组之间、铁芯支架、端子板绝缘的电容量和介质损耗角正切值；结果受端子板的影响；试验电压不应超过 3kV（建议为 2kV）。

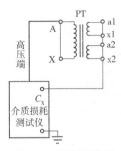
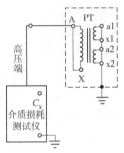

图 2-13 正接法接线图　　图 2-14 反接法接线图

3. 末端屏蔽法

220 电磁式电压互感器二次引出线端子板多用酚醛纸板或环氧板制成，易于受潮，影响一次、二次绝缘。常规反接线时"X"端与"a"端之间的电压等于试验电压，如果小套管表面和端子板表面的泄漏电流较大，介损的测试值可能比正接线的值还要大，造成测试误差，易引起误判断。遇到这种情况可用热风进行干燥或把一次末端 X 螺钉卸掉推出端子板进行测试，也可用末端屏蔽法测试介质损耗因数 tanδ 加以比较判断。末端屏蔽法接线图如图 2-15 所示，由于静电屏与 PT 的一次末端接地，电位强制为零，故对支架、小套管及端子板的表面泄漏影响进行了较好的屏蔽。当小瓷套或所接的端子板受潮、脏污、断裂时，所带来的测试误差都会被屏蔽掉。

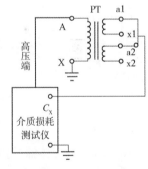

图 2-15 末端屏蔽法接线图

由于 PT 的一次末端 X 接地，实际上，末端屏蔽法所测到的 tanδ 是下铁芯以及下铁芯上一次绕组对二次、三次绕组端部的介质损耗因数。下铁芯在实际运行中承受的电压较高，处于结构的最低处，是容易受潮的部位，因此测试该处的介质损耗因数十分必要。所以，《电力设备预防性试验规程》(DL/T 596—2021) 建议采用末端屏蔽的方法进行串级绝缘电磁式电压互感器的介损测试。

对于串激式电压互感器，测试结果主要反映铁芯下部和二次线圈端部的绝缘，当互感器进水时该部位绝缘最容易受潮，所以末端屏蔽法对反映互感器受潮较为灵敏；但被测试部位的电容量很小，容易受到外部干扰；试验电压可以是 10kV；严禁将二次绕组短接。

4. 末端加压法

本次任务对电压互感器采用常规反接线即可。具体实际接线图如图 2-16 所示。一次绕组 AX 对二次绕组 1a1n、2a2n、dadn 和外壳的电容电流都通过信号端 C_X 构成回路,此接线可反映一次绕组对二次、三次绕组和外壳的整体绝缘。

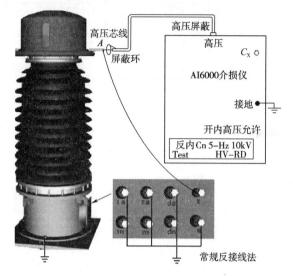

图 2-16 反接线法具体接线图

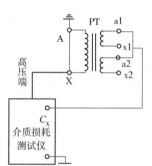

图 2-17 末端加压法接线图

末端加压法接线图如图 2-17 所示,测试时不用断开互感器的高压端子,试验中将高压端接地,测试结果主要是反映一次、二次线圈间的电容量和介质损耗因数,不包括铁芯支架的电容量和介质损耗因数;由于高压端接地,外部感应电压被屏蔽掉,所以这种方法有较强的抗干扰能力;测试结果受二次端子板绝缘的影响;试验电压不宜超过 3kV;严禁将二次绕组短接。

八、测试结果分析

《电气装置安装工程 电气设备交接试验标准》(GB 50150—2016)中规定:互感器的绕组 tanδ 测量电压应为 10kV,tanδ(%)不应大于表 2-4 中数据。当对绝缘性能有怀疑时,可采用高压法进行试验,在 $(0.5 \sim 1) U_m / \sqrt{3}$ 范围内进行,tanδ 变化量不应大于 0.2%,电容变化量不应大于 0.5%。

tanδ(%)限值($t=20℃$)　　　　　　　　　　　　表 2-4

种类	额定电压(kV)			
	20~35	66~110	220	330~500
油浸式电流互感器	2.5	0.8	0.6	0.5
充硅脂及其他干式电流互感器	0.5	0.5	0.5	—
油浸式电压互感器绕组	3	2.5		—
油浸式电流互感器末屏	—	2		

拓 展 练 习

一、电容式电压互感器介损测试

1. 具体任务

对电容式电压互感器进行介质损耗角正切值测试,并判断其是否符合要求,本次测试在实验室中进行。

2. 标准和文件

(1)《电气装置安装工程 电气设备交接试验标准》(GB 50150—2016)。
(2)《互感器 第5部分:电容式电压互感器的补充技术要求》(GB/T 20840.5—2013)。
(3)自动介损测试仪仪器说明书。

3. 电容式电压互感器构造原理图

电容式电压互感器主要是由电容分压器、中压变压器、补偿电抗器、阻尼器等部分组成,后3部分总称为电磁单元。

4. 测试电路图

一体式CVT的电容分压器及中间变压器在油箱内部连接,一般无中压抽头,测试 C_1 或 C_2 的介损和电容值必须采用"自激法",即利用中间变压器作为升压电源,低压励磁,将标准电容器 C_n 分别和 C_1 或 C_2 串联,组成标准电容臂,分别测试电容 C_2 或 C_1 的介损及电容值,用自激法测试电路(母线不接地),如图2-18所示。

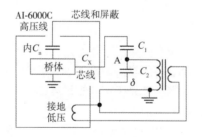

图2-18 电容式电压互感器自激法测试电路图

二、理论题

(1)在对电力设备绝缘进行高电压耐压试验时,所采用的电压波形有哪些?
(2)说明绝缘电阻、泄漏电流、表面泄漏的含义。
(3)说明介质电导与金属电导的本质区别。
(4)何为吸收现象?在什么条件下会出现吸收现象?说明吸收现象的成因。
(5)正接法和反接法西林电桥各应用在什么条件下?

项目3

电流互感器测试

知识目标

1. 掌握局部放电的工作原理。
2. 了解局部放电的测试方法。
3. 掌握电流互感器的励磁特性测试原理。
4. 了解电流互感器的电流比差、电压比测试的方法。

能力目标

1. 能用局部放电测试系统进行电流互感器局部放电的测试。
2. 能根据相关标准规程进行电流互感器特性、电压比的测试。
3. 能够在专人监护和配合下独立完成整个测试过程。
4. 能根据相关标准、规程对测试结果做出正确的判断和比较全面的分析。

素质目标

1. 具备创新思维和创新能力,能够在未来的发展中具有竞争力。
2. 具备实践能力和实践经验,能够将所学知识应用到实际岗位中。
3. 具备社会责任和国际视野,能够在社会中扮演积极角色。

建议学时

4学时。

任务3.1　电流互感器局部放电测试

任务导入

近年来,电流互感器事故较为频繁,给电力系统安全运行带来威胁,事故统计表明,约有50%的事故是由于电流互感器内部绝缘存在局部放电引起的,常规的预防性试验如绝缘电阻测试和介质损耗角正切值的测试等都不能发现局部放电。为及时、有效地发现电流互感器中存在的放电性缺陷,防止其扩大并导致整体绝缘击穿,电流互感器在投入使用后,每隔1~3年或在大修后都要进行局部放电测试,当怀疑局部有绝缘击穿时也要进行局部放电测试。试验按最新《电力设备预防性试验规程》(DL/T 596—2021)局部放电测试标准进行,测试电流互感器在规定电压下的放电水平,进行诊断。如何进行局部放电测试?

理论知识

一、局部放电的基本原理

1. 局部放电的定义

高压电气设备内常用的固体绝缘物不可能做得十分纯净致密,难免会不同程度地包含一些分散性的异物,如各种杂质、气泡、空隙、水分和污秽等,有些是原材料不纯所致,有些是在运行中绝缘物的老化、分解等过程中产生的,而且在运行中这些缺陷还会逐渐发展。由于这些异物的电导和介电系数不同于绝缘物,故在外施电压的作用下,电气设备的电场强度往往是不相等的,当异物局部区域的电场强度达到该区域介质的击穿场强时,该区域就会出现放电,但这种放电并没有贯穿施加电压的两导体之间,即整个绝缘系统并没有击穿,仍然保持绝缘性能,这种现象称为局部放电。发生在绝缘体内的称为内部局部放电;发生在绝缘体表面的称为表面局部放电;发生在导体边缘而周围都是气体的,可称为电晕。

2. 产生局部放电的原因

(1) 电气设备的电极系统不对称,如针对板、圆柱体等。在电机线棒离开铁芯的部位、变压器的高压出线端、电缆的末端等部位电场比较集中,不采取特殊的措施就容易在这些部位首先产生放电。

(2) 介质不均匀,如各种复合介质、气体-固体组合、不同固体组合等。在交变电场下,介质中的电场强度是反比于介电常数的,因此,介电常数小的介质中电场强度高于介电常数大的介质。

（3）绝缘体中含有气泡或其他杂质。气体的相对介电常数接近于1，各种固体、液体介质的相对介电常数都要比它大1倍以上，而固体、液体介质的击穿场强一般要比气体介质的大几倍到几十倍，因此，绝缘体中有气泡存在是产生局部放电的最普遍原因。绝缘体内的气泡可能是产品制造过程残留下的，也可能是在产品运行中，由于热胀冷缩在不同材料的界面上出现了裂缝，或者因绝缘材料老化而分解出气体。此外，在高场强中若有电位悬浮的金属存在，也会在其边缘感应出很高的场强。在电气设备的各连接处，如果接触不好，也会在距离很微小的两个接点间产生高场强，这些都可能造成局部放电。

局部放电会逐渐腐蚀、损坏绝缘材料，使放电区域不断扩大，最终导致整个绝缘体击穿。因此，必须把局部放电限制在一定水平之下。高电压电工设备都把局部放电的测试列为检查产品质量的重要指标，不但要求产品出厂时要做局部放电试验，而且在产品投入运行之后还要经常进行测试。

3. 局部放电的原理

设在固体或液体电介质内部 g 处存在一个气隙或气泡，如图 3-1a) 所示，C_g 为该气隙的电容，C_b 为与该气隙串联的绝缘部分的电容，C_a 为其余完好绝缘部分的电容，由此可得其等值电路如图 3-1b) 所示。其中 g 为放电间隙，它的击穿等值于 g 处气隙发生的火花放电，Z 为相应于气隙放电脉冲频率的电源阻抗。

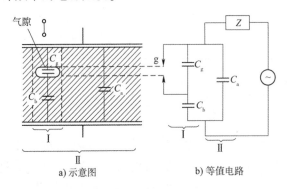

图 3-1　局部放电等值电路

在电源电压 $u = U_m \sin\omega t$ 的作用下，C_g 上分到的电压为如图 3-2a) 中虚线所示部分。当 u_g 达到该气隙的放电电压 U_s 时，气隙内发生火花放电，放电产生的空间电荷建立反电场，使 C_g 的电压急剧下降到剩余电压 U_r 时火花熄灭，完成一次局部放电。随着外加电压的继续上升，C_g 重新获得充电，当 u_g 又达到 U_s 时，气隙发生第二次放电，依此类推。气隙每放电一次，其电压瞬间下降 $\Delta U_g = U_s - U_r$，同时产生一个对应的局部放电电流脉冲。由于发生一次局部放电过程的时间很短，约为 10^{-8} s 数量级，可以认为是瞬时完成的，故放电脉冲电流表现为与时间轴垂直的一条直线，如图 3-2b) 所示。

气体放电时，其放电电荷为

$$q_r = \left(C_g + \frac{C_a C_b}{C_a + C_b}\right)\Delta U_g \tag{3-1}$$

因为 $C_a \gg C_b$，所以

$$q_r \approx (C_g + C_b)\Delta U_g = (C_g + C_b)(U_s - U_r) \quad (3\text{-}2)$$

式中：q_r——实际放电量。因 C_g、C_b 等在实际中无法测定，因此 q_r 很难测得。

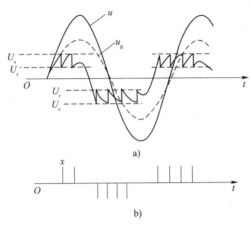

图 3-2　局部放电时的电压电流变化曲线

由于气隙放电引起的电压变动 ΔU_g 将按反比分配在 C_a 和 C_b 上（因从气隙两端看，C_a 和 C_b 串联连接），因而 C_a 上的电压变动 ΔU_a 为

$$\Delta U_a = \left(\frac{C_b}{C_a + C_b}\right)\Delta U_g \quad (3\text{-}3)$$

也就是说，当气隙放电时，被试品两端的电压会下降 ΔU_a，相当于被试品放掉电荷 q，而

$$q = (C_a + C_b)\Delta U_a = C_b \Delta U_g = C_b(U_s - U_r) \quad (3\text{-}4)$$

式中，q 为视在放电量，通常将它作为衡量局部放电强度的一个重要参数。比较式(3-2)和式(3-4)可得

$$q = \frac{C_b}{C_g + C_b} q_r \quad (3\text{-}5)$$

由于 $C_g \gg C_b$，所以视在放电量 q 要比实际放电量 q_r 小得多。因它们之间存在比例关系，因而 q 值可以相对地反映 q_r 的大小。

在交流电压的作用下，当外加电压足够高时，局部放电在每半个周期内可以重复出现多次；而在直流电压的作用下，情况就不同了，这时电压的大小和极性都不变，一旦气隙被击穿，空间电荷会在气隙内建立起反电场，放电熄灭，直到空间电荷通过介质内部电导相互中和从而使反电场削减到一定程度后，才开始第二次放电。可见，在其他条件相同时，直流电压下单位时间的放电次数要比交流电压下少很多，从而使直流下局部放电引起的破坏作用比交流下小。这也是绝缘在直流下的工作电场强度可以大于在交流下的工作电场强度的原因之一。

4. 局部放电的类型

局部放电是一种复杂的物理过程，有电、声、光、热等效应，还会产生各种生成物。从电学特性方面分析，产生放电时，在放电处有电荷交换、电磁波辐射和能量损耗。最明显的是反映到试品施加电压的两端，有微弱的脉冲电压出现。

(1) 内部局部放电

如图 3-1 所示,固体或液体电介质内部处存在一个气隙或气泡为内部局部放电,当工频高压施加于这个绝缘体的两端时,如果气泡上承受的电压没有达到气泡的击穿电压,则气泡上的电压就随外加电压的变化而变化。若外加电压足够高,则当上升到气泡的击穿电压时,气泡发生放电,放电过程使大量中性气体分子电离,变成正离子和电子或负离子,形成了大量的空间电荷。

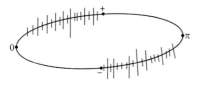

图 3-3 介质内部气泡的放电图形

从实际测得的放电图如图 3-3 所示,可以看出,放电没有出现在试验电压的过峰值的一段相位上,这与上述放电过程的解释是相符的,但每次放电的大小(即脉冲的高度)并不相等,而且放电多是出现在试验电压幅值绝对值的上升部分的相位上,只有在放电很剧烈时,才会扩展到电压绝对值下降部分的相位上,这可能是由于实际试品中往往存在多个气泡同时放电,或者是只有一个大气泡,但每次放电不是整个气泡表面上都放电,而只有其中的一部分有放电,显然每次放电的电荷不一定相同,何况还可能在反向放电时,不一定会中和掉原来累积的电荷,而是正负电荷都累积在气泡壁的附近,由此产生沿气泡壁的表面放电。这些实际情况使得实际的放电图形与理论上的分析不完全一样。

(2) 表面局部放电

绝缘体表面的局部放电过程与内部放电过程是基本相似的,如图 3-4 所示。只要把电极与介质表面之间发生放电的区域所构成的电容记为 C_c,把与此放电区域串联部分介质的电容记为 C_b,其他部分介质的电容记为 C_a,则上述的等效电路及放电过程同样适用于表面局部放电。不同的是,现在的气隙只有一边是介质,而另一边是导体,放电产生的电荷只能累积在介质的一边,因此累积的电荷少了,更不容易在外加电压绝对值的下降相位上出现放电。另外,如果电极系统是不对称的,放电只发生在其中的一个电极的边缘,则出现的放电图形是不对称的。当放电的电极接高压侧,不放电的电极是接地时,在施加电压的负半周时放电量少,放电次数多;而正半周时放电量多,而次数少,如图 3-4b)所示。这是因为导体在负极性时容易发射电子,同时正离子撞击阴极产生二次电子发射,使得电极周围气体的起始放电电压低,因而放电次数多而放电量小。如果将放电的电极接地,不放电的电极接高压,则放电的图形也反过来,即正半周放电脉冲是小而多,负半周放电脉冲是大而少。若电极是对称的,即两个电极边缘场强是一样的,那么放电的图形也是对称的,即正负两半周的放电基本上相同。

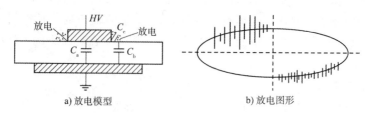

a) 放电模型　　b) 放电图形

图 3-4 表面局部放电图形

(3) 电晕放电

电晕放电发生在导体周围全是气体的情况下,气体中的分子是自由移动的,放电产生的带电质点也不会固定在空间的某一位置上,因此,电晕放电过程与上述固体或液体绝缘中含有气泡的放电过程不同。以针对板的电极系统为例,如图3-5a)所示,在针尖附近就发生放电,由于在负极性时容易发射电子,同时正离子撞击阴极发射二次电子,放电总是在针尖为负极性时先出现,这时正离子很快地移向针尖电极而复合,电子在移向正板电极过程中附着于中性分子而成为负离子,负离子迁移的速度较慢,众多的负离子移向正板电极,随外加电压上升,针尖附近的电场又升高达到气体的击穿场强,于是又出现第二次放电。这样,电晕的放电脉冲就出现在外加电压负半周的90°相位的附近,几乎是对称于90°,出现的放电脉冲近似是等幅值、等间隔的,如图3-5b)所示。随着电压的提高,放电的大小几乎不变,而次数增加。当电压足够高时,在正半周也会出现少量幅值大的放电,如图3-5c)所示。

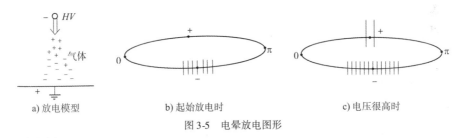

a) 放电模型　　　　b) 起始放电时　　　　c) 电压很高时

图3-5　电晕放电图形

(4) 放电树

放电树也是由于绝缘介质中的缺陷而产生的。当放电树产生了一段时间后,它的"树干"和大的"树枝"就会变成中空,在这些中空的区域里会产生大量的局部放电,进而形成内部放电,并会在相当短的时间里造成绝缘击穿。

以上几种是电工和电子设备中最基本的放电现象。实际的局部放电过程要复杂得多,往往是上述几种典型放电现象的综合表现。

二、表征局部放电的参数

(1) 视在放电电荷(q)

在绝缘体中发生局部放电时,绝缘体上施加电压的两端出现的脉动电荷称为视在放电电荷。

视在放电电荷的大小测定如下:将模拟实际放电的已知瞬变电荷注入试品的两端(施加电压的两端),在此两端出现的脉冲电压与局部放电时产生的脉冲电压相同,则注入的电荷即为视在放电电荷,单位用皮库(pC)表示。在一个试品中可能出现大小不同的视在放电电荷,通常以稳定出现的最大的视在放电电荷作为该试品的放电量。

视在放电电荷总比实际放电电荷小。在实际产品测试中,有时放电电荷只有实际放电电荷的几分之一甚至几十分之一。

(2) 放电重复率(放电次数)

在测试时间内,每秒出现放电次数的平均值称为放电重复率,单位为次/s。实际中受到测试系统灵敏度和分辨能力的限制,测得的放电脉冲只能是视在放电电荷大于一定值、放电间隔足够大时的放电脉冲。

(3) 放电能量(W)

气泡中每一次放电产生的电荷交换过程中所消耗的能量称为放电能量,通常以微焦耳(μJ)为单位。

(4) 放电相位(φ)

各次放电都发生在外加电压的作用之下,每次放电所在的外加电压的相位即为该次放电的相位。在工频正弦电压下,放电相位与放电时刻的电压瞬时值密切相关。前后连续放电的相位之差,可代表前后两次放电的时间间隔。

(5) 放电平均电流

设在测试时间 T 内出现放电 m 次,各次相应的视在放电电荷为 q_1、q_2、…、q_m,则平均放电电流

$$I = \sum_{i=1}^{m} |q_i|/T \tag{3-6}$$

这个参数综合反映了放电量及放电次数。

(6) 放电功率

设在测试时间 T 内,出现 m 次放电,每次放电对应的视在放电电荷和外加电压瞬时值的乘积分别为 $q_1 u_{t1}$、$q_2 u_{t2}$、…、$q_m u_{tm}$,则放电功率

$$P = \sum_{i=1}^{m} q_i u_{ti}/T$$

这个参数综合表征了放电量、放电次数以及放电时外加电压瞬时值,与其他表征参数相比,它包含有更多的局部放电信息。

(7) 起始放电电压

当外加电压逐渐上升,达到能观察到出现局部放电时的最低电压即为起始放电电压,并以有效值 u_r 表示。为了避免测试系统灵敏度的差异造成测试结果的不可对比,实际上,各种产品都规定了一个放电量的水平,当出现的放电达到这一水平或一出现就超过这个水平时,外加电压的有效值就作为放电起始电压值。

(8) 放电熄灭电压

当外加电压逐渐降低到观察不到局部放电现象时,外加电压的最高值就是放电熄灭电压,以有效值 U_e 表示。在实际测试时,为了避免因测试系统的灵敏度不同而造成不可对比,一般规定一个放电量水平,当放电不大于这一水平时,外加电压的最高值为熄灭电压 U_e。

上述各种局部放电的表征参数,都要用专门的测试仪器并采用特定的分度方法进行测定,只有在仪器特性和测试方法都一样的条件下,测得的结果才具有可比性。

三、局部放电的测试

1. 测试局部放电的目的

局部放电分散发生在极微小的空间内,所以它几乎不影响当时整体绝缘物的抗电强度。但是局部放电时产生的电子、离子反复冲击绝缘物,会使绝缘物逐渐分解、破坏,分解出发生

化学反应的物质(例如臭氧、氧化氮等),使绝缘物氧化、腐蚀。同时,使该处的局部电场畸变更大,进一步加剧局部放电的强度。局部放电处也可能产生局部的高温,使绝缘物老化破坏,继而降低绝缘物的绝缘寿命或影响设备的安全运行。局部放电的危害程度一方面取决于放电的强度和放电的次数,另一方面取决于绝缘材料的耐放电性能和放电作用下绝缘的破坏机理。

2. 局部放电的检测方法

电气设备绝缘内部发生局部放电时将伴随着许多外部现象,有些外部现象属于电现象,如产生电流脉冲、引起介质损耗增大、产生电磁波辐射等;有些属于非电现象,如产生光、热、噪声、气压变化和分解物等。利用这些现象可以对局部放电进行检测。根据被检测的性质不同,局部放电的检测方法可分为非电检测法和电气检测法两大类。在大多数情况下,非电检测法因灵敏度较低,多用于定性检测,即只能判断是否存在局部放电,而不能做定量的分析。目前应用比较广泛和成功的方法是电气检测法,特别是测试绝缘内部气隙发生局部放电时的电脉冲,它不仅可以灵敏地检出是否存在局部放电,还可判定放电的强弱程度。

(1)非电检测法

①超声波法。利用超声波检测技术测定局部放电产生的超声波,从而分析放电的位置和放电的程度。这种方法较简单,抗干扰性能好,但灵敏度较低。若配合电气检测法,使两种方法的优点互补,则可得到很好的测试效果。

②光检测法。利用光电倍增技术测定局部放电产生的光,由此确定放电的位置及其发展过程。这种方法灵敏度较低,局限性大,对于绝缘内部的局部放电,只有在透明介质中才能检测。实践证明,光检测法较适于暴露在外表面的电晕放电和沿面放电的检测。

③热检测法。由于局部放电在放电点会发热,当故障较严重时,局部热效应明显,这时可用预先埋入的热电偶来测试各点温升,从而确定局部放电部位。这种方法既不灵敏又不能定量,因而很少在现场测试中使用。

④测分解物法。在局部放电的作用下,可能有各种分解物或生成物出现,可以用各种色谱分析及光谱分析来确定各种分解物或生成物的成分和含量,从而判断设备内部隐藏的缺陷类型和强度。

(2)电气检测法

①无线电干扰测试法(RIV 法)。由于局部放电会产生频谱很宽的脉冲信号(从几千赫到几十兆赫),所以,可以利用无线电干扰仪测试局部放电的脉冲信号。该方法已列入国际电工委员会(IEC)标准中,其灵敏度也很高。

②介质损耗法。由于局部放电伴随着能量损耗,所以可以用电桥来测试被试品的 $\tan\delta$ 值随外施电压的变化,由局部放电损耗变化来分析被试品的状况。

③脉冲电流法。由于局部放电产生的电荷交换使被试品两端出现电压脉动,并在检测回路中引起高频脉冲电流,因此,在回路中的检测阻抗上就可取得代表局部放电的脉冲信号,从而进行测试。这种方法测试的是视在放电量,灵敏度高,是目前国际电工委员会推荐的局部放电测试的通用方法之一,下面进行详细介绍。

图 3-6 所示为目前国际上推荐的 3 种测试局部放电的基本回路,它们将一定电压作用

下的被试品 C_X 中产生的局部放电电流脉冲传递到检测阻抗 Z_m 的两端,然后把 Z_m 上的电压[图 3-6a)、b)]或 Z_m 及 Z_m' 上的电压差[图 3-6c)]加以放大后至仪器 M 进行测试。图中 C_X 为被试品。C_K 为耦合电容,它为被试品 C_X 与检测阻抗 Z_m 之间提供一条低阻抗通路,当 C_X 发生局部放电时,脉冲信号立即顺利耦合到 Z_m 上去;同时对电源的工频电压起隔离作用,从而大大降低作用于 Z_m 上的工频电压分量;为真正检测到 C_X 产生的局部放电,要求 C_K 内部不能有局部放电。Z 为低通滤波器,它可以让工频高电压作用到被试品上去,但又阻止高压电源中的高频分量对测试回路产生干扰,也防止局部放电脉冲分流到电源中去。一般希望 C_K 不小于 C_X,以增大检测阻抗上的信号;同时 Z 应比 Z_m 大,使得 C_X 中在发生局部放电时 C_X 与 C_K 之间能较快地转换电荷,从而使电源重新补充电荷的过程减慢,以提高测试的准确度。

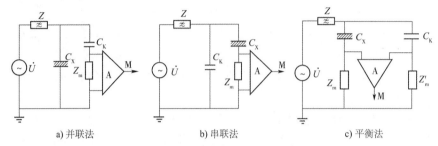

图 3-6　测试局部放电的基本回路

图 3-6a)中被试品与检测阻抗并联,称为并联法,这种接线适合于被试品一端接地的情况,它的优点是流过 C_X 的工频电流不流过 Z_m,在 C_X 较大的场合,这一优点尤为重要。图 3-6b)中被试品与检测阻抗串联,称为串联法,适合于被试品两端都不接地的情况,不适用于现场试验。并联法和串联法均属于直接法,其缺点是抗干扰能力较差。为了提高抗干扰能力,可以采用图 3-6c)所示的桥式测试回路(又称平衡测试回路),属于平衡法。此时被试品 C_X 和耦合电容 C_K 的低压端均对地绝缘,检测阻抗 Z_m 及 Z_m' 分别接在 C_X 和 C_K 的低压端与地之间。此时测试仪器 M 测得的是 Z_m 及 Z_m' 上的电压差。与直接法相比,平衡法抗干扰能力好,因为外部干扰源在 Z_m 和 Z_m' 上产生的干扰信号基本上可相互抵消,而在 C_X 发生局部放电时,放电脉冲在 Z_m 和 Z_m' 上产生的信号却是相互叠加的。

专项实训 3.1　电流互感器局部放电测试

一、工作任务

某公司有 3 个 35kV 固体绝缘电流互感器已使用 14 个月了,怀疑局部有绝缘击穿,绝缘电阻测试和介质损耗角测试都没有发现缺陷,需要进行局部放电测试,并判断是否符合要求。

二、引用的规程和文件

(1)《电力设备预防性试验规程》(DL/T 596—2021)。
(2)《电力安全工作规程　发电厂和变电站电气部分》(DL/T 408—2023)。
(3)《输变电设备状态检修试验规程》(DL/T 393—2010)。
(4)《电力设备局部放电现场测量导则》(DL/T 417—2019)。
(5)局部放电测试系统说明书。

三、试验仪器、仪表及材料(表3-1)

试验仪器、仪表及材料　　　　　　　　表3-1

序号	试验所用设备(材料)	数量	序号	试验所用设备(材料)	数量
1	局部放电测试系统	1套	4	小线箱(各种小线夹及跨接线)	2套
2	电源盘、刀闸板	2个	5	操作杆、放电棒、验电器	1套
3	常用工具、仪表(电压表、微安表、万用表等)	1套	6	设备试验原始记录	1本

四、测试准备及工作危险点分析、防范措施

同项目1任务1.1专项实训1.1气体介质击穿测试要求。

五、测试人员配置

此任务可配测试负责人1名,测试人员3名(1名接线;1名操作仪表;1名验电、放电)。

六、测试系统介绍

数字式局部放电测试系统采用的检测方法是世界上广泛采用的电流脉冲法,其基本原理:试品 C_x 两端产生瞬时的电压变化 U,经过一耦合电容 C_K 耦合到检测阻抗 Z_m,回路中会产生一脉冲电流 I,将此脉冲电流 I 经过检测阻抗 Z_m 产生的脉冲电压进行采样、放大和显示处理,就可以测定局部放电的视在放电量等参数。脉冲电流法主要利用局部放电信号频谱中的较低频部分,可避免无线电干扰。XDJF 系列数字式局部放电测试系统主要设备如

图 3-7 所示。

图 3-7　XDJF 系列数字式局部放电测试系统主要设备

整个局部放电试验一般需要交流电压控制箱、无源滤波器、无局部放电升压变压器、无局部放电耦合电容、检测阻抗、校准脉冲发生器、局部放电主机及显示器(如笔记本电脑)等设备,选择合适的检测阻抗和测试回路,连接正确以后进行测试操作。交流电压控制箱、升压变压器、局部放电测试仪等必须可靠接地,如图 3-8 所示。

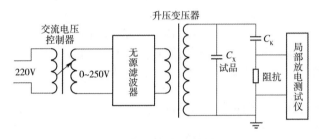

图 3-8　系统连接示意图

七、方案设计

根据局部放电测试系统说明书设计测试接线图。

八、测试电路及步骤

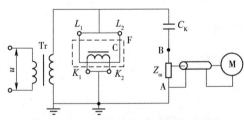

图 3-9　电流互感器局部放电测试接线图

测试电路选用检测阻抗和耦合电容器串接,其测试接线如图 3-9 所示。

局部放电试验通常是以工频耐压作为励磁电压持续数秒,然后降到局部放电试验电压(一般为 $U_m/\sqrt{3}$ 的倍数,变压器为 1.5 倍,互感器为 1.1~1.2 倍),持续时间几分钟,测局部放电量。

九、测试时的注意事项

(1)测试时应记录环境湿度,相对湿度超过 80% 时不应进行本测试。

(2)升压设备的容量应足够,测试前应确认高压升压等设备功能正常。

(3)所用测试仪器、仪表在检测有效期内,局部放电测试仪及校准方波发生器应定期进行性能校核。

(4)测试时电流互感器一次绕组短接并接至测试变压器高压(采取适当的均压、屏蔽措施及扩大导线),二次绕组全部短接并接地或通过局部放电测试阻抗接地,末屏应通过局部放电测试阻抗可靠接地。

十、测试结果的分析判断

局部放电测试能检测出绝缘中存在的局部缺陷。当局部放电的强度比较小时,则说明绝缘中的缺陷不太严重;当局部放电的强度比较大时,则说明缺陷已扩大到一定程度,而且局部放电对绝缘的破坏作用加剧。

试验规程规定了某些设备在规定电压下的允许视在放电量,可将测试结果与规定值进行比较。电流互感器的测试电压及要求见表3-2。

电流互感器的测试电压及要求　　　　表3-2

电流互感器绝缘类型	预加电压(kV)	局部放电测试电压(kV)	局部放电允许水平(pC)	
			交接时/大修后	运行中
35kV 固体绝缘	工频交流耐压	$1.2U_m$	50	100
		$1.2U_m/\sqrt{3}$	20	50
110kV 及以上油浸式		U_m	10	20
		$1.2U_m/\sqrt{3}$	5	10

如规程中没有给出规定值,则应在实践中积累数据,以获取判断标准。

任务3.2 电流互感器特性测试

任务导入

参考《电力设备预防性试验规程》(DL/T 596—2021)和《电气装置安装工程 电气设备交接试验标准》(GB 50150—2016),电流互感器绝缘试验应做的试验项目有:二次绕组的直流电阻测试、绕组及末屏的绝缘电阻测试、极性检查、变压比检查、励磁特性测试、主绝缘及电容型套管末屏对地绝缘及电容量测试、交流耐压试验、局部放电测试等。

在试验开始之前,应检查试品的状态并进行记录,对于影响试验的异常状态要进行研究,并向有关人员请示调整试验项目。根据交接或预试等不同的情况依据相关规程规定确定本次试验所需进行的试验项目和程序。一般情况下,应先进行低电压试验,再进行高电压试验,应在绝缘电阻测试之后再进行介损及空载电流测试,这两项试验数据正常的情况下方可进行试验电压较高的交流耐压试验和局部放电测试,交流耐压试验后进行局部放电测试,还应重复介质损耗角正切值测试、空载电流测试,以判断耐压试验前后试验品的绝缘有无变化。所以,对于电流互感器除进行局部放电测试外,还要进行励磁特性、极性检查和电流比等试验。

测试电流互感器励磁特性的目的是校核用于继电保护的电流互感器的特性是否符合要求,并根据励磁特性发现绕组有无匝间短路和检查电流互感器的铁芯质量;极性检查是因为极性判断错误会导致接线错误,进而使计量仪表指示错误,更为严重的是使带有方向性的继电保护误动作;测试电流互感器的电流比可以检查互感器一次电流与二次电流的电流比关系,为继电保护正确动作、保护定值计算、电量计算提供依据。那如何进行电流互感器特性测试?

理论知识

一、电流互感器极性检查

为了测试高电压和大电流交流电路内的电量,通常用电压互感器和电流互感器将高电压变换成低电压,将大电流变成小电流,并利用互感器的变压比关系配备适当的表计来进行测试。如高压电力系统中的电流、电压、功率、频率和电能计量等都是借助互感器测得的。此外,互感器也是电力系统的继电保护、自动控制、信号指示等方面不可缺少的设备。

我国生产的20kV及以下电压等级的电流互感器多采用干式固体夹层绝缘结构,在进行定期试验时,以测验绝缘电阻和交流耐压为主。对于 35kV 及以上电压等级的互感器,多采用油浸式夹层绝缘结构,除了应进行绝缘电阻和交流耐压的试验外,尚需做介质损耗角正切值的试验。电流互感器的极性检查一般都做成减极性的,即 L_1 和 K_1 在铁芯上起始是按同一方向绕制的,极性检查采用直流感应法。电流互感器极性检查试验接线如图 3-10 所示,当开关 S 瞬间合上时,毫伏表的指示为正,指针右摆,然后回零,则 L_1 和 K_1 同极性。

套管型电流互感器的一次绕组就是油断路器或电力变压器的一次出线。油断路器套管型电流互感器二次侧的始端 a 与油断路器套管的一次侧接线端同极性。由图 3-11 可以看出,当油断路器两侧各电流互感器流过同方向一次电流时,两侧的 a 端极性恰恰相反,在做极性试验时,要将断路器合上,在两侧套管出线处加电压。

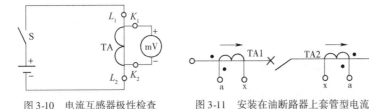

图 3-10 电流互感器极性检查试验接线

图 3-11 安装在油断路器上套管型电流互感器极性检查示意图

装在电力变压器套管上的套管型电流互感器的极性关系也要遵循现场习惯的标法,即"套管型电流互感器二次侧的始端 a 与套管上端同极性"的原则。因为套管型电流互感器是在现场安装的,因此,应注意检查极性,并做好实测记录。

二、电流互感器励磁特性测试

1. 励磁特性原理

电流互感器一次侧开路,二次侧励磁电流与所加电压的关系曲线,称为 CT 伏安特性,实际上就是铁芯的磁化曲线,因此也叫电流互感器的励磁特性。电流互感器的励磁特性试验接线如图 3-12 所示。

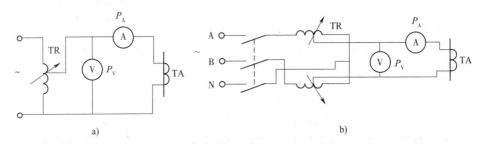

图 3-12 电流互感器的励磁特性试验接线

试验时电压从零向上递升,以电流为基准,读取电压值,直至额定电流。若对特性曲线有特殊要求而需要继续增加电流时,应迅速读数,以免绕组过热。

测试电流互感器的励磁特性,可检查互感器的铁芯质量,通过鉴别磁化曲线的饱和程度,计算 10% 误差曲线,可以校核用于继电保护的电流互感器的特性是否符合要求,并从励磁特性发现二次绕组有无匝间短路。

当电流互感器二次绕组有匝间短路时,其励磁特性在开始部分电流较正常的情况略低,如图 3-13 中曲线 2 或曲线 3 所示,因此,在录制励磁特性时,在开始部分多测几点。当电流互感器一次电流较大,励磁电压也高时,可采用图 3-12b)所示的试验接线,输出电压可增至 500V 左右。但所读取的励磁电流值仍只为毫安级,在试验时对仪表的选用要加以注意。可再接一个升压变压器,因为一般的电流互感器电流加到额定值时,电压已达 400V 以上,单相调压器无法升到试验电压,所以,必须再接一个升压变压器(其高压侧输出电流需大于或等于电流互感器二次测额定电流)升压和一个 PT 读取电压。

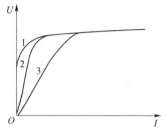

图 3-13 电流互感器二次绕组匝间短路时励磁特性
1-正常曲线;2-短路 1 匝;3-短路 2 匝

试验前应将电流互感器二次绕组引线和接地线均拆除。试验时,一次侧开路,从电流互感器本体二次侧施加电压,可预先选取几个电流点,逐点读取相应电压值。通入的电流或电压以不超过制造厂技术条件的规定为准。当电压稍微增加一点而电流增大很多时,说明铁芯已接近饱和,应极其缓慢地升压或停止试验。试验后,根据试验数据绘出伏安特性曲线。

电流互感器只在对继电保护有特性要求时才进行该项试验,但在调试工作中,当对测试用的电流互感器产生怀疑时,也可测试该电流互感器的励磁。

2. 试验注意事项

(1)电流互感器的伏安特性试验,只对继电保护有要求的二次绕组进行。

(2)测得的伏安特性曲线与出厂的伏安特性曲线比较,电压不应有显著降低。若有显著降低,应检查二次绕组是否存在匝间短路。

(3)电流表宜采用内接法。为使测试准确,可先对电流互感器进行退磁,即先升至额定电流值,再降到 0,然后逐点升压为典型的 U-I 特性曲线。

(4)恢复电流互感器二次绕组引线和 CT 接地线以及其他临时安全措施。

3. 铁芯退磁

在大电流下切断电源或在运行中发生二次开路时,通过短路电流以及在采用直流电源的各种试验后,都有可能在电流互感器的铁芯中留下剩磁,剩磁将使电流互感器的比差尤其是角差增大,故在录制励磁特性前以及全部试验结束后,应对电流互感器铁芯进行退磁。其方法是使一次绕组开路,二次绕组通入电流 1~2.5A(当二次绕组额定电流为 5A 时)或 0.2~0.5A(当二次绕组额定电流为 1A 时)的 50Hz 交流电流,然后使电流从最大值均匀降到零(时间不少于 10s),并在切断电流电源之前将二次绕组短路。在增减电流的过程中,电流不应中断或发生突变。如此重复二三次,即可退去电流互感器铁芯中的剩磁。

三、电流互感器的电流比差测试

电流互感器正常工作时,与普通变压器不同,其一次电流 I_1 不随二次电流 I_2 的变动而变化,$\dot{I}_1$只取决于一次回路的电压和阻抗。二次回路所消耗的功率随其回路的阻抗增加而增大,一般二次负载都是内阻很小的仪表,其工作状态相当于短路。

电流互感器正常工作时,一次绕组的磁势$\dot{I}_1N_1$大都用以补偿二次绕组的磁势$\dot{I}_2N_2$,只有一小部分作为空载磁势$\dot{I}_0N_1$,由于在铁芯中的磁通Φ较小,所以在二次绕组中感生的电动势$\dot{E}_2$不大。如果二次回路开路($Z_2=\infty$,$\dot{I}_2=0$),二次回路的磁势$\dot{I}_2N_2$便等于零,因而在铁芯中建立的磁通将大大超过正常工作时的磁通,使铁芯损耗增大,引起过度发热。同时在二次绕组中产生较高的电动势,可达到危险的程度,所以电流互感器二次绕组不能开路运行。

理想的电流互感器的电流比应与匝数比成反比,即

$$\frac{I_1}{I_2}=\frac{N_2}{N_1} \tag{3-7}$$

式中:I_1——一次电流,A;
I_2——二次电流,A;
N_1——一次绕组匝数;
N_2——二次绕组匝数。

由于励磁电流和铁损的存在,电路中会出现电流比差和角差。电流比差就是按电流比折算到一次的二次电流与实际的二次电流之间的差值。

电流比测试接线如图3-14所示,其中,T为升流器,TAX为被试电流互感器,TAN为标准电流互感器,如被测互感器TAX实际的电流比为

$$K_X=\frac{I_{1X}}{I_{2X}} \tag{3-8}$$

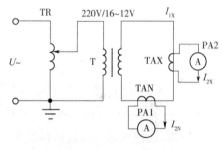

图3-14 电流比测试接线

标准电流互感器的电流比为

$$K_N=\frac{I_{1N}}{I_{2N}} \tag{3-9}$$

已知被试电流互感器的铭牌标定电流比为K_{1X},因为测试时I_{1N}与I_{1X}在同一回路,所以$I_{1N}=I_{1X}$,因此,实测被试互感器的电流比又为

$$K_X=\frac{I_{1X}}{I_{2X}}=\frac{I_{1N}}{I_{2X}} \tag{3-10}$$

因此,电流比误差为

$$\gamma_k=\frac{K_{1X}-K_X}{K_X}\times 100\%=\frac{K_{1X}-\dfrac{K_N I_{2N}}{I_{2X}}}{\dfrac{K_N I_{2N}}{I_{2X}}}\times 100\%$$

$$=\frac{K_{1X}I_{2X}-K_N I_{2N}}{K_N I_{2N}}\times 100\% \tag{3-11}$$

当试验时,选用标准电流互感器与被试互感器相同的变压比时,则有$K_{1X}=K_N$,电流比误

差就为

$$\gamma_k = \frac{I_{2X} - I_{2N}}{I_{2N}} \tag{3-12}$$

从式(3-12)可见,电流比误差也就是电流比差。电流比一般的测试接线如图 3-14 所示,被试电流互感器 TAX 标准电流互感器 TAN 一次串联在 T 的二次回路内,图中标准电流互感器的准确度等级都必须较所接的被试电流互感器的准确级高,如被试电流互感器为 0.5 级,则电流表 PA2 应为 0.2 级以上。

【例题 3-1】 若图 3-14 中 TAX 的额定变压比 $K_{1X} = \frac{200}{5}$,准确度为 0.5 级;TAN 的变压比 $K_N = \frac{200}{5}$,准确度为 0.2 级;当试验升流器升流到 200A,以标准电流互感器达到 5A 为准,$I_{2N} = 5A, I_{2X} = 4.9A$ 时,求 TAX 的电流比与电流比差。

解 按式(3-7)~式(3-12)可算出被试电流互感器 TAX 的电流比和电流比差为

$$K_X = \frac{200}{4.9} = 40.82$$

$$K_N = K_{1X} = \frac{200}{5} = 40$$

由式(3-11),得

$$\gamma_k = \frac{40 - 40.82}{40.82} \times 100\% = -2\%$$

由式(3-12),得

$$\gamma_k = \frac{4.9 - 5.0}{5.0} \times 100\% = -2\%$$

当然,这种测试方法包括标准 TAN 和电流表 PA1 的误差在内,但这对电力系统内装设的电流互感器的校验已足够准确。因为一般测试用的互感器为 0.5 级或 1 级。

专项实训 3.2 电流互感器特性测试

一、工作任务

电流互感器在大修后需要进行极性和变压比检查,并且对继电保护有特性要求,需要校核励磁特性曲线,进行励磁特性测试。

二、引用的标准、规程和文件

(1)《电气装置安装工程 电气设备交接试验标准》(GB 50150—2016)。
(2)《电力设备预防性试验规程》(DL/T 596—2021)。
(3)《电力安全工作规程 发电厂和变电站电气部分》(DL/T 408—2023)。
(4) CT 分析仪说明书。

三、试验仪器、仪表及材料(表3-3)

试验仪器、仪表及材料   表3-3

序号	试验所用设备(材料)	数量	序号	试验所用设备(材料)	数量
1	CT 分析仪	1套	4	小线箱(各种小线夹及跨接线)	2套
2	电源盘	2个	5	常用仪表(电压表、微安表、万用表等)	1套
3	常用工具	1套	6	设备试验原始记录	1本

四、测试准备及工作危险点分析、防范措施

同项目1任务1.1专项实训1.1气体介质击穿测试要求。

五、测试仪表设备介绍

1. 仪表功能

CT 分析仪用于对电流互感器(带气隙或不带气隙铁芯的 CT)进行自动测试和校验,适用于实验室和现场使用。其可以完成 CT 磁化曲线、CT 线圈直流电阻测试、CT 匝比误差、极性、比差、角差等测试。可得到的测试参数有:测试及换算温度下的直流电阻、二次时间常数、拐点电压和电流、不饱和电感、比差和角差、10%(5%)误差曲线、准确限值系数、对称短路电流倍数、复合误差、峰值瞬时误差等。

2. 面板说明

仪器的面板构成图如图 3-15 所示。

六、方案设计

根据 CT 分析仪说明书设计接线测试图。

七、测试电路步骤

(1) CT 测试接线图如图 3-16 所示。

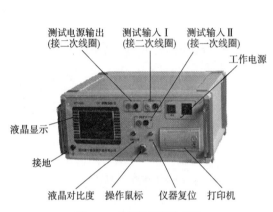

图 3-15 仪器的面板构成图

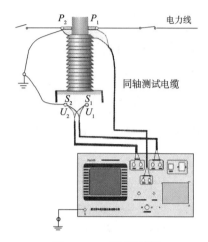

图 3-16 CT 测试接线图

(2) 合上 CT 两端接地刀闸。连接 CT 分析仪的等电位地端子到保护地。连接 CT 一次侧的一端 P_2 和二次侧的一端 S_2 到保护地。确保 CT 其他所有端子 P_1 和 S_1 与电力线断开。

(3) 连接 CT 的二次侧 S_1 和 S_2 到 CT 分析仪的 S_1、S_2 端口和 U_1、U_2 测试输入 I 端口。

(4) 连接 CT 的一次侧 P_1 和 P_2 到 CT 分析仪的 P_1、P_2 测试输入 II 端口。

(5) 旋转鼠标到"磁化曲线"菜单,单击鼠标后,先进入测试前的设置,然后就进入 CT 磁化曲线的测试流程,图 3-17 为测试开始的界面,图 3-18 为测试完成的界面。

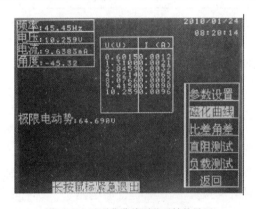

图 3-17 CT 磁化曲线测试开始的界面

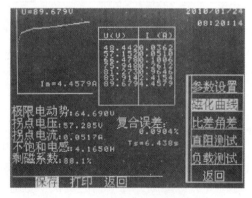

图 3-18 CT 磁化曲线测试完成的界面

(6) 其他参数的测试可到相应的菜单进行测试即可。

八、测试结果的分析判断

测得的伏安特性曲线与出厂的伏安特性曲线进行比较,拐点电压不应有显著降低。若有显著降低,应检查二次绕组是否存在匝间短路。

拓 展 练 习

一、电流互感器角误差和匝比误差的测试

1. 具体任务

对电流互感进行角误差和匝比误差的测试,并判断是否符合要求。

2. 标准、规程和文件

(1)《电气装置安装工程 电气设备交接试验标准》(GB 50150—2016)。

(2)《电力安全工作规程 发电厂和变电站电气部分》(DL/T 408—2023)。

(3)《电力设备预防性试验规程》(DL/T 596—2021)。

(4) CT 分析仪说明书。

3. 测试电路

电流互感器除了电流误差外,还有角误差(也称角差)。它是一次电流和旋转180°后的二次电流的相量之间的差角 δ。测试电路及方法可参考电流互感器励磁特性测试。

二、理论题

(1) 说明电流互感器的分类及型号。

(2) 根据《电力设备预防性试验规程》(DL/T 596—2021)和《电气装置安装工程 电气设备交接试验标准》(GB 50150—2016),电流互感器绝缘试验应做的试验项目有哪些?

(3) 画出电流互感器进行绝缘测试时的流程图。

(4) 什么是局部放电?局部放电的目的是什么?

(5) 局部放电的测试原理是什么?在局部放电测试中,q 称为_____,是指_____。

(6) 局部放电的类型有哪些?

(7) 局部放电的电气测试方法有哪些?

(8) 电流互感器进行极性检查、电流比测试、励磁特性测试的目的是什么?

(9) 什么是电流互感器的励磁特性?其测试方法有哪些?

项目4

电力电缆测试

知识目标

1. 掌握高压测试的工作原理。
2. 熟悉直流泄漏电流及直流耐压测试方法。
3. 熟悉交流高压测试的方法。

能力目标

1. 能用直流耐压测试仪进行电力电缆的直流泄漏电流及直流耐压测试。
2. 能用交流耐压测试仪进行电力电缆的交流耐压测试。
3. 能够在专人的监护和配合下完成整个测试过程。
4. 能根据相关标准、规程对测试结果做出正确的判断和比较全面的分析。

素质目标

1. 具备创新思维和创新能力,能够在未来的发展中具有竞争力。
2. 具备实践能力和实践经验,能够将所学知识应用到实际岗位中。
3. 具备社会责任和国际视野,能够在社会中扮演积极角色。

建议学时

6学时。

任务4.1 电力电缆的直流泄漏电流及直流耐压测试

任务导入

电力电缆在运行中,主绝缘除要承受长期的额定电压,还要承受大气过电压、操作过电压、谐振过电压、工频过电压。因此,电力电缆安装竣工后,投入运行前必须考核耐受电压水平,只有在规定的试验电压和持续时间下,绝缘不放电、不击穿,才能保证电力电缆投入后的安全运行。

电缆线路的薄弱环节是终端和中间接头,这往往由于设计不良或制作工艺、材料不当而带来缺陷。有的缺陷可在施工过程和验收试验中检出,更多的是在运行电压下受电场、热、化学的长期作用而逐渐发展、劣化直至暴露。除电缆头外,电缆本身也会发生一些故障,如机械损伤、铅包腐蚀、过热老化及偶尔有制造缺陷等。所以在新敷设电缆时,要在敷设过程中配合试验;在制作终端头或中间头之前应进行试验,电缆竣工时应做交接试验。

由于电缆线路的电容很大,若采用工频电压试验,必须有大容量的工频试验变压器,现场很难实现,所以传统的耐压试验方法是采用直流耐压试验。因为电缆的绝缘电阻很大(一般在10GΩ以上),所以在做直流耐压时充电电流极小。

新敷设的电缆线路投入运行3~12个月,一般应做一次直流耐压试验,然后再按正常周期试验。若试验结果异常,但根据综合判断允许在监视条件下继续运行的电缆线路,其试验周期应缩短,如在不少于6个月时间内,经连续3次进行以上试验,试验结果不变坏,则以后可以按正常周期试验。凡停电超过1周但不满1个月的电缆线路,应用兆欧表测试该电缆导体对地绝缘电阻,如有疑问时,必须用低于常规直流耐压试验电压的直流电压进行试验,加压时间为1min;停电超过1个月但不满1年的电缆线路,必须做50%规定试验电压值的直流耐压试验,加压时间为1min;停电超过1年的电缆线路必须做常规的直流耐压试验。如何进行直流耐压试验?

理论知识

一、直流泄漏电流及直流耐压测试

直流泄漏电流测试是测试电缆在直流电压的作用下,流过被试电缆绝缘的持续电流,从而有效地发现油纸绝缘电缆线路的绝缘缺陷。测试绝缘体的直流泄漏电流与测试绝缘电阻的原理基本相同。不同之处是:直流泄漏测试的电压一般比兆欧表电压高,并可任意调节,兆欧表则不然,因而它比兆欧表发现缺陷的有效性高,能灵敏地反映瓷质绝缘的裂纹、夹层绝缘的内部受潮及局部松散断裂、绝缘油劣化、绝缘的沿面炭化等。

直流耐压测试与泄漏电流测试虽然方法一致,但其作用不同,前者是考验绝缘的耐电强度,其测试电压较高;后者是检查绝缘状况,试验电压相对较低。因此,直流耐压对于发现某些局部缺陷更有特殊意义,目前,在高压电机、电缆、电容器的预防性试验中被广泛采用。通常,泄漏电流测试与电缆直流耐压测试是同时进行的,有时也在降低试验电压的情况下单独测试。

电缆在直流电压的作用下流过绝缘内部的泄漏电流实际上是电容电流、吸收电流和传导电流叠加作用的结果。

① 电容电流:电缆相当于一个电容器,在电缆导体加压瞬间,电缆绝缘介质在电场的作用下发生电子式极化和离子式极化等无损极化引起的电流,即电容电流。它的值与电缆截面积、长度、绝缘厚度等几何尺寸有关,因此,也称几何电流。这部分电流在开始时很大,而在 $10^{-15} \sim 10^{-13}$ s 极短的时间内迅速减少到可以忽略不计的程度。

② 吸收电流:电缆绝缘在直流电压的作用下介质内的极性分子发生偶极子极化,多层介质交界面发生的夹层极化,极化时间在 $10^{-4} \sim 10^{-2}$ s,要消耗能量,并且伴有一定的介质损耗,是一种有损极化。它的值也随时间的增加而减少,同电缆绝缘的材料结构、性质及绝缘介质的不均匀程度有关。绝缘完好的油纸电缆,吸收现象十分明显,一旦受潮或存在缺陷,吸收电流变化就不明显,交联聚乙烯电缆夹层极化较弱,吸收电流变化也不明显。

③ 传导电流:理想的电介质是不含带电质点的,但实际工程上使用的绝缘内总含有极少量束缚很弱的杂质离子,在直流电压的作用下,正负离子向两极移动产生的电流就是传导电流,它由绝缘表面的泄漏电流和通过绝缘内部的离子电流组成。对于绝缘完好的电缆,传导电流是一个常数,它与直流耐压试验电压、电缆绝缘电阻之间的关系符合欧姆定律。

直流电压和交流耐压试验相比主要有以下特点。

(1) 试验设备轻便

直流耐压试验设备比较轻便,便于在现场进行预防性试验,例如,对于电缆线路,如果做交流耐压试验,每千米的电容电流将达数安培,需要较大容量的试验设备,而做直流耐压试验时,稳定后只需供给绝缘泄漏电流(最高只达毫安级)。

(2) 可同时测试泄漏电流

直流耐压测试可以在逐步升压的同时,通过测试泄漏电流,更有效地反映绝缘内部的集中性缺陷。图 4-1 所示发电机绝缘在做直流耐压试验过程中泄漏电流变化的一些典型曲线。对于良好的绝缘,泄漏电流随电压而直线上升,而且电流值较小,如曲线 1 所示;如果绝缘受潮,那么电流数值加大,如曲线 2 所示;如果绝缘中有集中性缺陷存在,泄漏电流曲线如曲线 3 所示。当泄漏电流超过一定标准时,应尽

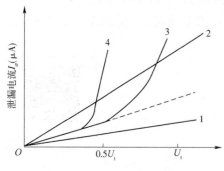

图 4-1 发电机的泄漏电流曲线

可能找出原因加以消除。如果 $0.5U_t$ 附近泄漏电流已经迅速上升,如曲线 4 所示,那么这台发电机在运行时有击穿的危险。在电力电缆进行直流耐压试验时,通常也利用泄漏电流的

读数来寻找缺陷,例如当测到三相泄漏电流相差过大或者泄漏电流增长较快时,就可以根据具体情况酌量提高试验电压或者延长耐压的持续时间,以发现缺陷。

(3) 对绝缘损伤较小

直流高压对被试品绝缘的损伤较小,当直流作用电压较高以至于在气隙中发生局部放电时,放电产生的电荷所感应的反电场将使气隙里的场强减弱,从而抑制了气隙内的局部放电过程。如果是交流耐压试验,由于电压不断改变方向,因而在气隙发生放电后,每个半波里都要发生局部放电,这种放电往往会促使有机绝缘材料的分解、老化、变质,从而降低其绝缘性能,局部缺陷逐渐扩大。因此,直流耐压试验在一定程度上还带有非破坏性试验的性质。

与交流耐压试验相比,直流耐压试验的缺点是:由于交、直流下绝缘内部的电压分布不同,直流耐压试验对绝缘的考验不如交流下接近实际。因此,对于交联聚乙烯电缆,一般不主张进行直流耐压试验。

直流耐压试验电压值的选择也是一个重要的问题,它是参考绝缘的工频交流耐压试验电压和交、直流下击穿强度之比,并主要根据运行经验来制定的。例如对于发电机定子绕组,取 2~2.5 倍额定电压;对于 3.6kV、10kV 的电缆,取 5~6 倍额定电压;对于 20kV、35kV 的电缆,取 4~5 倍额定电压;对于 35kV 以上的电缆,取 3 倍额定电压。直流耐压试验的时间可以比交流耐压试验长一些,所以,发电机试验时是以每级 0.5 倍额定电压分阶段地升高,每阶段停留 1min,以观察并读取泄漏电流值。电缆试验时,在试验电压下持续 5min,以观察并读取泄漏电流值。

二、试验方法

1. 半波整流试验接线

试验回路一般是由自耦调压器、试验变压器、高压二极管和测试表计组成半波整流试验接线,根据微安表在试验回路中所处位置的不同,可分为以下两种基本接线方式。

(1) 微安表接在高压侧

微安表接在高压侧的试验原理接线如图 4-2 所示。由图可知,试验变压器 TT 的高压端接至高压二极管 V(硅堆)的负极,由于空气中负极性电压下击穿场强较高,为防止外绝缘闪络,因此直流试验常用负极性输出。二极管的单向导电性使其正极就有负极性的直流高压输出。选择硅堆的反峰

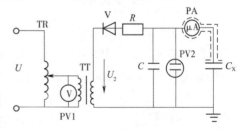

图 4-2 微安表接在高压侧的试验原理接线

电压时应有 20% 的裕度,如用多个硅堆串联时,应并联均压电阻,电阻值可选约 1000MΩ。为减小直流电压的脉动,在被试品 C_x 上并联滤波电容器 C,电容值一般不小于 $0.1\mu F$。对于电容量较大的被试品,如发电机、电缆等可以不加稳压电容。R 为保护电阻,用来限制被试品击穿时的短路电流,以保护变压器和高压硅堆。半波整流时,试验回路产生的直流电压为

$$U_d = \sqrt{2}\,U_2 - \frac{I_d}{2Cf} \qquad (4\text{-}1)$$

式中:U_d——直流电压,平均值,V;

C——滤波电容，F；

f——电源频率，Hz；

I_d——整流回路输出直流电流，A。

当回路不接负载时，直流输出电压即为变压器二次输出电压的峰值。因此，现场试验选择试验变压器的电压时，应考虑到负载压降，并给高压试验变压器输出电压留有一定裕度。

这种接线适合被试绝缘一极接地的情况。此时微安表处于高压端，不受高压对地杂散电流的影响，测试的泄漏电流较准确。但为了避免由微安表到被试品的连线上产生的电晕及沿微安表绝缘支柱表面的泄漏电流流过微安表，需将微安表及从微安表至被试品的引线屏蔽起来。微安表处于高压端给读数及切换量程带来不便。

(2) 微安表接在低压侧

微安表接在低压侧的试验原理接线图如图 4-3 所示。这种接线方式下微安表处于低电位，具有读数安全、切换量程方便的优点。

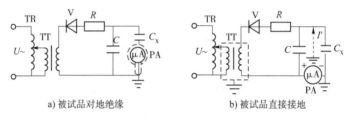

a) 被试品对地绝缘　　　　b) 被试品直接接地

图 4-3　微安表接在低压侧的试验原理接线图

当被试品的接地端能与地分开时，宜采用图 4-3a) 所示的接线图；若不能分开，则宜采用图 4-3b) 所示的接线图，由于这种接线的高压引线对地的杂散电流将流经微安表，从而使测试结果偏大，其误差随周围环境、气候和试验变压器的绝缘状况而异，所以，一般情况下，应尽可能采用图 4-3a) 所示的接线图。

2. 直流高压电源的获得

(1) 倍压整流直流电源

前述的简单整流电路中，最大直流输出只能接近试验变压器的峰值电压 U_{max}，欲获得更高的直流电压，常用倍压整流来实现。

图 4-4a) 是一种全波倍压整流线路，输出电压接近试验变压器高压侧峰值电压的 2 倍，适合于一端接地的被试品。这种线路要求高压试验变压器高压绕组的 2 个引出端对地绝缘，一个端头对地能承受试验变压器的最大峰值电压 U_{max}（端头 2），另一个端头对地承受 $2U_{max}$（端头 1）。

图 4-4b) 为另一种更为常用的倍压整流线路，这种线路不仅可输出对地为 $2U_{max}$ 的直流电压，而且可采用一端接地的变压器，其工作原理如下：当图 4-4b) 的电源电压为负半波时（试验变压器绕组接地端为正），电源变压器经二极管 V_1 对 C_1 充电到 U_{max}，正半波时（变压器绕组接地端为负），变压器电压与电容器 C_1 上的电压叠加，经二极管 V_2 对电容器 C_2 充电，若 $C_1 \gg C_2$，则 C_2 很快充到 $2U_{max}$；若 $C_1 = C_2$，则 C_2 要经若干周之后才能充到 $2U_{max}$。因为 C_1 和变压器串联对 C_2 充电，电荷从 C_1 流向 C_2，使 C_1 上的电压降低，所以点 1 对地的电位达不到

$2U_{max}$,C_2也充不到$2U_{max}$,但在下一个半周时电流又经V_1对C_1补充电至U_{max},以补充它放出的电荷,因而在若干周后,总可以将C_2充电到$2U_{max}$。如不计泄漏,C_2将保持$2U_{max}$不变,C_1始终为U_{max},点1对地的电位在$0\sim 2U_{max}$脉动。

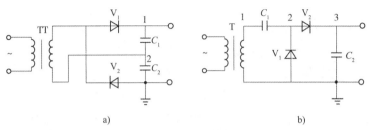

图4-4 倍压整流线路图

当接入负载时,由于C_2对负载放电而失去电荷Q_2,使C_2上的电压下降Q_2/C_2。又由于C_1要放出电荷Q_1,以补充C_2失去的电荷Q_2,所以C_1上的电压达不到U_{max},而等于$U_{max}-\dfrac{Q_1}{C_1}$。C_2上的电压也达不到$2U_{max}$,只能达到$2U_{max}-\dfrac{Q_1}{C_1}$。若被试品绝缘很好,其他泄漏电流可忽略不计,经若干周后,C_2上的电压便可达到试验变压器峰值电压的2倍,即$2U_{max}$。Q_1为流过负载的总电荷,在一个周期内C_1上的压降为

$$\Delta U = \dfrac{Q_1}{C_1} = I_{av}\dfrac{1}{fC_1} \tag{4-2}$$

式中:I_{av}——流过负载的平均电流,A;

f——电源频率,Hz;

Q_1——流入负载的电荷,C。

(2) 多级串接直流电源

当需要较高的直流电压,而倍压线路又不能满足要求时,可用多级串接线路,如图4-5所示。其工作原理与图4-4的倍压整流电路类似,电源为负半波时依次给左柱电容器充电,而电源为正半波时依次给右柱电容器充电。空载时,n级串接的整流电路可输出$2nU_{max}$的直流电压。但随着串接级数的增多,接入负载时的电压脉动和电压降落迅速增大。

当被试品击穿时,除右柱电容器串联起来向被试品放电外,左柱电容器串联后也经V_1、V_1'向被试品放电。为避免缺陷扩大,同时也为了保护高压硅堆V_1、V_1',应在被试品前串联足够大的电阻R_f。

(3) 中频串接直流发生器

由于串接整流接线太多,因而现场一般采用成套的中频电源直流发生器。成套的直流发生器采用脉冲宽度调制(PWM)方式调节直流高压,它的优点有:节能;电压调节线性度好,调节方便、稳定;输出直流电压纹波非常小。直流高压发生器能直接

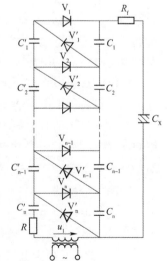

图4-5 三级串接整流线路图

显示直流高压的电压值及泄漏电流值,常有多节构成60~600kV等多种电压等级,适合于现场进行各种高压设备的直流试验。

三、直流高压的测试

国际电工委员会(International Electrotechnical Commission,IEC)标准和我国的国家标准(GB)规定,直流电压平均值的测试误差应不大于±3%,且测试直流高压必须用不低于1.5级的表计和2.5级的分压器。

1. 用高电阻串联微安表测试

图4-6是用高电阻串联微安表测试直流高压的示意图,U_{av-}为被测直流电压的平均值,F为保护微安表的放电管,这种测试方法应用很广,能测试数千伏至数万伏的电压。市售的各种高压直流数字显示表都是应用这种测试原理进行显示的。

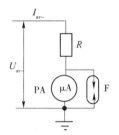

图4-6 高电阻串联微安表测试直流高压

被测直流电压加在高电阻R上,则R中便有电流产生,与R串联的微安表的指示即为在该电压下流过R的平均值电流。因此,可根据微安表指示的电流值来表示被测直流电压的数值。这种测试电压的方法,是将微安表的电流刻度直接换成相应的电压刻度;或事先校验出直流电压与微安数的关系曲线,使用时根据微安表的数值在这条曲线上查出相应的电压值,也可以用另一电阻构成低压臂,用低压直流电压表测试。

电阻R可用金属膜电阻、碳膜电阻(或与阀型避雷器的火花间隙并联的非线性电阻)串联组成,其数值要求稳定,误差不大于3%。每单个电阻的容量不小于1W。常将该电阻装在绝缘筒内,并充油密封,以提高稳定性和减小电阻体及电阻支持架表面的泄漏电流。为了防止电晕,电阻上端需装防晕罩,连接微安表的导线应用屏蔽线。

2. 静电电压表

静电电压表由两个平行平板电极构成,其中一个为固定电极,另一个为可动电极。当施加稳态电压时,两电极分别带上异性电荷,由于静电力的作用,可动电极发生转动,用某种方式加外力于可动电极,使之与静电力平衡。由于静电力的大小与电极上的电荷多少有关,因而也就与电极间的电压大小有关,因此,测定了平衡力也就能知道电压的大小。

静电电压表可直接用来测试交流和直流高电压。由于电极上所受的力和电压的二次方成正比,所以,静电电压表指示的是电压的方均根值。故用静电电压表测试交流电压时,指示的是被测电压的有效值,测试直流电压时,当脉动系数不超过20%时,测得的数值与平均值的误差不超过1%,故可认为在直流下静电电压表的测试值为平均值。静电电压表的测试误差一般为1%~1.5%。

3. 高压分压器

当被测电压很高时,直接用指示仪表测试高电压比较困难,采用分压器分出小部分电压,然后用测试仪器进行测试,将测试值乘以分压比便可得到待求高电压。根据分压器所用分压元件的不同,分为电阻分压器、电容分压器和阻容分压器等3种类型。每一分压器都由高压臂和低压臂组成,在低压臂上得到的就是分给测试仪器的低电压u_2,总电压u_1与低电压

u_2 之比称为分压器的分压比(N)。

(1) 电阻分压器

如图4-7所示为电阻分压器,它由高压臂电阻 R_1 和低压臂电阻 R_2 串联而成,理想情况下的分压比为

$$N = \frac{u_1}{u_2} = \frac{R_1 + R_2}{R_2} \qquad (4-3)$$

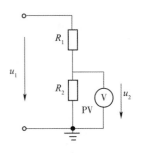

图4-7 电阻分压器

测试稳态高电压时,电阻分压器的阻值不能选得太小,否则会使直流高压装置和工频高压装置供给它的电流太大,电阻本身的热损耗也太大,以致阻值因温升而变化,使测试误差增大。但阻值也不能选得太大,否则会由于工作电流过小而使电晕电流、绝缘支架的泄漏电流所引起的误差变大。一般选择其工作电流在0.5~2.0mA,实际中常选1mA。

需要注意的是,测试交流高压时,由于对地杂散电容的不利影响,不但会引起幅值误差,还会引起相位误差。被测电压越高,分压器本身的阻值越大,对地杂散电容越大,出现的误差也越大。因此通常在被测交流电压大于100kV时,大多采用电容分压器,而不用电阻分压器。

高电阻串联微安表测试方法与电阻分压器法相比,主要的不足之处在于,当外界条件改变而导致高电阻阻值变化时,测试结果也会随之变化。

(2) 电容分压器

测试交流高压时常采用电容分压器,它由高压臂电容 C_1 和低压臂电容 C_2 串联而成。为了防止外电场对测试电路产生影响,通常用高频同轴电缆传输被测试的电压,当然该电缆的电容应计入低压臂的电容量 C_2 中。

为了保证测试的准确度,测试仪表在被测电压频率下的阻抗应足够大,至少要比分压器低压臂的阻抗大几百倍,为此,最好用高阻抗的静电式仪表或电子式仪表。若略去杂散电容的影响,电容分压器的分压比为

$$N = \frac{u_1}{u_2} = \frac{C_1 + C_2}{C_2} \qquad (4-4)$$

分压器高压臂对地杂散电容 C'_e 和对高压端杂散电容 C_e 的存在,会在一定程度上影响其分压比。只要周围环境不变,这种影响就是固定的,不随被测电压的幅值、频率、波形或大气条件等因素的变化而变。所以,对一定状态下的环境,只要一次准确地测出电容分压器的分压比,则此分压比可适用于各种工频高压的测试。虽然如此,人们仍然希望尽可能使各种杂散电容的影响相对减小,为此对无屏蔽的电容分压器应适当增大高压臂的电容值。

电容分压器的另一个优点是它几乎不吸收有功功率,不存在温升和随温升而引起的各部分参数的变化,因而可以用来测试很高的电压。当然应该注意高压部分的电晕放电,为此,应在分压器的顶部加装均压罩,各电容相连接的法兰处加装均压环。

(3) 阻容分压器

按阻尼电阻的接法不同,阻容分压器又分为串联阻容分压器和并联阻容分压器两类。前者的测试回路与电容分压器相同,后者的测试回路与电阻分压器相同。

4. 泄漏电流的测试

用直流微安表测试被试品的泄漏电流时,要使测试安全可靠,除需要对微安表进行保护外,还应消除杂散电流的影响。

(1) 微安表的保护

如前所述,严格说来试验电压总是脉动的。脉动成分加在被试品上,就有交流分量通过微安表,因而使微安表指针摆动,难于读数,甚至使微安表过热烧坏(因它只反映直流数值,实际上交流数值也流经线圈)。试验过程中,被试品放电或击穿都有不能容许的脉冲电流流经微安表,因此需对微安表加以保护。常用的保护电路如图 4-8 所示,图中电容 C 用以旁路交流分量,特别是高频冲击电流;S 是短路微安表的开关,读数时断开;放电管 F 用以保护微安表,当大电流流经与微安表串联的增压电阻 R_1 时,其压降足以使放电管动作,电阻 R_1 的数值可按式(4-5)计算

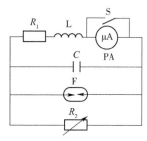

图 4-8 微安表保护接线图

$$R_1 = \frac{U_F}{I_{\mu A}} \tag{4-5}$$

式中:U_F——放电管实际的放电电压,V;

$I_{\mu A}$——微安表的满刻度电流值,μA。

限流电感线圈 L 的作用是当被试品击穿时,限制冲击电流并加速放电管的动作,通常取 L 值为几十毫亨至 1H。图 4-8 中的滤波电容 C 可用油浸纸电容(CZY),其电容量为 0.5~5μF。R_2 用以扩大量程,可用碳膜或金属膜电阻,微安表在高压侧时,短路开关也可用尼龙拉线开关。

(2) 消除杂散电流对测试的影响

在试验中除被试品的体积泄漏电流之外,还有其他电流流过微安表而造成测试误差,这些电流统称为杂散电流,消除杂散电流是提高试验准确度的关键。

根据被试品的情况,应尽量选择能反映被试品本身泄漏电流的试验接线。最好采用图 4-2 中的接线,这种接线由于对处于高压的微安表及引线加了屏蔽,能消除杂散电流的影响。当采用图 4-3b)的接线时,试验回路中其他设备的接地线应接至试验变压器的低压端,使这些设备的泄漏电流不经过微安表,从而提高了测试的准确度。

5. 影响因素和试验结果的分析

(1) 高压连接导线对地泄漏电流的影响

由于与被试品连接的导线通常暴露在空气中(不加屏蔽时),被试品的加压端也暴露在外,所以周围空气有可能发生游离,产生对地的泄漏电流,尤其在海拔高、空气稀薄的地方更容易发生游离,这种对地泄漏电流将影响测试的准确度。采取增加导线直径、减少尖端或加防晕罩、缩短导线、增加对地距离等措施,可减轻对测试结果的影响。

(2) 空气湿度对表面泄漏电流的影响

当空气湿度大时,表面泄漏电流远大于体积泄漏电流,被试品表面脏污易于吸潮,使表面泄漏电流增加,所以必须擦净表面,并应用屏蔽电极。

(3)温度的影响

温度对高压直流试验结果的影响是极为显著的,因此,对所测得的电流值均需换算至相同温度,才能进行分析比较。最好在被试品温度为 30~80℃ 时做试验,因为在这样的温度范围内泄漏电流变化较明显,而在低温时变化较小。如电机刚停运后,在热状态下试验,还可在冷却过程中对几种不同温度下测试的数值进行比较。

(4)残余电荷的影响

被试品绝缘中的残余电荷是否放尽,将直接影响泄漏电流的数值,因此,试验前必须对被试品进行充分放电。

(5)测试结果的判断

将测试的泄漏电流值换算到同一温度,与历次试验进行比较,以及同一设备互相比较、同类设备互相比较。对于重要设备(如主变压器、发电机等),可作出电流随时间变化的关系曲线 $I=f(t)$ 和电流随电压变化的关系曲线 $I=f(u)$ 并进行分析。

现行标准中对泄漏电流有规定的设备,应按是否符合规定值来判断。对标准中无明确规定的设备,可以同一设备相互进行比较,并与历年试验结果比较。

专项实训4.1　电力电缆直流高压测试

一、工作任务

一额定电压8.7/10kV的油纸绝缘电缆大修新做终端或接头后,需做直流耐压试验和直流泄漏电流试验。通过直流耐压试验可以检查出电缆绝缘中的气泡、机械损伤等局部缺陷,通过直流泄漏电流测试可以检测绝缘老化、受潮等缺陷,从而判断绝缘状况的好坏。此任务应在现场测试。

二、引用的标准、规程和文件

(1)《电线电缆电性能试验方法 第14部分:直流电压试验》(GB/T 3048.14—2007)。
(2)《电力安全工作规程　发电厂和变电站电气部分》(DL/T 408—2023)。
(3)直流高压发生器说明书。

三、试验仪器、仪表及材料(表4-1)

试验仪器、仪表及材料　　　　　　　　表4-1

序号	试验所用设备(材料)	数量	序号	试验所用设备(材料)	数量
1	直流高压发生器	1套	5	常用仪表(电压表、微安表、万用表等)	1套
2	电源盘	2个	6	小线箱(各种小线夹及跨接线)	1套
3	常用工具	1套	7	操作杆、放电棒、验电器	1套
4	刀闸板	2个	8	设备试验原始记录	1本

四、测试准备及工作危险点分析、防范措施

(1)试验前为防止电力电缆剩余电荷或感应电荷伤人、损坏试验仪器,应将被试电力电缆进行充分放电。

(2)放电棒使用时把伸缩部分全部拉出,观察电压表的电压值逐步跌落到较低电压后(一般在10~20kV)才可用放电棒去逐步移向试品附近,先通过间隙空气游离放电。此时,可听到"吱吱"声,然后将放电棒尖端(释放电能是经过一放电电阻)去触碰试品,最后将试品直接接地。对几千米以上的高压电缆试验结束后,放电时间一般都很长且需多次反复放电。

(3)其他要求同项目1任务1.1专项实训1.1气体介质击穿测试。

五、测试人员配置

此任务可配测试负责人1名,测试人员4名(1名接线;1名操作仪表;1名验电、放电;1名负责电缆另一端)。

六、测试仪表设备介绍

1. 主要功能特点

直流高压发生器主要适用于电力部门、企业动力部门对氧化锌避雷器、磁吹避雷器、电力电缆、发电机、变压器、开关等设备进行直流高压试验。它采用中频倍压电路,应用最新的PWM脉宽调制技术和大功率IGBT器件,并根据电磁兼容性理论,采用特殊屏蔽、隔离和接地等措施。由于采用了高频率开关脉冲宽度调制,其可以选用较小的电感、电容进行滤波,滤波回路的时间常数减小,有利于自动调节回路的品质和改善输出电压波形。多倍压串联式直流高压试验装置原理框图如图4-9所示。

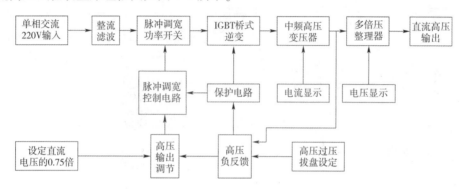

图4-9 多倍压串联式直流高压试验装置原理框图

逆变器电路采用了IGBT大功率晶体管,中频变压器的输出功率可达到几百瓦甚至数千瓦。应用电子技术制成的成套直流高压试验仪器,具有体积小、质量轻、携带和使用方便等优点。图4-10是1000kV/10mA直流高压发生器控制箱的外观图。

2. 面板说明

直流高压发生器面板如图4-11所示。

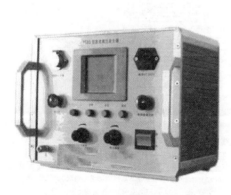

图4-10 直流高压发生器控制箱外观图

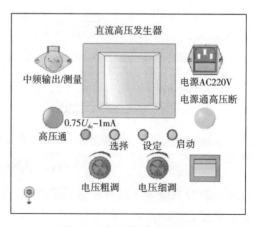

图4-11 直流高压发生器面板

(1)绿色带灯按钮:按钮绿灯亮表示电源已接通及高压断开。在红灯亮的状态下,按下绿色按钮,红灯灭,绿灯亮,表示高压回路切断。

(2)红色带灯按钮:高压接通按钮、高压指示灯。在绿灯亮的状态下,按下红按钮后,红灯亮、绿灯灭,表示高压回路接通,此时可升压。此按钮须在电压调节电位器回零状态下才有效。

(3)选择键:用于选择过压保护、倍压节数和计时。设定键:用于修改数据。

(4)电压调节电位器:该电位器用电压粗调、电压细调两只多圈电位器顺时针旋转为升压,反之为降压。此电位器具备控制电子零位保护功能,因此升压前必须先回零。

3. 高压筒

单节倍压筒和双节倍压筒分别如图4-12a)、b)所示。

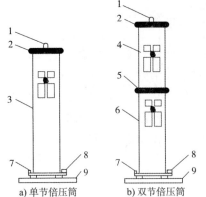

图 4-12 倍压筒外观图

1-高压引出接线柱;2-均压罩;3-倍压筒体;4-上节倍压筒;5-上下节连接法兰;6-下节倍压筒;7-接地端子;8-与控制箱连接电缆插座;9-△-Y形缩伸式撑脚

七、方案设计

根据直流高压发生器说明书设计测试接线图。

八、测试步骤

(1)测试准备

试验器在使用前应检查其完好性,连接电缆不应有断路和短路,设备无破裂等损坏。将机箱、倍压筒放置到合适位置分别连接好电源线、电缆线和接地线。保护接地线与工作接地线以及放电棒的接地线均应单独接到试品的地线上(即一点接地)。严禁各接地线相互串联。为此,应使用专用接地线如图4-13所示。

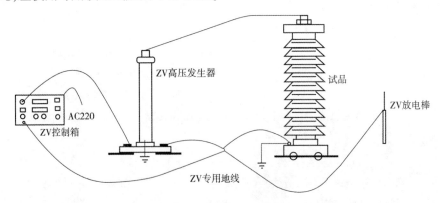

图 4-13 专用接地线接线图

此时电源开关应置于断开位置,调压电位器应在零位,过电压保护整定为 1.15~1.20 倍的试验电压。

(2)空载验证过电压整定

先将连接线被试电缆的引线悬空,接通电源开关,此时绿灯亮;按红色按钮,红灯亮,表示高压接通;顺时针调节调压器能升至所需电压,记录电流表读数,检查试验装置无异常后将调压器电位器回到零位,按绿色按钮,切断高压关闭电源。

(3)直流耐压和泄漏测试

试验原理接线图如图4-14所示,将试验装置的高压引线连接到被试电缆导体,接通电源进行升压,按试验标准进行直流耐压试验并读取泄漏试验。升压时要密切监视电流表的充电电流不能超过试验装置的最大工作电流,升压速度一般控制在3~5kV/s。加到规定试验电压后,按规定在第一分钟和最后一分钟记录电流表读数。测试完毕,调压电位器逆时针回到零位,按下绿色按钮。需再次升压时按下红色按钮。

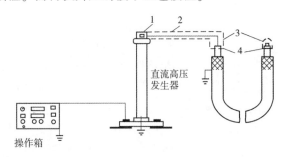

图4-14　直流耐压和泄漏电流试验原理接线图
1-微安表屏蔽;2-导线屏蔽;3-线端屏蔽;4-缆芯绝缘的屏蔽环

九、测试结果的分析判断

(1)试验电压标准。纸绝缘电缆主绝缘的直流耐压试验值(加压时间5min)可参考表4-2。

纸绝缘电缆主绝缘的直流耐压试验值　　　　表4-2

电缆额定电压(U_0/U)	1.0/3	3.6/3.6	3.6/6	6/6	6/10	8.7/10	21/35	26/35
直流试验电压(kV)	12	17	24	30	40	47	105	130

注:U_0为导体与绝缘屏蔽之间的电压,即对地电压;U为各相导体间的电压,即线电压。

(2)要求耐压5min时的泄漏电流值不得大于耐压1min时的泄漏电流值。

(3)对纸绝缘电缆而言,三相间的泄漏电流不平衡系数应不大于3。6kV及以下电缆的泄漏电流小于$10\mu A$,8.7/10kV电缆的泄漏电流小于$20\mu A$时,对不平衡系数不做规定。

(4)在加压过程中,泄漏电流突然变化,或者随时间的增长而增大,或者随测试电压的上升而不成比例地急剧增大,说明电缆绝缘存在缺陷,应进一步查明原因,必要时可通过延长耐压时间或提高耐压值来查找绝缘缺陷。

(5)相与相间的泄漏电流相差很大,说明电缆某芯线绝缘可能存在局部缺陷。

(6)若测试电压一定,而泄漏电流做周期性摆动,则说明电缆存在局部孔隙性缺陷。当遇到上述现象时,应在排除其他因素(如电源电压波动、电缆头瓷套管脏污等)后,适当提高试验电压或延长持续时间,以进一步确定电缆绝缘的优劣。

任务 4.2　电力电缆的交流耐压测试

任务导入

交流耐压试验是鉴定电力设备绝缘强度最直接、最有效的方法。交联聚乙烯（XLPE）电缆进行直流耐压试验，无论是从理论上还是从实践上都存在很多缺点，所以，需要对交联聚乙烯（XLPE）电缆进行交流耐压试验。

交联聚乙烯电缆在交接时、新安装投运后 1 年内、新做终端或接头后、运行中 110kV 及以上 6 年、35kV 及以下 3 年或必要时应进行交流耐压试验。橡塑电缆的交流耐压试验用来验证被试电缆的耐电强度，对发现电缆绝缘的局部缺陷（如绝缘受潮、开裂等缺陷）十分有效，是检验电缆绝缘性能、安装工艺、施工质量的重要手段。如何对交联聚乙烯电缆进行交流耐压试验？

理论知识

一、耐压试验

1. 耐压试验类型

耐压试验是一种确认电气设备绝缘可靠性的试验，试验时所施加的电压比工作电压高得多，在试验过程中有可能引起设备绝缘的损坏，所以又称破坏性试验。耐压试验一般都放在非破坏性试验项目合格之后进行，以避免或减少不必要的损失。根据所施加电压类型的不同，耐压试验可分为交流（含工频及倍频）耐压、直流耐压、雷电冲击耐压和操作冲击耐压 4 种。

工频交流耐压试验是检验电气设备绝缘强度最有效和最直接的方法，能有效地发现绝缘中危险的集中性缺陷，同时也有可能促使有机绝缘中的一些弱点进一步发展而造成残留性损伤。在许多场合下，工频交流耐压试验还可用来等效地检验绝缘对操作过电压和雷电过电压的耐受能力。

我国有关国家标准以及《电力设备预防性试验规程》（DL/T 596—2021）中对各类电气设备的耐压值都做了具体的规定。进行工频交流耐压试验时，在绝缘上施加工频试验电压后，要求持续 1min，这个时间规定一是为了保证全面观察被试品的情况，使绝缘中危险的缺陷暴露出来，同时也是为了不至于因时间太长而引起不应有的绝缘损伤，甚至使本来合格的绝缘产生热击穿。运行经验表明，凡经受得住 1min 工频耐压试验的电气设备，一般都能保证安全运行。

倍频感应耐压试验主要是针对变压器类绝缘，是指在被试品低压绕组上施加倍频电压（电压值为额定电压的2倍），在高压绕组上由于感应而产生同样倍数的高压进行试验。感应耐压试验时，各绕组上的电压分布与运行中的分布接近，不仅考验了绕组的主绝缘，也考验了绕组的纵绝缘。这项试验弥补了工频条件下试验电压为额定电压2倍时，被试品铁芯严重饱和，励磁电流急剧增大的问题。当试验频率超过100Hz时，为了避免频率的提高加重对绝缘的负担，应缩短试验的时间，耐压时间可由式(4-6)计算

$$t = 60 \times \frac{100}{f}(\text{s}) \tag{4-6}$$

式中：f——电压的频率，Hz。

2. 交联聚乙烯(XLPE)电缆试验

交联聚乙烯(XLPE)电缆不能进行直流耐压试验，原因主要有以下几个方面：

(1) 试验等效性差

高压试验技术的一个通用原则是试品上施加的试验电压场强应模拟高压电气的运行工况。高压试验得出的结论要明确高压电气的薄弱点是否会对今后的运行带来危害。这就意味着试验中的故障机理应与电缆运行中的机理具有相同的物理过程。电缆击穿试验电压与工频电压等效性分析见表4-3。

电缆击穿试验电压与工频电压等效性分析 表4-3

试验电压类型	等效性 K = 击穿试验电压/工频电压			
缺陷类型	直流	工频	0.1Hz	振荡波
针尖缺陷	4.3	1	1.5	1.5
切痕缺陷	2.8	1	2.6	1.1
金具尖端缺陷	3.9	1	2.2	1.6
进潮和水树枝缺陷	2.6	1	1.2	1.4

从表4-3可以看出，针对不同缺陷做测试，直流耐压的击穿电压的分散性非常大，从2.6倍到4.3倍不等，因此，其无法作为判断电缆绝缘好坏的依据。

(2) 直流和交流下的电场分布不同

直流电压下，电缆绝缘的电场分布取决于材料的体积电阻率，而交流电压下的电场分布取决于各介质的介电常数，特别是在电缆终端头、接头盒等电缆附件中的直流电场强度的分布和交流电场强度的分布完全不同，而且直流电压下绝缘老化的机理和交流电压下绝缘老化的机理不相同。因此，直流耐压试验不能模拟交联聚乙烯(XLPE)电缆的运行工况。

(3) 放电难以完全

交联聚乙烯(XLPE)电缆在直流电压下会产生"记忆"效应，存储积累性残余电荷。一旦有了直流耐压试验引起的"记忆性"，需要很长时间才能将这种直流偏压释放。电缆如果在直流残余电荷未完全释放之前投入运行，直流偏压便会叠加在工频电压峰值上，使得电缆上电压值远远超过其额定电压，从而有可能导致电缆绝缘击穿。

(4) 会造成击穿的连锁反应

直流耐压时,会有电子注入聚合物质内部,形成空间电荷,使该处的电场强度降低,从而易于发生击穿,交联聚乙烯(XLPE)电缆的半导体凸出处和污秽点等处容易产生空间电荷。但如果在试验时电缆终端头发生表面闪络或电缆附件击穿,会造成电缆芯线上产生波振荡,在已积聚空间电荷的地点,由于振荡电压极性迅速改变为异极性,该处电场强度显著增大,可能损坏绝缘,造成多点击穿。

(5) 对水树枝的发展影响巨大

交联聚乙烯(XLPE)电缆致命的一个弱点是绝缘易产生水树枝,一旦产生水树枝,在直流电压下会迅速转变为电树枝,并形成放电,加速了绝缘老化,以致运行后在工频电压下形成击穿。而单纯的水树枝在交流工作电压下还能保持相当的耐压值,并能保持一段时间。

实践证明,直流耐压试验不能有效发现交流电压作用下的某些缺陷,如电缆附件内,绝缘可能有机械损伤或应力锥放错等缺陷。在交流电压下绝缘最易发生击穿的地点在直流电压下往往不能击穿,直流电压下绝缘击穿处往往发生在交流工作条件下绝缘平时不发生击穿的地点。

二、稳态交流高压试验设备及测试

高压试验设备是指产生交流、直流以及冲击等各种高电压的试验设备,它们产生的各种波形的高电压可用来模拟电气设备在运行中可能受到的各种作用高电压,进行绝缘的耐压试验以考验绝缘耐受这些高电压作用的能力。高电压的测试难度较大,对于不同的测试对象有不同的测试方法。

稳态高压试验主要是指交流耐压试验和直流耐压试验,与之相应的试验设备称为稳态高压试验设备。下文将主要介绍交流高压试验设备及交流高压的测试。

1. 交流高压试验设备

(1) 高压试验变压器

交流高压试验设备主要指用于高压试验的特制变压器,即高压试验变压器。高压试验变压器进行试验时的接线如图 4-15 所示。图中 T 为试验变压器,用来升高电压;TA 为调压器,用来调节试验变压器的输入电压;F 为保护球隙,用来限制试验时可能产生的过电压,以保护被试品;R_1 为保护电阻,用来限制被试品突然击穿时,在试验变压器上产生的过电压及限制流过试验变压器的短路电流,一般取 $0.1 \sim 1\Omega/V$;R_2 为球隙保护电阻,用来限制球隙击穿时流过球隙的短路电流,以保护球隙不被灼伤,一般取 $0.1 \sim 0.5\Omega/V$。

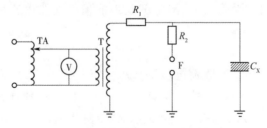

图 4-15 高压试验变压器试验接线

高压试验变压器一般都是单相的,在原理上与电力变压器并无区别,由于使用中的特殊要求,所以在结构和性能上有如下特点。

①电压高,其高压绕组的额定电压不应小于被试品的试验电压值。

②绝缘裕度小,只在试验条件下工作,不会遭受雷电过电压及电力系统内部过电压的作用。

③连续运行时间短,发热较轻,不需要复杂的冷却系统,由于其绝缘裕度小,散热条件又差,所以一般不允许在额定电压下长时间连续使用。

④漏抗较大,试验变压器变压比大,高压绕组电压高,所以需有较厚的绝缘层和较宽的间隙距离,漏抗较大。

⑤容量小,被试品的绝缘一般为电容性的,在试验中,被试品放电或被击穿前,试验变压器只需要为被试品提供电容电流和泄漏电流;如果被试品被击穿,开关立即切断电源,不会出现长时间的短路电流。所以试验变压器的容量一般不大,可按被试品的电容来确定,即

$$S = 2\pi f C_X U^2 \times 10^{-3} \tag{4-7}$$

式中:U——被试品的试验电压,kV;

C_X——被试品的电容,μF;

f——电源的频率,Hz;

S——试验变压器的容量,kVA。

对于大多数被试品,通常试验变压器高压测额定电流在 0.1~1A 就可满足试验要求。

由于试验变压器的体积和质量随其额定电压值的增加而急剧增加,故单个变压器的电压都限制在 1000kV 以下,目前国产变压器的电压限制在 750kV 以下。当需要更高的输出电压时,可将 2~3 台试验变压器串接起来使用。

图 4-16 所示为常用的 3 台试验变压器串接的原理接线图。3 台试验变压器高低压绕组的匝数分别对应相等,高压绕组串联起来输出高电压。为给下一级试验变压器提供电源,前一级变压器里增设了累接绕组,该绕组与所属试验变压器的高压绕组串联,匝数与低压绕组相同,故各台试验变压器高压绕组的电压相等。在串接式试验装置中,各台试验变压器高压绕组的容量是相同的,但各低压绕组和累接绕组的容量并不相同,如略去各变压器的励磁电流,则三级串接时各绕组的电压、电流关系如图 4-16 所示,由图可知:

T_3 的容量 $\qquad S_3 = U_4 I_4 = U_2 I_2$

T_2 的容量 $\qquad S_2 = U_3 I_3 = U_2 I_2 + U_4 I_4 = 2U_2 I_2 = 2S_3$

T_1 的容量 $\qquad S_1 = U_1 I_1 = U_2 I_2 + U_3 I_3 = U_2 I_2 + 2U_2 I_2 = 3U_2 I_2 = 3S_3$

即第一、二、三级变压器的容量分别为 $3S_3$、$2S_3$ 和 S_3,而输出容量为 $3S_3$,整套串接试验变压器的总容量为 $6S_3$,这套装置的利用系数为

$$\eta = \frac{S_{输出}}{S_{总}} = \frac{3S_3}{6S_3} = 50\%$$

若串接的台数为 n,则总的输出容量为 nS_n,总的装置容量为

$$S_{总} = S_n + 2S_n + \cdots + nS_n = \frac{n(n+1)}{2}S_n$$

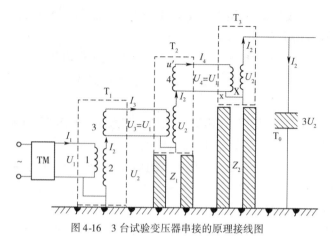

图 4-16　3 台试验变压器串接的原理接线图

则 n 级串接装置容量的利用系数为

$$\eta = \frac{S_{输出}}{S_{总}} = \frac{nS_n}{\dfrac{n(n+1)}{2}S_n} = \frac{2}{n+1}$$

可见，随着试验变压器串接台数的增加，利用率将降低。实际中，串接的试验变压器台数一般不超过 3 台。

由图 4-16 还可看出，T_2、T_3 的外壳对地电位分别为 U_2、$2U_2$，因此，二者应分别用具有相应绝缘水平的绝缘支架或支柱绝缘子支撑起来，以保持对地绝缘。

高压试验变压器的调压装置应能从零值平滑地改变电压，最大输出电压（容量）应等于或稍大于试验变压器初级额定电压（额定容量），输出波形应尽可能接近正弦波，漏抗应尽可能小，使调压器输出电压波形畸变小。常用的调压装置有自耦调压器、移圈式调压器、感应调压器和电动发电机组。

自耦调压器调压范围广、漏抗小、波形畸变小、体积小、价格低，由于滑动触头调压易发热，所以容量小，一般适用于 10kVA 以下的试验变压器的调压。

移圈式调压器一般有 3 个绕组套在闭合 E 字铁芯上，其中 2 个为匝数相等、绕向相反、互相串联的固定绕组，另一个为套在这 2 个绕组之外的短路绕组，移动短路绕组改变它与 2 个固定线圈间的相互位置，便可达到调压的目的。由于调压器不存在滑动触头，故容量大；由于 2 个固定绕组各自形成的主磁通不能完全通过铁芯形成闭合磁路，所以漏抗较大，且随短路绕组位置的不同，从而使输出波形产生不同程度的畸变。因此这种调压方式被广泛应用在对于容量要求较大、对波形要求不十分严格的场合。

感应调压器的调压性能与移圈式调压器相似，但输出波形畸变较大，漏抗也较大，且价格较贵，故一般很少采用。

电动发电机组调压方式不受电网电压质量的影响，能得到很好的正弦电压波形，实现均匀电压调节，但这种调压设备价格昂贵，运行费用高，只适合于对试验要求很高的场合。

（2）串联谐振试验装置

在现场耐压试验中，当被试品的试验电压较高或电容值较大，试验变压器的额定电压或容量不能满足要求时，可采用串联谐振试验装置进行试验。试验的原理接线图和等值电路如图 4-17 所示,等值电路中 R 为代表整个试验回路损耗的等值电阻,L 为可调电感和电源设备漏感之和,C 为被试品电容,U 为试验变压器空载时高压端对地电压。

当调节电感使回路发生谐振时,$X_L = X_C$,被试品上的电压 U_C 为

$$U_C = IX_C = \frac{U}{R} \cdot \frac{1}{\omega C} = QU \tag{4-8}$$

式中:Q——谐振回路的品质因数,为谐振时感抗(容抗)与回路中电阻 R 的比,所以也有 $Q = \frac{\omega L}{R}$。

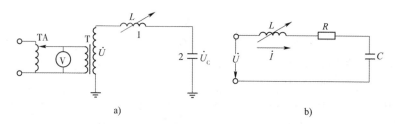

图 4-17 串联谐振试验的原理接线图和等值电路

谐振时 ωL 远大于 R,即 Q 值较大,故用较低的电压 U 便可在被试品两端获得较高的试验电压。谐振时高压回路流过相同的电流 I,而 $U = U_C/Q$,所以试验变压器的容量在理论上仅需被试品容量的 $1/Q$。

利用串联谐振电路进行工频耐压试验,不仅可以降低试验变压器的容量和额定电压,而且被试品击穿时,由于 L 的限流作用使回路中的电流很小,可避免被试品被烧坏。此外,由于回路处于工频谐振状态,电源中的谐波成分在被试品两端大为减小,故被试品两端的电压波形较好。

2. 交流高压的测试

交流高电压峰值或有效值的测试误差应不大于 ±3%;直流电压平均值的测试误差应不大于 ±3%,脉动幅值的测试误差应不大于 10%。

目前,常用的测试设备除了直流电压测试方法中的静电电压表和分压器外,还有以下装置。

(1)球隙

测试球隙是由一对直径相同的金属球构成的,加电压时,球隙间形成稍不均匀电场,当保持各种外界条件不变时,球隙在大气中的击穿电压取决于球隙距离。球隙就是利用这个原理来直接测试各种类型的高电压,而且是唯一能直接测试高达数兆伏的各类高电压峰值的装置。

IEC 标准和国家标准严格规定了在标准大气条件下测试所用球隙的结构、布置和连接,并制定了标准球径的球隙放电电压与球间隙距离的关系表,其误差不超过 3%,使用时可查阅相关资料。

用球隙测试工频电压时,应取连续 3 次放电电压的平均值,相邻 2 次放电的间隔时间不得小于 1min,以便在每次放电后让气隙充分地去游离,各次击穿电压与平均值之间的偏差不得大于 3%。如测试时的大气条件不同于标准大气条件,则应予以校正,这样可保证工频高

电压峰值的准确度在要求的范围内。

(2) 交流峰值电压表

由于交流电压下，绝缘的击穿取决于电压的峰值，所以有时需要测试高电压的峰值。峰值电压表就是用来测试周期性波形及一次过程波形峰值的电压表。目前常用的交流峰值电压表有以下两种类型。

① 利用电容电流整流测试峰值电压。如图 4-18a) 所示，被测电压为 u，流过高压电容的交流电流 i_C 负半波时通过整流管 V_2，流过正半波时经过整流管 V_1 及检流计 P 流回电源。如果流过 P 的电流平均值为 I_{av}，那么，它与被测电压的峰值 U_m 之间存在如下关系

$$U_m = \frac{I_{av}}{2Cf} \tag{4-9}$$

式中：C——电容器的电容量，F；

f——被测电压的频率，Hz。

② 利用电容器上的整流充电电压测试峰值电压。如图 4-18b) 所示，幅值为 U_m 的被测交流电压经整流器 V 使电容 C 充电到某一电压 U_d，U_d 可用静电电压表或用高电阻串联微安表测得，如采用后一种测试方法，则被测电压的峰值为

$$U_m = \frac{U_d}{1 - \frac{T}{2RC}} \tag{4-10}$$

式中：T——交流电压的周期，s；

C——电容器的电容量，F；

R——串联电阻的阻值，Ω。

当 $RC \geq 20T$ 时，式（4-10）的误差 $\leq 2.5\%$。

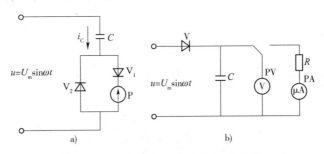

图 4-18　电容电流整流测试峰值电压电路图

三、冲击高压试验及测量

冲击高压试验及测量

专项实训 4.2　电力电缆交流高压测试

一、工作任务

某电业局有 YJV（YJLV）8.7/10kV 型电缆、截面 240mm²、长度为 5km，若要进行这条电缆的 30～300Hz 谐振耐压试验，需选用多大容量的变频试验电源？在交接投运之前，需确认电缆的绝缘状况良好，如有疑问时，必须进行耐压试验，以考核主绝缘，并判断是否符合要求。

电力电缆变频串联谐振交流耐压试验（动画仿真）

二、引用的标准、规程和文件

（1）《电线电缆电性能试验方法　第 8 部分：交流电压试验》（GB/T 3048.8—2007）。

（2）《电力安全工作规程　发电厂和变电站电气部分》（DL/T 408—2023）。

交联聚乙烯电缆的交流高压测试（动画仿真）

（3）《电力设备专用测试仪器通用技术条件　第 6 部分：高压谐振试验装置》（DL/T 849.6—2016）。

（4）变频串联谐振试验电源说明书。

三、试验仪器、仪表及材料（表 4-4）

试验仪器、仪表及材料　　　　　　　　　　　　　　　　表 4-4

序号	试验所用设备（材料）	数量	序号	试验所用设备（材料）	数量
1	变频串联谐振试验电源	1 块	5	常用仪表（电压表、微安表、万用表等）	1 套
2	电源盘、刀闸板	2 个	6	小线箱（各种小线夹及跨接线）	1 套
3	常用工具、温湿度计	1 套	7	操作杆、放电棒、验电器	1 套
4	合适的试验线、接地线	若干	8	设备试验原始记录	1 本

四、测试准备及工作危险点分析、防范措施

同项目 1 任务 1.1 专项实训 1.1 气体介质击穿测试要求。

五、测试人员配置

此任务可配测试负责人 1 名，测试人员 4 名（1 名接线；1 名操作仪表；1 名验电、放电；1 名负责电缆另一端）。

变频串联谐振交流耐压试验原理及测试步骤

六、测试仪表介绍及测试方案步骤

变频串联谐振交流耐压试验框图如图 4-19 所示。

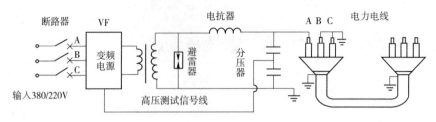

图 4-19 变频串联谐振交流耐压试验框图

七、试验结果分析与判断

依据《电气装置安装工程 电气设备交接试验标准》(GB 50150—2016)进行交流耐压试验,应符合下列规定:

(1)橡塑电缆优先采用 20~300Hz 交流耐压试验,试验电压和时间见表 4-5。

橡塑电缆 20~300Hz 交流耐压试验电压和时间　　表 4-5

额定电压 U_0/U (kV)	试验电压 U_0 (kV)	时间 (min)	额定电压 U_0/U (kV)	试验电压 U_0 (kV)	时间 (min)
18/30 及以下	2.5(或 2)	5(或 60)	190/330	1.7(或 1.3)	60
21/35~64/110	2	60	290/500	1.7(或 1.1)	60
127/220	1.7(或 1.4)	60			

(2)有特殊规定时,可采用施加正常系统相对地电压 24h 方法代替交流耐压。

交联聚乙烯电缆交流耐压中,绝缘不发生闪络、击穿,交流耐压后测试绝缘电阻与交流耐压与之前比较无明显变化,说明未造成绝缘损伤,试验合格。

拓展练习

一、电力机车、动车组高压试验

动车组对铁路运输来说是运载工具,其动力来源于沿铁路线架设的接触网提供的电力,因此对牵引供电系统来说,它是一种特殊的高压电气,因此就必然要承受来自接触网上的各种作用电压,也就必须进行符合要求的高压绝缘设计,把绝缘事故降低到合理的水平。

动车组牵引传动系统主要由受电弓(包括高压电气设备)、牵引变压器、四象限变流器、牵引逆变器和牵引电机组成。高压电气设备的主要作用是完成从接触网到牵引变压器的供电。高压电气主要包括:受电弓、主断路器、避雷器、电流互感器、接地保护开关等。车顶高压电气分布图如图 4-20 所示。

图 4-20 车顶高压电气分布图

动车组整车高压试验主要包括三方面的内容:

(1)工频耐受电压试验

工频耐受电压试验或交流耐受电压试验,用以检验电气设备绝缘的完整性。试验对象主要是动车组主回路各连接电缆。

(2)雷电冲击耐受电压试验

雷电冲击耐受电压试验也叫外部过电压试验,用以检查动车组防止外部(雷电冲击)过电压的保护措施的有效性和验证动车组高压绝缘水平。

(3)操作过电压试验

铁标中将这一试验用以检查动车组内部过电压水平。

1. 工频耐受电压试验

工频耐受电压试验是所有高压电气最基本的一个试验项目,用以考验设备在长时间的工作电压及瞬时的操作过电压作用下能否可靠工作。

试验分别对每个电压等级电路进行对地工频耐受电压试验,而此时其他所有电路原则上应接地。必要时接触器与开关电路应予闭合或短路,以确保试验电路的所有部件全部连接在内。有接地电路者应拆除,并采取措施以防因受电容或电感影响而在某些点上出现异常电压。易受损伤的静止变流器与电子设备应在试验前预先切除或短路。

在各电缆高压导体对地间施加试验电压,时间为 1min。试验电压值为对电路中具有最低试验电压的部件所规定的单个装置试验电压的 85%。

对于 25kV 侧使用高压同轴电缆联结时,也应进行此项试验,试验电压为 64kV,耐受 5min,或试验电压为 55kV,耐受 1h。

在试验之前和之后应检查电路的绝缘电阻值,最低绝缘电阻值由用户与制造商协商确定。

使用的主要试验设备由试验变压器、调压器、分压器(或互感器)、二次计量表组成。试验变压器工频耐压试验装置如图4-21所示,串联谐振耐压试验装置如图4-22所示。

图4-21 试验变压器工频耐压试验装置

图4-22 串联谐振耐压试验装置

(1)车顶贯通电缆耐压试验

①将动车组停放在内电库,受电弓和高压实验室大门相对。

②断开车顶贯通电缆与其他电气设备的连接,铠装电缆外层导体接地。高压端距周围接地体间隙应大于300mm。

③用2500V兆欧表测试电缆阻值,并记录。

④检查工频电压试验装置,高压输出端和车顶电缆高压端相连,注意引线和周围接地体间距应大于300mm;连接动车组车体和试验装置地线。

⑤连接测试用分压器及二次表。

⑥确认试验人员处于安全位置,高压合闸送电,电压升至10kV时暂停,观察仪表、设备状态正常后,缓慢升压至耐受电压值64kV,同时计时开始,历时60s,降压,切断电源。试验保压的同时观察试验状况,如有异常情况,及时采取相应措施,如迅速降压或直接切断电源。

⑦挂接地线,拆除高压引线。用兆欧表测试电缆阻值,并记录。

⑧恢复车顶所有接线。

(2)车内主要电缆耐压试验

①根据车内电缆的实际情况,布置试验设备。试验电源从车外引入。

②将与主变压器次边绕组相连的所有电缆解开,与电缆连接的变流设备或电机亦解开。

③用兆欧表测试各段电缆绝缘电阻值并记录。

图4-23 75kV工频耐压试验车顶接线

④检查工频电压试验装置,高压输出端和电缆高压端相连,做好接地。

⑤对其他各段电缆施加相应的工频试验电压,保持1min。

⑥耐压试验后,用兆欧表测试各段电缆绝缘电阻值并记录。

⑦试验完毕,恢复车内接线。

最后断开测试电源,拆除测试线,拆除地线。75kV工频耐压试验车顶接线如图4-23所示。

2. 雷电冲击耐受电压试验

雷电冲击耐受电压试验是外部过电压试验。该试验用以检查电力机车、动车组防止外部（雷电冲击）过电压保护的有效性和验证机车、动车组抵御雷电冲击过电压的能力。

进行雷电冲击试验时，要根据试品的性质，对冲击电压发生器的相关参数进行调整，输出符合标准规定的波形。高压实验室的冲击发生器为6级，最高输出电压为600kV。目前采用的是分压器和数字存储示波器的组合测试方法。

试验时，要求解除动车组高压侧避雷器，闭合动车组隔离开关和主断路器，先进行降低电压的全波冲击测试，调整冲击波形使之符合标准要求后，经车顶受电弓对动车组施加3次额定冲击电压，记录波形。

(1) 试验操作步骤

①断开避雷器与高压侧的连线，使避雷器高压端与其他设备保持足够的距离（大于400mm）。

②将机车、动车组调整到惰行工况，使用兆欧表检查电力机车、动车组主电路，确认主电路绝缘良好。

③空载调整冲击电压发生器输出波形，幅值在额定耐受试验电压的50%~80%，波头、波尾调整至适当值。

④调整保护球隙，使其50%击穿电压为额定冲击耐受试验电压的1.1倍，试验5~10次。

⑤做好机车、动车组接地。连接冲击电压发生器至机车、动车组受电弓，连线同周围接地体距离大于600mm，闭合隔离开关和主断路器。

⑥带负载调整冲击电压波形，幅值在额定耐受试验电压的30%~40%，波头、波尾调整至标准值范围：波头时间为$1.2(1±30\%)\mu s$；波尾时间为$50(1±20\%)\mu s$。

⑦冲击电压幅值升至额定耐受试验电压的70%，调整波头、波尾至标准值范围。

⑧观察峰值过冲是否在标准范围，如过冲超过5%时，应采取适当的阻尼措施，抑制过冲幅值。

⑨根据以上试验结果，计算出额定冲击试验电压时冲击电压发生器的充电电压。

⑩施加冲击耐受试验电压3次，间隔时间大于1min。每次施加冲击电压后，记录波形数据，及时观察冲击波形有无异常情况发生，若有异常应找出原因，方可进行下一步操作。

⑪断开冲击电压发生器电源，挂好接地线，拆除高压连接引线。

⑫使用兆欧表检查机车、动车组主电路，确认主电路绝缘良好。

⑬恢复机车、动车组接线。

最后断开测试电源，拆除测试线，拆除地线。冲击电压发生器本体如图4-24所示。

(2) 安全注意事项及维护

①测试过程必须由3人以上进行。

②试验接线必须经确认、复核后方可通电。

③试验中试品周围有专人防护。

图4-24 冲击电压发生器本体

④试验人员应熟悉高压电工基础。

3. 操作过电压试验(内部过电压水平检查)

操作过电压试验被列为研究性试验的主要原因是操作过电压受到多方面因素的影响，实际测试结果与供电系统容量、线路条件、当时的负载大小、动车组的运行工况等因素有关。操作过电压的来源，一是来自动车组运行过程中，可能需要经常对主断路器进行分、合闸操作，这时动车组电路中的过渡过程可能在与回路连接的设备上引起过电压；二是来自系统的如接触网供电线路的绝缘失效等引起的供电中断，或其他操作都有可能在系统中产生过电压。动车组应能够承受并有效抑制过电压的幅值，不会对动车组造成损坏。

动车组的操作过电压(内部过电压)测试方法和一般电力系统采用的测试方法基本一样，包括前端电压信号转换(通常使用分压器)、传输、数据记录设备和输出几部分。其中传感器、传输电缆和隔离保护装置多年以来已基本定型，变化不大。但是，由于动车组主变压器副边主电路为非直接接地系统，而电压记录需有明确的接地点，因此测试用分压器必须使用高压侧双绝缘的弱阻尼电容分压器。

将分压器高压端接车顶高压侧，低压输出进瞬态记录仪，牵引绕组电压分别通过电压分压器输出后进入瞬态记录仪。被试动车组进行主断路器分、合操作时，测试动车组原边、牵引绕组电路中各测点的过渡过程。

二、理论题

(1) 直流耐压试验与交流耐压试验相比有哪些主要特点？

(2) 直流耐压试验电压值的选择方法是什么？

(3) 被用来测试交流高电压的常用方法有哪几种？

(4) 简述高压试验变压器调压时的基本要求。

(5) 简述冲击电流发生器的基本原理。

(6) 冲击电压发生器的启动方式有哪几种？

(7) 最常用的测试冲击电压的方法有哪几种？

(8) 某电业局有 YJV(YJLV)8.7/10kV 型电缆，截面为 240mm^2，长度为 5km；还有 YJV(YJLV)26/35kV 型电缆，截面为 240mm^2，长度为 1km，要选择能同时满足这两条电缆的 30～300Hz 谐振耐压试验，需选择多大容量变频试验电源？

项目5

变压器特性测试

知识目标

1. 掌握使用双电压表法测试电力变压器电压比的方法。
2. 熟悉使用变比电桥测试电力变压器电压比的方法。
3. 掌握电力变压器直流电阻的测试方法。
4. 了解在线测试的基本原理。

能力目标

1. 能用电压比测试仪进行变压器电压比的测试。
2. 能根据相关标准、规程进行变压器直流电阻的测试。
3. 能够在专人的监护和配合下独立完成整个测试过程。
4. 能根据相关标准、规程对测试结果做出正确的判断和比较全面的分析。

素质目标

1. 具备创新思维和创新能力,能够在未来的发展中具有竞争力。
2. 具备实践能力和实践经验,能够将所学知识应用到实际岗位中。
3. 具备社会责任和国际视野,能够在社会中扮演积极角色。

建议学时

4学时。

任务 5.1　电力变压器电压比测试

任务导入

电力变压器在分接开关引线拆装后、更换绕组后要对绕组所有分接的电压比进行测试。以检查变压器绕组匝数比的正确性和分接开关的状况；变压器发生故障后，常用测试电压比来检查变压器是否存在匝间短路以及判断变压器是否可以并列运行。如何进行电力变压器电压比测试？

理论知识

变压器的电压比是指变压器空载运行时，一次侧电压 U_1 与二次侧电压 U_2 的比值，简称电压比（或变比），即

$$K = \frac{U_1}{U_2} \tag{5-1}$$

如果一次侧输入电压 U_1 按正弦规律变化，则在绕组中产生的磁通也按正弦规律变化，交变磁通在绕组的一次侧、二次侧要产生感应电动势 E_1 及 E_2，变压器空载时，内部压降及漏抗都很小，外加电压 U_1 和感应电动势 E_1 的数值基本相等，即 $U_1 \approx E_1$，二次侧电压 U_2 也等于二次侧感应电动势 E_2，根据电动势平衡关系，则

$$U_1 \approx E_1 = 4.44 f N_1 \Phi_m \times 10^{-8} \tag{5-2}$$

$$U_2 \approx E_2 = 4.44 f N_2 \Phi_m \times 10^{-8} \tag{5-3}$$

式中：f——电源频率，Hz；

Φ_m——铁芯柱中主磁通，Wb；

N_1、N_2——一次、二次绕组匝数。

由此可见，变压器的电压比为

$$K = \frac{U_1}{U_2} \approx \frac{E_1}{E_2} = \frac{4.44 f N_1 \Phi_m \times 10^{-8}}{4.44 f N_2 \Phi_m \times 10^{-8}} = \frac{N_1}{N_2} \tag{5-4}$$

所以，单相空载变压器的电压比近似等于变压器的匝数比。三相变压器铭牌上的电压比是指不同电压绕组的线电压之比，因此，不同接线方式的变压器，其电压比与匝数比有如下关系：一次、二次侧接线相同的三相变压器的电压比等于匝数比；一次侧、二次侧接线不同（即一侧为三角形接线，另一侧为星形接线）时，Y、d 接线的电压比为 $K = \sqrt{3} N_1 / N_2$，D、y 接线

的电压比为 $K = N_1/\sqrt{3}N_2$。

检查变压器的电压比,可以判断变压器是否可以并列运行。当两台并列运行的变压器二次侧空载电压相差为额定电压的 1% 时,两台变压器中的环流将达到额定电流的 10% 左右,这样便增加了变压器的损耗,占用了变压器的容量。

因此,电压比的差值应限制在一定范围内,电压比小于 3 的变压器,允许偏差为 ±1%,其他所有变压器(额定分接位置)为 ±0.5%。

电压比的测试方法,一般有双电压表法和变比电桥法。

一、用双电压表法测试电压比

首先介绍双电压表法。双电压表法测试电压比时,施加的电压最好接近额定电压(一般不低于 1/3 额定电压),并应加在电源侧,升压变压器加在低压侧,降压变压器加在高压侧。

三相变压器电压比的测试(动画仿真)

三相变压器的电压比可以用三相或单相电源测试。用三相电源测试比较简便,用单相电源比用三相电源更容易发现故障相。当用单相电源测试 Y、d 或 D、y 连接的变压器的电压比时,三角形接线绕组的非被试相应短接,从而使非被试相中没有磁通,使加压相磁路均匀。

1. 直接双电压表法

在变压器的一侧施加电压,并用电压表在一次、二次绕组两侧测试电压(线电压或将相电压换算成线电压),两侧线电压之比即为所测电压比。

测试电压比时要求电源电压稳定,必要时需加稳压装置,二次侧电压表引线应尽量短,且接触良好,以免引起误差。测试用电压表准确度应不低于 0.5 级,一次、二次侧电压必须同时读数。

2. 经电压互感器的双电压表法

在被试变压器的额定电压下测试电压比时,一般没有较准确的高压交流电压表,必须经电压互感器来测试。所使用的电压表准确度不低于 0.5 级,电压互感器准确度应为 0.2 级,其试验接线如图 5-1 所示。其中,图 5-1b)为用两台单相电压互感器组成的 V 形接线,此时,互感器必须极性相同。

单相电源侧电压比接线及计算公式表

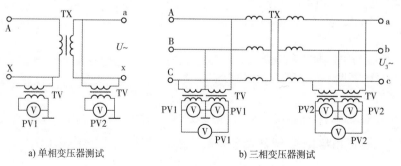

图 5-1 经电压互感器来测试电压比图

当大型电力变压器瞬时全压励磁时,可能在变压器中产生涌流,因而在二次侧产生过电压,所以测试用的电压表在充电的瞬间必须是断开状态。为了避免涌流可能产生的过电压,可以用发电机调压,这在发电厂容易实现,而变电所则只能在变压器新投入运行或大修后的冲击合闸试验时一并进行调压。

对于 110/10kV 的高压变压器,如在低压侧用 380V 励磁,高压侧需用电压互感器测试电压。电压互感器的准确度应比电压表高一级,电压表为 0.5 级,电压互感器应为 0.2 级。

二、用变比电桥测试电压比

利用变比电桥能很方便测出被试变压器的电压比。变比电桥的工作示意图如图 5-2 所示,测试原理如图 5-3 所示。由图 5-3 可见,只需在被试变压器的一次侧加电压 U_1,则在变压器的二次侧感应出电压 U_2,调整电阻 R_1,使检流计指零,然后通过简单的计算即可求出电压比 K。

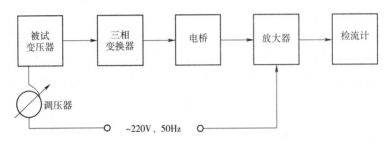

图 5-2 变比电桥工作示意图

测试电压比 K 的计算公式为

$$K = \frac{U_1}{U_2} = \frac{R_1 + R_2}{R_2} = 1 + \frac{R_1}{R_2} \tag{5-5}$$

为了在测试电压比的同时读出电压比误差,在 R_1 和 R_2 之间串入一个滑盘式电阻 R_3,如图 5-4 所示。滑盘式电阻 R_3(40Ω)的接触点为 C。

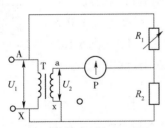
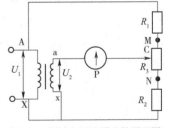

图 5-3 变比电桥测试原理图　　图 5-4 测试电压比误差的原理图

U_1-被试变压器一次电压;U_2-二次感应电压;P-检流计;R_2-标准电阻,980Ω

假如 R_{MC} 为 M 点到 C 点的电阻,R_{CN} 为 C 点到 N 点的电阻,$R_{MC} = R_{CN} = R_3/2$,如果被试品电压比完全符合标准电压比 K,调整 R_1 使检流计指零,则电压比按下式计算

$$K = \frac{R_1 + R_2 + R_3}{R_2 + \frac{1}{2}R_3} = 1 + \frac{R_1}{R_2 + \frac{1}{2}R_3} + \frac{R_3/2}{R_3 + \frac{1}{2}R_3} \tag{5-6}$$

如果被试变压器的电压比不是标准电压比 K,而是带有一定误差的 K',这时,不必去改变电阻 R_1,只需改变滑杆 C 点的位置即可。如果被试变压器的电压比误差在一定范围内,则在 R_3 上一定可以找到使检流计指零的一点,这时被试变压器的实测电压比 K' 可用式(5-7)计算

$$K' = \frac{R_1 + R_2 + R_3}{R_2 + \frac{1}{2}R_3 + \Delta R} \tag{5-7}$$

式(5-7)中的 ΔR 为 C 点偏离 R_3 中点的电阻值,被试变压器的电压比误差(%)可用式(5-8)计算

$$\Delta K \approx \frac{-100\Delta R}{R_2 + \frac{1}{2}R_3} \tag{5-8}$$

为了方便,取 $R_2 + \frac{1}{2}R_3 = 1000\Omega$,若取最大百分误差为 $\pm 2\%$,即 $\Delta K = \pm 2\%$,则

$$\Delta R = -\Delta K\left(R_2 + \frac{1}{2}R_3\right) = \frac{-1000 \times (\pm 2)}{100} = \pm 20\Omega$$

即误差在 $\pm 2\%$ 范围内变动时,滑杆 C 点需在离 R_3 中点 $\pm 20\Omega$ 范围内变动。

当滑杆 C 点在 R_3 上滑动时,C 点的电位也将相应变化,在一定的范围可和 U_2 达到平衡。

我国生产的 QJ35 型变比电桥,测试电压比范围为 1.02～111.12,准确度为 $\pm 0.2\%$,完全可以满足电力系统测试电压比的要求,用起来方便、准确。

随着电子技术和微处理器技术的高速发展,国内外已推出多种电压比自动测试仪。

电压比自动测试仪的基本测试原理还是前面所述的电压测试法和电桥法。它一般采用单片机作为微处理器,接收面板键盘和开关量的输入,对量程、电桥平衡进行自动跟踪控制,并对测试结果进行数据处理,最后,将测试结果存储、打印,快速完成电压比的测试。

电压比自动测试仪能够达到高准确度的关键是:

(1)高准确度的标准电压互感器。无论是被试变压器高压侧还是低压侧的电压互感器,其准确度都要足够高,这样,才能得到准确的 U_N 和 U_X。

(2)AC/DC 变换器必须有高精度和高输入阻抗,以减小对标准电压互感器的分流,保证变换后的直流电压准确地正比于交流电压有效值。

(3)微处理器采用的单片机应具有足够的内存和运算处理能力。

(4)配备功能良好的软件,以控制整机工作,并进行数据处理。

电压比自动测试仪有着一般电压比测试仪无可比拟的功能,它们的出现改变了电压比测试的现状,提高了效率。

专项实训 5.1 电力变压器电压比测试

一、工作任务

某电厂三相电力油浸式变压器发生故障,维修后需要进行电压比测试,用来检查变压器是否存在匝间短路。

二、引用的标准、规程和文件

(1)《电气装置安装工程 电气设备交接试验标准》(GB 50150—2016)。

(2)《电力安全工作规程 发电厂和变电站电气部分》(DL/T 408—2023)。

(3)多功能电压比测试仪说明书。

三、试验仪器、仪表及材料(表 5-1)

试验仪器、仪表及材料 表 5-1

序号	试验所用设备(材料)	数量	序号	试验所用设备(材料)	数量
1	多功能电压比测试仪	1 套	5	常用仪表(电压表、微安表、万用表等)	1 套
2	电源盘	2 个	6	小线箱(各种小线夹及跨接线)	1 套
3	常用工具	1 套	7	操作杆	1 套
4	刀闸板	2 个	8	设备试验原始记录	1 本

四、测试准备及工作危险点分析、防范措施

同项目 1 任务 1.1 专项实训 1.1 气体介质击穿测试要求。

五、测试人员配置

此任务可配测试负责人 1 名,测试人员 3 名(1 名接线;1 名操作仪表;1 名验电、放电)。

六、测试仪表设备介绍

1. 仪表应用场合

多功能电压比测试仪可用于电力系统的三相变压器测试,特别适合于接地变压器、Z 形绕组变压器、整流变压器和铁路电气系统的斯科特、逆斯科特、平衡变压器及接地变压器测试。该仪器采用了大屏幕液晶显示和全中文菜单及汉字打印输出,人机界面友好,功能完善,操作方便,是电力系统、变压器生产厂家和铁路电气系统进行电压器电压比、组别、极性以及角度测试的理想仪器。

仪器输入单相电源,内部采用功率模块产生三相电源输出到变压器的高压侧,可进行三相变压器或其他特种变压器电压比、误差及组别或相位角的测试,另外该仪器还能提供 1 组

相差90°的二相电源输出,可进行逆斯科特变压器的电压比及相位差测试。

2. 面板

多功能电压比测试仪外观及面板说明如图 5-5 所示。仪器面板上所标的高压侧输出端为 A、B、C,低压侧输入端为 a、b、c。

七、方案设计

根据多功能电压比测试仪说明书设计测试接线图。

八、测试步骤

(1)测试变压器电压比的接线图如图 5-6 所示。

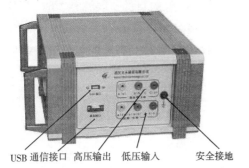

图 5-5　多功能电压比测试仪外观及面板说明

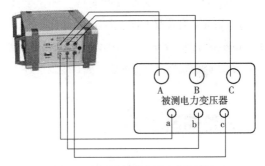

图 5-6　测试变压器电压比的接线图

(2)使用放电棒对被测变压器进行放电、接地。

(3)将测试仪外壳接地,接通仪器电源,检查仪器状态,确认是否正常,然后关闭仪器电源。

(4)按图 5-6 接线图接线,用测试线将变压器的高压侧(A、B、C)和仪器面板上所标的高压侧(A、B、C)相连,变压器低压侧(a、b、c)与仪器的低压侧(a、b、c)相连,并保证接触良好。

(5)试验人员检查接线,试验负责人复查,取下变压器的接地线,准备测试。

(6)试验人员应站在绝缘垫上测试,测试时应进行呼唱。测试过程中,试验人员应认真观察试验表计,并将手放在测试仪器电源开关附近,随时警惕异常情况发生。

(7)测试结束后,立即记录数据或打印结果。结束后,先关闭试验电源,再对被试变压器进行放电并接地,变压器高、低压侧均应放电。

(8)先拆除连接在被试变压器一侧的接线,再拆除测试仪一侧的测试线,最后拆除测试仪的接地线。

(9)按试验指导书记录被试变压器的铭牌、仪器型号等参数。

九、测试结果的分析判断

《电气装置安装工程 电气设备交接试验标准》(GB 50150—2016)要求:(1)电压等级在 35kV 以下,电压比小于 3 的变压器电压比允许偏差应为 ±1%;(2)其他所有变压器额定分接下电压比允许偏差不应超过 ±0.5%;(3)其他分接的电压比应在变压器阻抗电压值(%)的 1/10 以内,且允许偏差应为 ±1%。

测试值与铭牌值相比,不应有显著差别,符合上述规程规定表明合格。

任务 5.2　变压器绕组的直流电阻测试

任务导入

变压器绕组的直流电阻测试是变压器在交接、大修和改变分接开关后必不可少的试验项目，也是故障后的重要检查项目。测试变压器绕组直流电阻的目的是：检查绕组接头的焊接质量和绕组有无匝间短路；电压分接开关的各个位置接触是否良好以及分接开关实际位置与指示位置是否相符；引出线有无断裂；多股导线并绕的绕组是否有断股等情况。如何进行电力变压器绕组的直流电阻测试？

理论知识

一、变压器绕组的直流电阻测试的物理过程

变压器绕组可视为被测绕组的电感 L 与其电阻 R 串联的等值电路。如图 5-7 所示，当直流电压 E_N 加于被测绕组，由于电感中的电流不能突变，所以直流电源刚接通的瞬间，也即 $t=0$ 时，L 中的电流为零，电阻中也无电流，因此，电阻上没有压降，此时全部外施电压加在电感的两端。测试回路（忽略回路引线电阻）的过渡过程应满足

$$u = iR + L\frac{di}{dt}，其中 i = \frac{E_N}{R}(1 - e^{-\frac{t}{\tau}}) \tag{5-9}$$

式中：E_N——外施直流电压，V；

　　　R——绕组的直流电阻，Ω；

　　　L——绕组的电感，H；

　　　i——通过绕组的直流电流，A；

　　　e——自然对数底，e = 2.7183。

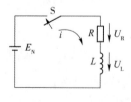
a) RL 充电电路原理图

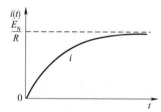
b) 电流随时间变化关系曲线图

图 5-7　变压器绕组直流电阻测试原理图
R-绕组电阻；L-绕组电感；E_N-试验电源

电路达到稳定时间的长短,取决于 L 与 R 的比值,即 $\tau = L/R$,t 称为该电路的时间常数。由于大型变压器的 τ 值比小型变压器的大得多,所以大型变压器达到稳定的时间相当较长,即 τ 越大,达到稳定的时间越长,反之,则时间越短。回路中电流 i 为

$$i = \frac{E_N}{R}(1 - e^{-\frac{R}{L}t}) = \frac{E_N}{R}(1 - e^{-\frac{t}{\tau}}) \tag{5-10}$$

式中:τ——测试回路的时间常数;

t——从加压到测试的时间,s。

当时间 t 为零时,$I=0$;当时间 t 达到无穷大时,$I = E_N/R$,达到稳定。

由式(5-10)可知,理论上 i 达到稳定的时间无限长,实际上,当 $\tau = 5t$ 时,电流已达稳定值的 99.3%,这时可认为电路已经稳定。因此,工程上常认为经过 5s 时间后,过渡过程便基本结束。分别将 $t = 5\tau$ 和 $t = 6\tau$ 代入式(5-10),可计算得

$t = 5\tau$ 时,$\qquad I = \frac{E_N}{R}(1 - e^{-5}) = \frac{E_N}{R}(1 - 0.00674) = 0.99326\frac{E_N}{R}$

$t = 6t$ 时,$\qquad I = \frac{E_N}{R}(1 - 0.02479) = 0.9975\frac{E_N}{R}$

可见,当 $t = 6\tau$ 时,尚存在 0.25% 的电流误差,这时的测值将造成 0.25% 的电阻测试附加误差,因此,充电时间应大于 6τ,但大容量变压器电感大、电阻小。例如一台大型变压器,高压绕组电感为 100H,电阻为 0.4Ω,这时 $\tau = \frac{100}{0.4} = 250s$,$t = 6\tau$ 时,则需 1500s。

由于变压器绕组的电感较大、电阻较小,电感可达到数百亨,时间常数较大。一般当 $t = 5\tau$ 时,可认为过渡过程基本结束,但电流与稳态值仍可能差 0.6%,会造成电阻测试附加误差。因此,充电时间应大于 5τ,测试结果才能准确。对于高压大容量变压器,测试一个电阻数值的稳定时间需要几分钟、几十分钟甚至数小时,所以选用适当的测试手段和测试设备是保证测试准确度的关键。

测试大型变压器的直流电阻需要很长的时间,因此,缩短测试时间(即减小 t 值),对提高试验工效很有意义。要使 τ 减小,可采用减小 L 或增加 R(即增加附加电阻)的方法来达到。减小 L 的方法包括增加测试电流,提高铁芯的饱和程度,即减小铁芯的磁导率;增大 R 的方法包括在回路中串入适当的附加电阻达到,一般附加电阻可为被测电阻的 4~6 倍,此时测试电压也应相应提高,以免电流过小而影响测试的灵敏度。

二、直流电阻测试方法

1. 电流电压表法

电流电压表法又称电压降法。电压降法的测试原理是在被测绕组中通以直流电流,因而在绕组的电阻上产生电压降,测试出通过绕组的电流及绕组上的电压降,根据欧姆定律,即可算出绕组的直流电阻,测试接线如图 5-8 所示。

测试时,应先接通电流回路,待测试回路的电流稳定后再合上开关 S_2,接入电压表。

当测试结束时,切断电源之前,应先断 S_2,后断 S_1,以免感应电动势损坏电压表。测试用仪表准确度应不低于 0.5 级,电流表应选用内阻小的,电压表应尽量选内阻大的 4 位高精度

数字式万用表。根据欧姆定律,由式(5-11)即可计算出被测电阻的直流电阻值

$$R_X = \frac{U}{I} \tag{5-11}$$

式中:R_X——被测电阻,Ω;
U——被测电阻两端电压,V;
I——通过被测电阻的电流,A。

电流表的导线应有足够的截面,并应尽量地短,且接触良好,以减小引线和接触电阻带来的测试误差。当测试电感量大的电阻时,要有足够的充电时间。

2. 平衡电桥法

应用电桥平衡的原理来测试绕组直流电阻的方法称为平衡电桥法。常用的直流电桥有单臂电桥和双臂电桥两种。

(1)单臂电桥

单臂电桥测试原理接线如图5-9所示,当R_1上的电压降等于R_3上的电压降时,则A、B两点间没有电位差,即检流计中没有电流,此时I_1流经R_1和R_2,I_2流经R_3和R_4,电桥达到平衡。

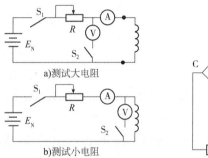
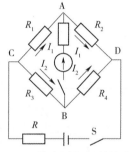

图5-8 电流电压表法测试直流电阻原理图 图5-9 单臂电桥原理接线图

当电桥平衡时

$$U_{CA} = U_{CB}, \quad U_{CA} = \frac{R_1 U_{CD}}{R_1 + R_2}, \quad U_{CD} = \frac{R_3 U_{CD}}{R_3 + R_4}$$

$$\frac{R_1}{R_1 + R_2} = \frac{R_3}{R_3 + R_4} \tag{5-12}$$

若将R_1换成被测电阻R_X,并将R_2和R_4做成一定比例的可调电阻,R_3为平滑的可调电阻,调节R_3可使电桥达到平衡,则$R_X = \frac{R_2}{R_4}R_3 = mR_3 \left(m = \frac{R_2}{R_4}\right)$。由图5-10可见,$R_X(R_1)$包括引线电阻$R_L$在内,故实际电阻等于$R_X$减去引线电阻。被测电阻越小,则引线电阻造成的测试误差越大。因此,应尽量减小引线电阻的影响。单臂电桥常用于测试1Ω以上的电阻。

(2)双臂电桥

双臂电桥测试原理接线如图5-10所示,当检流计中没有电流通过时,C、D两点的电位相等。即

$$R_X I_X + R'_3 I' = R_3 I \quad (5\text{-}13)$$

$$R'_4 I' + R_N I_N = R_4 I \quad (5\text{-}14)$$

经推导得

$$R_X = \frac{R_{AB}(R'_4 R_3 - R'_3 R_4)}{R_4(R_{AB} + R'_3 + R'_4)} + \frac{R_N R_3}{R_4} \quad (5\text{-}15)$$

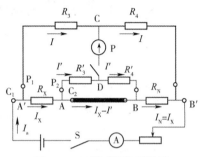

图 5-10 双臂电桥原理接线图

P-检流计；R_X-被测电阻；R_3、R_4、R'_3、R'_4-桥臂电阻；R_N-标准电阻；C_1、C_2-被测电阻的电流接头；P_1、P_2-被测电阻的电压接头

由于双臂电桥能满足 $R_3 = R'_3$，$R_4 = R'_4$，因此式(5-15)可化为

$$R_X = R_N \frac{R_3}{R_4} \quad (5\text{-}16)$$

式(5-15)中 R_3 及 R'_3 包含了被测电阻的电压引线电阻，R_4 及 R'_4 包括标准电阻的电压引线电阻。要满足 $R'_4 R_3 = R'_3 R_4$，必须使被测电阻的引线和标准电阻引线的电阻相等（即采用 4 根截面相同、长度相等的相同导线），否则，会引起一定的测试误差。从式(5-15)还可看出，误差的大小是由 $R'_4 R_3$ 和 $R'_3 R_4$ 的差值与电阻 R_{AB} 共同决定的，所以，R_{AB} 也应尽量减小，即 R_X 和 R_N 的电流引线要尽量短。可见，双臂电桥能够消除引线和接触电阻带来的测试误差，适宜测试准确度要求高的小电阻。

测试前，首先调节电桥检流计机械零位旋钮，置检流计指针于零位。具有放大器的检流计应操作调节电桥电气零位旋钮，置检流计指针于零位。接通测试仪器电源，接入被测电阻时，双臂电桥电压端子 P_1、P_2 所引出的接线应比由电流端子 C_1、C_2 所引出的接线更靠近被测电阻。

测试前首先估计被测电阻的数值，并按估计的电阻值选择电桥的标准电阻 R_N 和适当的倍率进行测试，使"比较臂"可调电阻各挡充分被利用，以提高读数的精度。测试时，先接通电流回路，待电流达到稳定值时，接通检流计。调节读数臂阻值使检流计指零，被测电阻按式(5-17)计算。

$$被测电阻 = 倍率 \times 读数臂指示 \quad (5\text{-}17)$$

如果需要外接电源，则电源应根据电桥要求选取，一般电压为 2~4V，接线不仅要注意极性正确，而且要连接牢靠，以免脱落致使电桥不平衡而损坏检流计。

测试结束时，应先断开检流计按钮，再断开电源，以免在测试具有电感的直流电阻时其自感电动势损坏检流计。

选择标准电阻时,应尽量使其阻值与被测电阻在同一数量级,最好满足下列关系式

$$0.1R_x < R_N < 10R_x \tag{5-18}$$

3. 微机辅助测试法

计算机辅助测试(数字式直流电阻测试仪)用于直流电阻测试,尤其是用于测试带有电感的线圈电阻,整个测试过程由单片机控制,自动完成自检、过渡过程判断、数据采集及分析,它与传统的电桥测试方法比较,具有操作简便、测试速度快、可消除人为测试误差等优点。

专项实训 5.2　变压器直流电阻测试

一、工作任务

某电厂一 800kVA 三相电力油浸式变压器发生故障,维修后需进行变压器绕组的直流电阻测试,以检查绕组接头的焊接质量和绕组有无匝间短路、引出线有无断裂、多股导线并绕的绕组是否有断股等情况。

二、引用的标准、规程和文件

(1)《电气装置安装工程 电气设备交接试验标准》(GB 50150—2016)。
(2)《电力设备预防性试验规程》(DL/T 596—2021)。
(3)变压器直流电阻测试仪说明书。

三、试验仪器、仪表及材料(表 5-2)

试验仪器、仪表及材料　　　　表 5-2

序号	试验所用设备(材料)	数量	序号	试验所用设备(材料)	数量
1	变压器直流电阻测试仪	1 套	5	常用仪表(电压表、微安表、万用表等)	1 套
2	电源盘	2 个	6	小线箱(各种小线夹及跨接线)	1 套
3	常用工具	1 套	7	操作杆	1 套
4	刀闸板	2 个	8	设备试验原始记录	1 本

四、测试准备及工作危险点分析、防范措施

同项目 1 任务 1.1 专项实训 1.1 气体介质击穿测试要求。

五、测试人员配置

此任务可配测试负责人 1 名,测试人员 3 名(1 名接线;1 名操作仪表;1 名验电、放电)。

六、测试仪表介绍及测试步骤

(1)变压器直流电阻测试仪面板说明如图 5-11 所示。I_+、I_- 为输出电流接线柱,I_+ 为输出电流正,I_- 为输出电流负。V_+、V_- 为电压采样端,V_+ 为电压线正端,V_- 为电压线负端。
(2)直接测试法接线图如图 5-12 所示,单通道测试助磁法接线图如图 5-13 所示。

七、测试结果的分析判断

参考《电力设备预防性试验规程》(DL/T 596—2021)标准的要求,1.6MVA 以上的变压

器,各相绕组电阻相互间的差别不应大于三相平均值的2%;无中性点引出的绕组,线间差别应不大于三相平均值的1%。

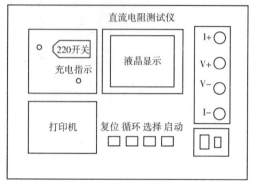

图5-11 变压器直流电阻测试仪面板　　　　图5-12 直接测试法接线图

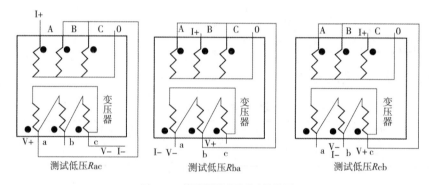

图5-13 单通道测试助磁法接线图

1.6MVA及以下变压器,相间差别一般应不大于三相平均值的4%;线间差别一般应不大于三相平均值的2%。与以前相同部位测得值比较,其变化不应大于2%。

分析时,每次所测电阻值都必须换算到同一温度下进行比较,若比较结果直流电阻虽未超过标准,但每次测试的数值都有所增加,这种情况也应引起足够的重视。如变压器中性点无引出线时,三相线电阻不平衡值超过2%时,则需将线电阻换算成相电阻,以便找出缺陷相。三相电阻不平衡的原因,一般有以下几种:

(1)分接开关接触不良。分接开关接触不良反映在一个或两个分接处电阻偏大,而且三相之间不平衡。这主要是由于分接开关不清洁、电镀层脱落、弹簧压力不够等造成的。固定在箱盖上的分接开关也可能在箱盖紧固以后,使开关受力不均造成接触不良。

(2)焊接不良。引线和绕组焊接处接触不良可造成电阻偏大;当有多股并联绕组,可能其中有一两股没有焊上,这时一般电阻偏大较多。

(3)三角形连接绕组其中一相断线。测出的三个线端的电阻都比设计值大得多,没有断线的两相线端电阻为正常值的1.5倍,而断线相线端的电阻为正常值的3倍。

此外,变压器套管的导电杆和绕组连接处由于接触不良也会引起直流电阻增加。

拓 展 练 习

一、断路器导电回路电阻测试

断路器导电回路电阻是指断路器在合闸状态下导电回路的接触电阻,它包括套管导电杆电阻、导电杆与触头连接处的连接电阻和动、静触头之间的接触电阻等。导电杆电阻一般不会变化,由于各种因素的影响(如连接处螺栓松动导致接触压力下降、触头表面氧化、触头间残存有杂物或碳化物、接触面积减小和短路电流烧伤等),其他两处的连接电阻和接触电阻常常有所增加。所以测试断路器导电回路电阻,实际上是检查连接电阻和动、静触头之间的接触电阻的变化,主要是判断动、静触头是否接触良好,检查回路有无接触性缺陷、是否接触良好、是否有磨损以及接触面是否存有氧化层等。运行中,如果这些接触电阻大,就会导致断路器通过电流时发热,尤其是通过短路电流时发热更严重,可能烧伤周围绝缘或造成触头烧熔黏结等,从而影响断路器跳闸时间和开断能力,甚至产生拒动。

接触电阻值的测试,指的是对每相导电回路电阻值的测试。因为接触电阻的存在增加了导体在通电时的损耗,接触处的温度升高,其值的大小对正常工作时的载流能力有着直接的影响。通过对接触电阻值的测试,可以发现断路器在通过正常工作电流时是否会产生不能容许的发热以及在通过短路故障电流时的断路器性能,从而确保电气设备的安全运行,同时断路器每相导电回路电阻值也是断路器安装、检修的一项重要数据。一般在大修时或每一到三年进行一次每相导电回路电阻值的测试。

测试断路器导电回路电阻需在断路器合闸状态下进行,一般采用直流压降法。直流压降法的原理是:当在被测断路器回路中通一直流电流时,在开关的回路接触电阻上将产生电压降,通过测试出通过回路的电流及被测回路上的电压降,即可根据欧姆定律,计算出被测回路的直流电阻值。

断路器导电回路的接触电阻值很小,都是微欧数量级。断路器触头的接触电阻是由表面电阻(膜电阻)和收缩电阻组成的。当进行断路器导电回路电阻的测试时,如果试验仪器的测试电流小,则难以消除电阻较大的氧化膜,测出的电阻示值偏大。但氧化膜在大电流下很容易被烧坏,不妨碍正常电流通过。另外,当触头因调整不当(如触头压力变化)、运行中发生变化或触头烧损严重等使有效接触面积减小时,试验仪器的测试电流减小,在其接触处不会产生收缩,即无法测出收缩电阻,测出的电阻示值会偏小。

断路器触头接触
排查(电气试验工)

断路器导电回路电阻的异常偏高,增加了在正常运行时的损耗,并且使接触处的温度升高,直接影响断路器在正常工作时的载流能力。断路器导电回路电阻在一定程度上也影响断路器的切断能力,是反映安装与检修质量的重要数据。

因此,断路器导电回路电阻测试应使用大电流法,一般不小于100A。

试验前,应将断路器分合数次,使之接触良好。接线时,应将回路电阻测试仪的电压线和电流线分别接至断路器 A 相两端,并且电压线接在内侧,电流线接在外侧,如图 5-14 所示。测试时应注意回路绝对不能开路,开关不能分闸,电流线不能脱落。试验使用的引线应尽可能短,截面应足够大,与被试物接触面接触良好,以减小误差。运行中的断路器,其导电回路电阻值应不大于 1.2 倍的出厂值。

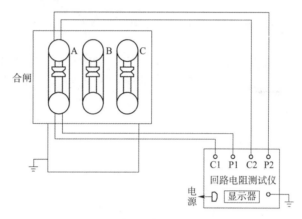

图 5-14　导电回路电阻试验接线图

二、断路器动作特性测试

断路器动作特性测试主要测试分、合闸时间,分、合闸速度,分合闸同期以及合闸弹跳时间、次数等参数。只有保证断路器保持适当的分、合闸速度,才能充分发挥其开断电流的能力,减小合闸过程中预击穿造成的触头电磨损,避免发生触头熔焊。速度降低将使燃弧时间增长,可能使触头烧损,甚至发生爆炸。而速度过高会使运动机构受到过度的机械应力,造成个别部件损坏或使用寿命缩短。同时,强烈的机械冲击和振动,还将使触头弹跳时间延长。另外,分、合闸严重不同期将造成线路或变压器的非全相接入或切断,从而可能出现危害绝缘的过电压。

1. 断路器的动作特性试验测试参数

(1) 分闸时间

分闸时间是指从断路器分闸操作起始瞬间(接到分闸指令瞬间)起到所有极的触头分离瞬间为止的时间间隔。分闸时间必须在规定的时间范围内。分闸时间太短,则系统短路时直流分量过大,可能会引起分闸困难;分闸时间太长,则影响系统的稳定性。

(2) 合闸时间

合闸时间是指处于分位置的断路器,从合闸回路通电起到所有极触头都接触瞬间为止的时间间隔。应具有很短的合闸时间,减少合闸时的电弧的能量,防止电弧使触头熔焊。

(3) 分-合时间

分-合时间是断路器在自动重合闸时,从所有极触头分离瞬间起至首先接触极接触瞬间为止的时间间隔。

(4) 合-分时间

合-分时间是断路器在不成功重合闸的合分过程中或单独合分操作时,从首先接触极的触头接触瞬间起到随后的分操作时所有极触头均分离瞬间为止的时间间隔。

(5) 分闸与合闸操作同期性

分闸与合闸操作同期性是指断路器在分闸和合闸操作时,三相分断和接触瞬间的时间差,以及同相各灭弧单元触头分断和接触瞬间的时间差,前者称为相间同期性,后者称为同相各断口间同期性。

(6) 平均速度

分(合)闸过程中,动触头总行程的前后各去掉10%,取中间80%,动触头运动的行程与时间之比即为平均速度。

(7) 最大速度

分(合)闸过程中,动触头开始运动后,取动触头运动每10ms为一个计速单元,直至动触头运动停止,得到若干个速度单元值,其中最大的单元速度值即为分(合)闸最大速度。

(8) 刚分(合)速度

根据被测断路器的制造厂和断路器型号的不同,各制造厂定义了不同的刚分(合)速度。例如:部分10kV真空断路定义为合前分后6mm时的速度,部分35kV真空断路器定义为合前分后10mm时的速度。

2. 测试断路器时间参量的方法

在断路器的现场测试中,一般应进行分闸时间、合闸时间、分合闸同期性的测试,对于具有重合闸操作的断路器,还需测试分-合时间和合-分时间。

(1) 用电秒表测试时间

电秒表具有测试简单、使用方便等优点。但是,电秒表难以准确测试相间或断口间同期性,所以已逐渐被取代。

(2) 光线示波器测试时间

使用光线示波器可以测试断路器分、合闸时间,同期差及分、合闸电磁铁的动作情况。这种方法具有测试准确、直观,且能同时测试多个时间参量等优点。

3. 测试接线图

真空断路器动作特性测试接线图如图5-15所示。

4. 工作步骤

(1) 用放电棒对断路器放电、接地。

(2) 选择适当位置平稳放置好动作特性分析仪和合分闸电源,将所有测试线进行正确连接。

首先将动作特性分析仪和合分闸电源可靠接地,注意先接接地端,后接仪器端。然后用专用测试线分别将断路器A、B、C三相端口的上端连接到动作特性分析仪的A_1、B_1、C_1,A、B、C三相端口的下端要短路接地,注意连接时应将黄线接A相,绿线接B相,红线接C相。再用专用控制线将断路器的分合闸控制端子连接到动作特性分析仪的控制电源输出端,注意连接时应将红线接断路器的合闸控制端,绿线接分闸控制端,黑线接公共回路端。最后将断路器的两个储能端子连接到合分闸电源的储能输出端。

注意:

当现场操作且分合闸控制电源由仪器内部提供时,应断开被测开关控制箱内的控制电源(通常是将控制箱内控制电源与控制母线相连的保险拔掉),但不要切断开关机构的储能电源,此时就不必连接合分闸电源的储能端了。

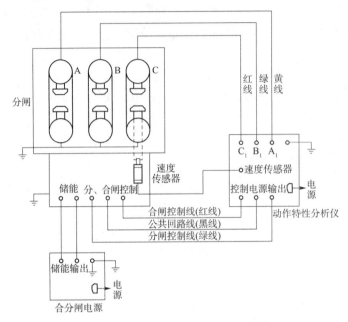

图 5-15 真空断路器的动作特性测试接线图

(3)安装和连接传感器。对于真空断路器,应使用 50mm 直线行程传感器来测试行程和速度,而 SF_6 断路器应使用 200mm 或 300mm 直线行程传感器来测试。安装时,可以使用仪器自带的万能支架或其他紧固支架,将传感器紧固安装于断路器某一相的提升杆上,注意传感器和提升杆之间要安装牢固,传感器与提升杆的运动方向要平行,传感器上方要留出足够的位置空间。传感器装好后,要用专用传感器信号线连接到动作特性仪的"速度传感器"端子上。

(4)断路器的动作特性试验。试验人员检查试验接线正确后,经试验负责人复查试验接线并同意后,开始进行断路器的动作特性试验。在试验过程中要进行互唱并加强监护,试验人员与施加电压部位保持足够的安全距离,并应站在绝缘垫上,手要放在动作特性测试仪开关附近,随时警惕异常情况的发生。

先给合分闸电源接通电源,打开总开关,然后打开储能开关给断路器储能;储能结束后,断路器储能显示处将由"未储能"变为"已储能",关闭合分闸电源并断电。

给动作特性分析仪接通电源,打开开关,待仪器完成初始化后,按"确定"或"返回"按钮,显示屏上方将出现菜单,选择"测试"菜单中的"合闸测试",按"确定"按钮,进入参数设置界面。检查参数设置是否正确,如果参数设置有误,则按"返回"按钮,返回主界面更改参数设置。当参数设置正确时,再次按"确定"按钮,动作特性分析仪将控制断路器动作,并在动作过程中进行各项参数的测试,测试结束后将自动显示结果曲线图,按"向上"或"向下"按钮将显示结果数据表。测试完毕按"确定"按钮,选择"打印"菜单中的"综合打印",可以打印出测试结果曲线和数据表。

用同样的方法完成断路器分闸特性测试。关闭动作特性分析仪并断电。

(5) 全部测试完毕,应对被试断路器测试部位进行充分放电,在拆除试验线时应先拆测试导线,最后拆掉测试仪的接地线。

(6) 记录该断路器的铭牌数据,观察和记录测试现场的环境温度、试验人员姓名、试验地点等内容。

(7) 再次检查试验现场有无遗留物、是否恢复被测断路器至原始状态等,均正确无误后,拆去自接接地线。向试验负责人汇报测试工作结果、结论等。整个试验过程结束。

三、理论题

(1) 变压器测变压比有何意义?
(2) 变压器测变压比有几种方法?写出具体工作原理。
(3) 变压器测直流电阻有何目的?
(4) 变压器测直流电阻的方法有哪些?
(5) 数字式直流电阻测试仪的原理是什么?有何特点?
(6) 助磁快速测试法适宜什么时候使用?其原理是什么?
(7) 测变压器三相电阻不平衡的原因是什么?

项目6

避雷装置测试

知识目标

1. 掌握避雷器直流1mA电压和0.75倍直流参考电压下泄漏电流测试方法。
2. 熟悉避雷针的接地电阻测试方法。
3. 掌握接地装置接地电阻的测试方法。

能力目标

1. 能用直流高压测试仪进行避雷器直流1mA电压和0.75倍直流参考电压下的泄漏电流测试。
2. 能根据相关标准、规程进行避雷针接地电阻的测试。
3. 能够在专人监护和配合下独立完成整个测试过程。
4. 能根据相关标准、规程对测试结果做出正确的判断和比较全面的分析。

素质目标

1. 具备创新思维和创新能力,能够在未来的发展中具有竞争力。
2. 具备实践能力和实践经验,能够将所学知识应用到实际岗位中。
3. 具备社会责任和国际视野,能够在社会中扮演积极角色。

建议学时

6学时。

任务6.1　金属氧化物避雷器直流1mA电压和0.75倍直流参考电压下的泄漏电流测试

任务导入

发电厂、变电所的避雷器每年雷雨季前或在交接使用前,都应该对其有关技术参数进行测试,以确保避雷器的质量。一般测试金属氧化物避雷器及基座绝缘电阻;测试金属氧化物避雷器的工频参考电压和持续电流;测试金属氧化物避雷器直流1mA电压和0.75倍直流参考电压下的泄漏电流;检查放电计数器动作情况及监视电流表指示;确认是否符合现行国家标准和产品技术条件的规定,判断避雷器是否合格。如何对避雷器进行直流1mA电压和0.75倍直流参考电压下的泄漏电流测试?

理论知识

一、雷电放电和雷电过电压

通常将雷电引起的电力系统过电压,称为大气过电压。雷云放电在设备上产生的过电压,是由于雷云的影响而产生的,所以也称作雷电过电压。

大气过电压可分为直击雷过电压和感应雷过电压。雷直接击于电气设备或输电线路时,巨大的雷电流在被击物上流过造成的过电压,称为直击雷过电压;雷击电气设备、输电线路附近的地面或其他物体时,由于电磁感应和静电感应在电气设备或输电线路上产生的过电压,称为感应雷过电压。

1. 雷电放电

作用于电力系统的大气过电压是由雷云对地放电所引起的,为了了解大气过电压的产生过程,必须先了解雷云对地放电的发展过程。

雷云就是积聚了大量电荷的云层。关于雷云带电的机理,迄今为止没有统一的定论。通常认为,在含有饱和水蒸气的大气中,当遇到强烈的上升气流时,会使空气中水滴带电,这些带电的水滴受气流所驱动,逐渐在云层的某部位集中起来,就形成带电雷云。雷云中的电荷一般不是在云中均匀分布的,而是集中在几个带电中心。测试数据表明,雷云的上部带正电荷,下部带负电荷。正电荷云层分布在4～10km的高度,负电荷云层分布在1.5～5km的高度。直接击向地面的放电通常从负电荷中心的边缘开始。

大多数雷电放电发生在雷云之间,对地面没有直接影响。雷云对大地的放电虽然只占少数,但它是造成雷害事故的主要因素。先介绍雷云对地放电的发展过程。

雷电放电过程可分为先导放电、主放电和余辉放电3个主要阶段。

(1) 先导放电阶段

雷云下部大部分带负电荷,故绝大多数的雷击是负极性的。雷云中的负电荷会在附近地面感应出大量正电荷,当云中某一电荷中心的电荷较多,雷云与大地之间局部的电场强度达到大气游离所需的电场强度(25~30kV/cm)时,就会使空气游离。当某一段空气游离后,这段空气就由原来的绝缘状态变为导电性的通道,称为先导放电通道。

在先导通道发展的初始阶段,其发展方向受到一些偶然因素的影响并不确定。但当它发展到距地面一定高度时(这个高度称为定向高度),先导通道会向地面上某个电场强度较强的方向发展,这说明先导通道的发展具有"定向性",或者说雷击有"选择性"。

当先导接近地面时,地面上一些高耸的突出物体周围电场强度达到空气游离所需的场强时,会出现向上的迎面先导。迎面先导在很大程度上影响下行先导的发展方向。

(2) 主放电阶段

当先导通道的头部与迎面先导上的异号感应电荷或与地面之间的距离很小时,剩余空气间隙中的电场强度达到极高的数值,造成空气间隙强烈地游离,最后形成高导电通道,将先导头部与大地短接,这就是主放电阶段的开始。游离出来的电子迅速通过被击物流入地中,形成很大的冲击电流。留下的正离子则向上运动去中和先导通道中的负电荷。剩余间隙中形成新的放电通道,由于其电离程度比先导通道强烈得多,电荷密度很大,故通道具有很高的导电性。主放电的发展速度很快,为 $2 \times 10^7 \sim 1.5 \times 10^8$ m/s,所以出现极大的脉冲电流,并产生强烈的光和热,使空气急剧膨胀振动,出现闪电和雷鸣。主放电过程是由下向上发展的,当主放电到达云端时,放电过程就结束了。

主放电发展的速度极快,离地越高,速度就越慢。主放电的持续时间极短,一般不超过100μs。所产生的电流峰值高达数十安甚至数百千安,电流瞬时值则随着主放电向高空的发展而逐渐减小,形成雷电流冲击波形。

(3) 余辉放电阶段

主放电完成后,云中的剩余电荷沿着主放电通道继续流向大地,形成余辉放电。余辉放电电流不大,为 $10 \sim 10^3$ A,持续时间较长(0.03~0.05s)。由于云中同时可能存在几个带电中心,所以雷电放电往往是重复的,一般重复2~3次。根据高速摄影照片绘制的多重雷电放电过程示意图如图 6-1a) 所示,图 6-1b) 为相应的放电电流波形图。

2. 雷电参数

雷电放电与气象、地形、地质等许多自然因素有关,具有很大的随机性,所以用来表征雷电特性的参数就带有统计的性质。下面将雷电特性参数分述如下。

(1) 雷电活动频度——雷暴日(T_d)及雷暴小时(T_h)

一个地区雷电活动的频繁程度,通常以该地区多年统计所得到的平均出现的雷暴天数(雷暴日)或雷暴小时数来表示。

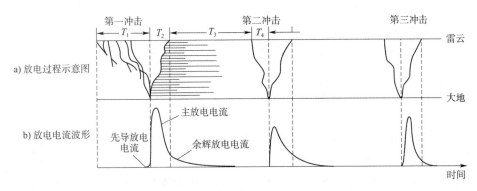

图 6-1 雷电放电的发展过程

雷暴日是一年中有雷电的天数,在一天内只要听到雷声就算作一个雷暴日。雷暴小时是一年中有雷电的小时数,在一个小时内只要听到雷声就算作一个雷暴小时。通常三个雷暴小时可折合为一个雷暴日。

雷电活动的频繁程度与地球的纬度及气象条件有关。我国广东的雷州半岛和海南岛的雷电活动频繁而强烈,雷暴日高达 100～133 天;长江以南至北回归线的大部分地区,雷暴日为 40～80 天;长江流域与华北部分地区,雷暴日数为 40 天左右,长江以北大部分地区为 40～20 天;西北地区多在 20 天以下。根据雷电活动的频繁程度和雷害的严重程度,我国把平均年雷暴日数超过 90 天的地区称为强雷区,超过 40 天但不超过 90 天的地区称为多雷区,超过 15 天但不超过 40 天的地区称为中雷区,不超过 15 天的地区称为少雷区。在防雷设计中,应根据当地的具体情况采用合理的防雷保护措施。

(2) 地面落雷密度

雷暴日或雷暴小时仅表示某一地区雷电活动的强弱,它没有区分是雷云之间的放电还是雷云对地面的放电。因为造成雷害事故的是雷云对地面的放电,所以引入了地面落雷密度 γ 这个参数。它表示在一个雷暴日中,每平方公里地面上的平均落雷次数。一般 T_d 较大的地区,其 γ 值也较大。对雷暴日为 40 天的地区,我国《交流电气装置的过电压保护和绝缘配合》(DL/T 620—1997) 取 $\gamma = 0.07$。

(3) 雷电流的极性

雷电流的极性是按照从雷云流入大地的电荷极性确定的。据国内外实测结果表明,负极性雷占 75%～90%。加之负极性的冲击过电压波沿线路传播时衰减小,对设备危害大,故在防雷计算中一般按负极性考虑。

(4) 雷电流幅值

雷电流幅值是表示雷电强度的指标。雷电流为一非周期冲击波,主放电时的电流很大,但持续时间很短(为 40～50μs),其幅值与云层中电荷的多少、气象及自然条件有关,是一个随机变量,只有通过大量实测才能正确总结出其概率分布规律。据我国长期进行的大量实测结果,在一般地区,雷电流幅值超过 I 的概率可用式(6-1)计算

$$\lg P = -\frac{I}{88} \tag{6-1}$$

式中:I——雷电流幅值,kA;

P——幅值大于 I 的雷电流出现的概率。

例如,当雷击时,出现大于 88kA 的雷电流幅值的概率 P 约为 10%。

我国除陕南以外的西北地区、内蒙古自治区的部分地区雷电活动较弱,测得的雷电流幅值较小,可改用式(6-2)计算其出现的概率,

$$\lg P = -\frac{I}{44} \tag{6-2}$$

(5)雷电流的波头(T_1)、陡度 α 及波长(T_2)

据实测结果,雷电冲击波的波头长度大多在 1~5μs,平均为 2.6μs。雷电流的波长(半峰值时间)在 20~100μs,多为 50μs。在防雷计算中,雷电流的波形可采用 2.6/50μs。

雷电流的陡度对雷击过电压的影响很大,我国采用 2.6μs 的固定波头长度,所以雷电流波头的平均陡度为

$$\alpha = \frac{I}{2.6} \quad (\text{kA}/\mu\text{s}) \tag{6-3}$$

即幅值较大的雷电流其陡度也较大。

(6)雷电流的计算波形

实测结果表明,雷电流的幅值、波头、波长、陡度等参数都在很大的范围内变化,但其波形都是非周期性的冲击波。在防雷计算中,要求将雷电流波形等值为典型化、可用公式表达、便于计算的波形。常用的等值波形有 3 种,如图 6-2 所示。

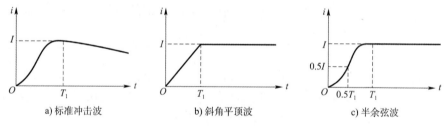

a) 标准冲击波　　　　b) 斜角平顶波　　　　c) 半余弦波

图 6-2　雷电流的等值计算波形

图 6-2a)为标准冲击波。它是一对指数函数的波形,可表示为 $i = I_0(e^{-\alpha t} - e^{-\beta t})$。式中 I_0 为某一固定电流值,α、β 是两个常数,t 为作用时间。

图 6-2b)为斜角平顶波,其波前陡度 α 可由给定的雷电流幅值 I 和波头时间决定。

图 6-2c)为半余弦波,其波头可表示为 $i = \frac{I}{2}(1 - \cos\omega t)$,仅在设计大跨越、高杆塔时使用。

3. 雷电过电压的形成

(1)直击雷过电压

雷击地面由先导放电转变为主放电的过程,可以用一根已充电的垂直导线突然与被击物体接通来模拟,如图 6-3a)所示。Z 是一被击物体与大地(零电位)之间的阻抗,σ(C/m)是先导放电通道中电荷的线密度,开关 S 未闭合之前相当于先导放电阶段。当先导通道到达地面或与地面目标上发出的迎面先导相遇时,主放电即开始,相当于开关 S 合上。此时将有大量的正、负电荷沿通道相向运动,如图 6-3b)所示,使先导通道中的剩余电荷及云中的负电荷得以中和,这相当于有一电流波由下而上地传播,其值为 $i = \sigma v$,v 为逆向的主放电速度,

单位为 m/s。这样一来，上述主放电过程可以看作有一负极性前行波，从雷云沿着波阻抗为 Z_0 的雷电通道传播到 A 点的过程，由此把雷电放电过程简化成为一个数学模型，如图 6-3c) 所示。进一步得到其电压源和电流源彼德逊等效电路，如图 6-3d) 所示；u_0 和 i_0 分别是从雷云向地面传来的行波的电压和电流。

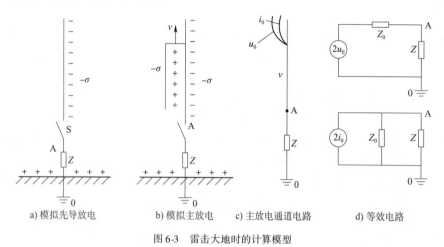

a) 模拟先导放电　　b) 模拟主放电　　c) 主放电通道电路　　d) 等效电路

图 6-3　雷击大地时的计算模型

主放电电流 i_0 流过阻抗 Z 时，A 点的电位将突然变为 i_0Z，实际上，先导通道中的电荷密度 σ 和主放电的发展速度 v 是很难测定的，但主放电开始后流过 Z 的电流 i_0 的幅值却不难测得，而我们关心的恰是雷击点 A 的电位，所以从 A 点电位出发建立雷电放电的计算模型。

① 雷直击于地面上接地良好的物体。根据雷电流的定义，这时流过雷击点 A 的电流即为雷电流 i_0，采用电流源彼德逊等效电路，相对于雷电波阻抗 Z_0（约为 300Ω），接地良好的被击物在雷电作用下的接地电阻 R_i 较小（一般小于 30Ω），$Z = R_i$ 可以忽略不计，则雷电流

$$i = \frac{Z_0}{Z_0 + Z} \times 2i_0 \approx 2i_0 \tag{6-4}$$

能实际测得的往往是雷电流幅值，可见沿雷电波阻抗 Z_0 下来的雷电入射波的幅值 $i_0 = I/2$，A 点的电压幅值 $U_A = IR_i$。

② 雷直击于输电线路的导线。当雷直击于输电线路的导线时，如图 6-4 所示，雷击线路后，电流波向线路的两侧流动，如果电流电压均以幅值表示，则

$$i_Z = \frac{2U_0}{Z_0 + \dfrac{Z}{2}} = \frac{I Z_0}{Z_0 + \dfrac{Z}{2}} \tag{6-5}$$

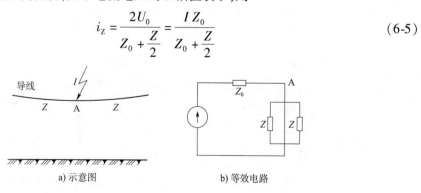

a) 示意图　　b) 等效电路

图 6-4　雷电直击输电线路导线

导线被击点 A 的过电压幅值为

$$U_A = i_Z \frac{Z}{2} = I\frac{Z_0 Z}{2Z_0 + Z} \quad (6\text{-}6)$$

若取导线的波阻抗 $Z = 400\Omega$，Z_0 为 300Ω，当雷电流幅值 $I = 30\text{kA}$，被击点直击雷过电压 $U_A = 120I = 3600\text{kV}$。

再近似计算，假设 $Z_0 \approx Z/2$，即认为雷电波在雷击点未发生折、反射，则式(6-6)简化为

$$U_A = \frac{1}{4}IZ \quad (6\text{-}7)$$

取导线的波阻抗 $Z = 400\Omega$，被击点直击雷过电压计算式为

$$U_A = 100I$$

这就是《交流电气装置的过电压保护和绝缘配合》（DL/T 620—1997）标准用来估算直击或绕击导线的过电压和耐雷水平的近似公式。

当雷电流幅值 $I = 30\text{kA}$，过电压 $U_A \approx 100I = 3000\text{kV}$ 时，可见，雷电击中导线后，在导线上产生很高的过电压，会引起绝缘子闪络，需要采用防护措施，架设避雷线可有效地减小雷直击导线的概率。

(2) 感应雷过电压

由于雷云对地放电过程中，放电通道周围空间电磁场急剧变化，会在附近线路的导线上产生过电压。在雷云放电的先导阶段，先导通道中充满了电荷，如图 6-5a)所示，这些电荷对导线产生静电感应，在负先导附近的导线上积累了异号的正束缚电荷，而导线上的负电荷则被排斥到导线的远端。因为先导放电的速度很慢，所以导线上电荷的运动速度也很慢，由此引起的导线中的电流很小，同时由于导线对地泄漏电导的存在，导线电位将与远离雷云处的导线电位相同。当先导到达附近地面时，主放电开始，先导通道中的电荷被中和，与之相应的导线上的束缚电荷得到解放，以波的形式向导线两侧运动，如图 6-5b)所示。电荷流动形成的电流 i 乘以导线的波阻抗 Z 即为两侧流动的静电感应过电压波 $U = iZ$。此外，先导通道电荷被中和时还会产生时变磁场，使架空导线产生电磁感应过电压波。由于主放电通道是和架空导线互相垂直的，互感不大，所以总的感应雷过电压幅值的构成是以静电感应分量为主。

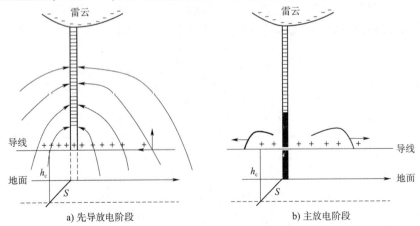

图 6-5　感应雷过电压的形成

工程实用计算按《交流电气装置的过电压保护和绝缘配合》(DL/T 620—1997)中的标准进行,雷云对地放电时,落雷处与架空导线的垂直距离 $S>65\text{m}$ 时,无避雷线的架空线路导线上产生的感应雷过电压最大值可按式(6-8)估算:

$$U_i \approx 25 \frac{Ih_c}{S} \tag{6-8}$$

式中:U_i——雷击大地时感应雷过电压最大值,kV;

I——雷电流幅值,kA;

h_c——导线平均高度,$h_c = h - \frac{2}{3}f$(h 为塔杆处导线高度,f 为弧垂),m;

S——雷击点与线路的垂直距离,m。

感应雷过电压 U_i 的极性与雷电流极性相反。由式(6-8)可知,感应雷过电压与雷电流幅值 I 成正比,与导线平均高度 h_c 成正比。h_c 越高,则导线对地电容越小,感应电荷产生的电压就越高;感应雷过电压与雷击点到线路的垂直距离 S 成反比,S 越大,感应雷过电压越小。由于雷击地面时,被击点的自然接地电阻较大,式(6-8)中的最大雷电流幅值一般不会超过 100kA,可按 100kA 进行估算。实测表明,感应雷过电压的幅值一般为 300~400kV,这可能引起 35kV 及以下电压等级线路的闪络,而对 110kV 及以上电压等级线路,则一般不会引起闪络。避雷线会使导线上的感应过电压下降,耦合系数越大,导线上感应过电压越低。另外,由于各相导线上的感应过电压基本上相同,所以不会出现相间电位差和引起相间闪络。

与直击雷过电压相比,感应雷过电压的波形较平缓,波头时间在几微秒到几十微秒之间,波长较长,达数百微秒。

二、防雷保护设备

雷电放电作为一种强大的自然力,其爆发是难以制止的,产生的雷电过电压可高达数百千伏,如不采取防护措施,将引起电力系统故障,造成大面积停电。目前人们主要是设法去躲避和限制雷电的破坏性,基本措施就是加装避雷针、避雷线、避雷器、防雷接地、电抗线圈、电容器组、消弧线圈、自动重合闸等防雷保护装置。

避雷针、避雷线用于防止直击雷过电压,避雷器用于防止沿输电线路侵入变电所的感应雷过电压。下面主要介绍避雷针、避雷线和避雷器的防雷原理及其保护范围。

1. 避雷针防雷原理及保护范围

(1)避雷针防雷原理

避雷针是明显高出被保护物体的金属支柱,其针头采用圆钢或钢管制成,其作用是吸引雷电击于自身,并将雷电流迅速泄入大地,从而使被保护物体免遭直接雷击。避雷针需有足够截面积的接地引下线和良好的接地装置,以便将雷电流安全可靠地引入大地。

当雷电的先导头部发展到距地面某一高度时,因避雷针位置较高且接地良好,在避雷针的顶端因静电感应而积聚了与先导通道中电荷极性相反的电荷,形成局部电场强度集中的空间,该电场即开始影响雷击先导放电的发展方向,将先导放电的方向引向避雷针,同时避雷针顶部的电场强度将大大加强,产生自避雷针向上发展的迎面先导,增强了避雷针的引雷作用。

避雷针由接闪器、引下线和接地体 3 部分构成。

①接闪器。它是避雷针的最高部分,用来接收雷电放电,可用直径 10～12mm、长 1～2m 的圆钢制成。

②引下线。它的主要任务是将接闪器上的雷电流安全导入接地体,使之顺利入地。引下线可用镀锌钢绞线、圆钢、扁钢制成。因为雷电流很大,所以引下线须有足够的截面。

③接地体。它的作用是使雷电流顺利入地,并且减小雷电流通过时产生的压降。其一般由几根 2.5m 长的 40mm×40mm×40mm 的角钢打入地下,并联后再与引下线可靠连接。

在一定高度的避雷针下面,有一个安全区域,在这个区域中物体遭受雷击的概率很小(约 0.1%),这个安全区域称为避雷针的保护范围,可由模拟试验和运行经验确定。避雷针一般用于保护发电厂和变电所,可根据不同情况装设在配电构架上,或独立架设。

(2) 避雷针的保护范围

避雷针的保护效能通常采用保护范围的概念表示,只具有相对意义。避雷针的保护范围是指被保护物体在此空间范围内不致遭受直接雷击。

《交流电气装置的过电压保护和绝缘配合》(DL/T 620—1997)标准采用折线法,折线法确定避雷针的保护范围方法如下:

①单支避雷针。单支避雷针的保护范围如图 6-6 所示。设避雷针的高度为 $h(\text{m})$,被保护物体的高度为 $h_X(\text{m})$,则避雷针的有效高度 $h_a = h - h_X$。在 h_X 高度上避雷针保护范围的半径 $r_X(\text{m})$ 可按下式计算

$$当 h_X \geq \frac{h}{2} 时 \qquad r_X = (h - h_X)p \tag{6-9}$$

$$当 h_X < \frac{h}{2} 时 \qquad r_X = (1.5h - 2h_X)p \tag{6-10}$$

式中:p——高度影响系数。当 $h \leq 30\text{m}$ 时,$p = 1$;当 $30\text{m} < h \leq 120\text{m}$ 时,$p = \frac{5.5}{\sqrt{h}}$;当 $h > 120\text{m}$ 时,$p = 120\text{m}$。

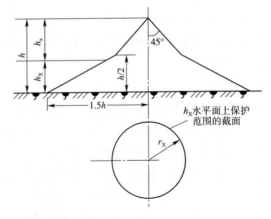

图 6-6 单支避雷针的保护范围

②两支等高避雷针。工程上多采用两支或多支避雷针以扩大保护范围,两支等高避雷针的联合保护范围如图6-7所示,比两支避雷针各自的保护范围的叠加要大一些。两支避雷针外侧的保护范围可按单支避雷针的计算方法确定,两支避雷针之间的保护范围可由下式求得

$$h_0 = h - \frac{D}{7p} \tag{6-11}$$

$$b_X = 1.5(h_0 - h_X) \tag{6-12}$$

式中:h_0——两针保护范围上部边缘最低点的高度,m;

D——两避雷针间的距离,m。

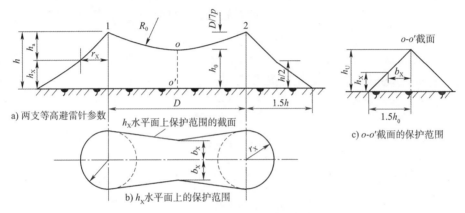

图6-7 两支等高避雷针的联合保护范围
b_X-保护范围的最小宽度(m)

两针间高度为h_X的水平面上的保护范围截面见图6-7c)o-o'截面图中,两针中间地面上的保护宽度为$1.5h_0$。

为了使两针能构成联合保护,两针间距离与针高之比D/h不宜大于5。

③两支不等高避雷针。两避雷针外侧的保护范围按单针的方法确定,两针间的保护范围先按单支避雷针的方法做出较高针1的保护范围,然后经较低针2的顶部作水平线与之相交于3点,由3点对地面做垂线,将此垂线看作一假想避雷针,再按两支等高避雷针求出2针与3针的保护范围,即可得到总的保护范围,如图6-8所示。

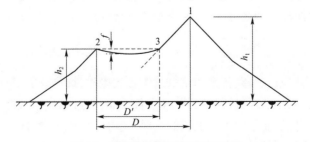

图6-8 两支不等高避雷针的保护范围

$$f = D'/(7p) \tag{6-13}$$

式中：D'——较低避雷针与假想避雷针间的距离，m；
f——圆弧的弓高，m。

2. 避雷线防雷原理及保护范围

避雷线，通常又称架空地线，简称地线。避雷线的防雷原理与避雷针相同，主要用于输电线路的保护，也可用来保护发电厂和变电所，近年来许多国家采用高避雷线保护 500kV 大型超高压变电所。用于输电线路时，避雷线除了可防止雷电直击导线外，同时还有分流作用，以减少流经杆塔入地的雷电流从而降低塔顶电位，避雷线对导线的耦合作用还可以降低导线上的感应雷过电压。

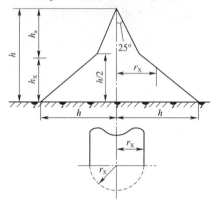

图 6-9　单根避雷线的保护范围

单根避雷线的保护范围如图 6-9 所示。单根避雷线在 h_X 水平面上每侧保护范围的宽度按式(6-14)、式(6-15)确定

当 $h_X \geq \dfrac{h}{2}$ 时　　　　　$h_X = 0.47(h - h_X)p$ 　　　　　(6-14)

当 $h_X < \dfrac{h}{2}$ 时　　　　　$h_X = (h - 1.53 h_X)p$ 　　　　　(6-15)

两根平行等高避雷线的保护范围如图 6-10 所示。两根避雷线外侧的保护范围同于单根避雷线，两线之间横截面的保护范围由通过两避雷线 1、2 点及保护上部边缘最低点 O 的圆弧确定。O 点的高度按式(6-16)计算

$$h_0 = h - \dfrac{D}{4p} \quad (6\text{-}16)$$

式中：h_0——两避雷线间保护范围上部边缘最低点高度，m；
D——两避雷线间距离，m；
h——避雷线的高度，m。

避雷线的保护范围是一个狭长的带状区域，所以适合用来保护输电线路，也可用作变电所直击雷保护措施。用避雷线保护线路时，避雷线对外侧导线的屏蔽作用以保护角 α 表示。保护角是指避雷线和外侧导线的连线与避雷线的铅垂线之间的夹角，如图 6-11 所示。保护角越小，保护性能越好。当保护角过大时，雷可能绕过避雷线击在导线上（称为绕击）。要使保护角减小，就要增加杆塔的高度，这会使线路造价增加，所以，应根据线路的具体情况采用合适的保护角，一般取 $10° \sim 25°$。

3. 避雷器防雷原理及常用种类

避雷器是专门用以限制线路传来的雷电过电压或操作过电压的一种防雷装置。避雷器实质上是一种过电压限制器，与被保护的电气设备并联，当过电压出现并超过避雷器的放电电压时，避雷器先放电，从而限制了过电压的发展，使电气设备免遭过电压损坏。

为了使避雷器达到预期的保护效果，必须正确选择和使用避雷器，一般有以下基本要求：首先，避雷器应具有良好的伏秒特性曲线，并与被保护设备的伏秒特性曲线之间有合理的配合；其次，避雷器应具有较强的快速切断工频续流、快速自动恢复绝缘强度的能力。

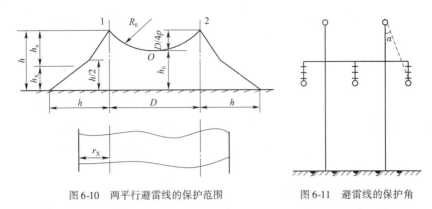

图 6-10　两平行避雷线的保护范围　　图 6-11　避雷线的保护角

避雷器的常用类型有:保护间隙、排气式避雷器(常称管型避雷器)、阀型避雷器和氧化锌避雷器(常称金属氧化物避雷器)4 种。

(1) 保护间隙

保护间隙是最简单、最原始的避雷器。保护间隙的优点是结构简单、价廉;缺点是保护效果差,与被保护设备的伏秒特性不易配合,动作后产生截波,电弧不易熄灭。其常用于 3～10kV 电网中,应与自动重合闸配合使用。

(2) 排气式避雷器

排气式避雷器实质上是一只具有较强弧灭弧能力的保护间隙。为使工频续流电弧熄灭,排气式避雷器必须能产生足够的气体,而产生气体的多少与工频续流的大小以及电弧与产气管的接触面积有关。续流过小,产气不足,不能切断电弧;但若续流过大,产气过多,压力太大会使避雷器爆炸。因此,排气式避雷器有切断电流的上下限。避雷器安装地点系统最大短路电流应小于排气式避雷器灭弧电流的上限,最小短路电流应大于排气式避雷器灭弧电流的下限。

排气式避雷器的主要缺点是伏秒特性陡,放电分散性大,与被保护设备的伏秒特性不易配合。避雷器动作后母线直接接地形成截波,对变压器的纵绝缘不利。此外,放电特性受大气条件影响较大,故主要用于线路交叉挡和大跨越挡处,以及变电所的进线段保护。

(3) 阀型避雷器

阀型避雷器由多个火花间隙和非线性电阻盘(阀片)串联构成,装在瓷套里密封起来。由于采用电场较均匀的火花间隙,其伏秒特性较平坦,放电的分散性较弱,能与伏秒特性较平的变压器的绝缘较好配合。

它的工作原理是:当系统正常工作时,间隙将阀片电阻与工作母线隔离,以免由于工作电压在阀片电阻中产生的电流使阀片烧坏。当系统中出现雷电过电压且其峰值超过间隙的放电电压时,火花间隙迅速击穿,雷电流通过阀片流入大地,从而使作用于设备上的电压幅值受到限制。当过电压消失后,间隙中将流过工频续流,由于受到阀片电阻的非线性特性的限制,工频续流远小于冲击电流,间隙能在工频续流第一次经过零值时将电流切断,系统恢复正常工作。

雷电流流过阀片电阻时,在其上会产生一压降,此压降的最大值称为"残压",残压会作用在与避雷器并联的被保护设备的绝缘上,所以应尽量限制"残压"。被保护设备的冲击耐压值必须高于避雷器的冲击放电电压和残压,其绝缘才不会被损坏。若能降低避雷器的这两项参数,则设备的冲击耐压值也可相应下降。

(4)氧化锌避雷器

氧化锌避雷器是一种全新的避雷器,其核心元件是氧化锌(ZnO)阀片,它是以氧化锌为主要材料,掺以多种微量金属氧化物,如氧化铋(Bi_2O_3)、氧化钴(Co_2O_3)、氧化锰(MnO_2)、氧化锑(Sb_2O_3)、氧化铬(Cr_2O_3)等,经过成型、烧结、表面处理等工艺过程而制成。

氧化锌阀片的伏安特性可分为小电流区、非线性区和饱和区,如图6-12所示。电流在1mA以下的区域为小电流区Ⅰ,非线性系数α较高,为$0.1\sim0.2$;电流在1mA至3kA范围内时为非线性区Ⅱ,用关系式$U=Ci^{\alpha}$表示,式中,$\alpha=0.015\sim0.05$;电流大于3kA,一般进入饱和区Ⅲ,电压增加时,电流增长不快,伏安特性曲线向上翘。

与碳化硅阀片相比,氧化锌阀片具有很理想的非线性伏安特性,图6-13所示是氧化锌避雷器、碳化硅避雷器和理想避雷器电阻阀片的伏安特性曲线的比较。图中假定氧化锌、碳化硅电阻阀片在10kA电流下的残压相同,那么在额定电压下,碳化硅阀片中将流过100A左右的电流,而氧化锌阀片中流过的电流为微安级,即在工作电压下,氧化锌阀片实际上相当一个绝缘体,所以可不用间隙与系统隔离。

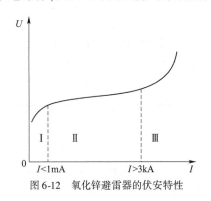

图6-12 氧化锌避雷器的伏安特性

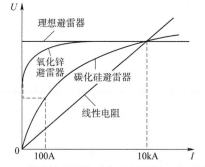

图6-13 氧化锌避雷器、碳化硅避雷器和理想避雷器电阻阀片的伏安特性曲线的比较

氧化锌避雷器优点较多,因而发展潜力很大,是避雷器发展的主要方向,正在逐步取代传统的带间隙的碳化硅避雷器。

三、输电线路的波过程

电力系统中的输电线路、母线、电缆以及变压器和电机的绕组等元件,由于其尺寸远小于50Hz交流电的波长,所以在工频电压下系统的元件可以按集中参数元件处理。在雷电波、内部操作或故障引起的过电压作用下,由于过电压的等效频率很高,其波长小于或与系统元件长度相当,此时就不能把上述元件看成是集中参数元件了,必须按分布参数元件处理。本任务将重点介绍如何利用波的概念来研究分布参数回路的过渡过程,从而得出导线在冲击电压作用下电流和电压的变化规律,以便确定过电压的最大值。

1. 均匀无损单导线上的波过程

实际电力系统采用三相交流或双极直流输电,属于多导线线路,而且沿线路的电场、磁场和损耗情况也不尽相同,因此所谓的均匀无损单导线线路实际上是不存在的。为了揭示线路波过程的物理本质和基本规律,可暂时不考虑线路的电阻和电导损耗,并假定沿线线路参数处处相同,即首先研究均匀无损单导线中的波过程。

(1) 波传播的物理概念

假设有一无限长的均匀无损单导线,如图6-14a)所示,$t=0$时刻合闸直流电源形成无限长直角波,单位长度线路的电容、电感分别为C_0、L_0,线路参数看成是由无数很小的长度单元Δx构成,如图6-14b)所示。

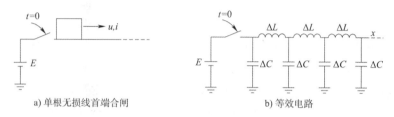

图6-14 均匀无损单导线

合闸后,电源向线路电容充电,在导线周围空间建立起电场,形成电压。靠近电源的电容立即充电,并向相邻的电容放电,由于线路电感的作用,较远处的电容要间隔一段时间才能充上一定数量的电荷,并向更远处的电容放电。这样电容依次充电,沿线路逐渐建立起电场,将电场能储存于线路对地电容中,也就是说电压波以一定的速度沿线路x方向传播。随着线路的充放电,将有电流流过导线的电感,即在导线周围空间建立起磁场,与电压波相对应,还有电流波以同样的速度沿x方向流动。

综上所述,电压波和电流波沿线路的传播过程实质上就是电磁波沿线路传播的过程,电压波和电流波是在线路中伴随而行的统一体。

(2) 波速和波阻抗

在波动方程中定义v为波传播的速度。

$$v = \sqrt{\frac{1}{L_0 C_0}}$$

对于架空线路,即沿架空线传播的电磁波波速等于空气中的光速v为$3 \times 10^8 \mathrm{m/s}$。而一般对于电缆,波速$v \approx 1.5 \times 10^8 \mathrm{m/s}$,其传播速度低于架空线,因此,减小电缆介质的介电常数可提高电磁波在电缆中传播速度。

定义波阻抗

$$Z = \frac{u_\mathrm{f}}{i_\mathrm{f}} = -\frac{u_\mathrm{b}}{i_\mathrm{b}} = \sqrt{\frac{L_0}{C_0}}$$

其中,u_f、i_f分别为电压前行波和电流前行波,u_b、i_b分别为电压反行波和电流反行波。

一般对单导线架空线而言,Z为500Ω左右,考虑电晕影响时Z为400Ω左右。由于分裂导线和电缆的L_0较小而C_0较大,故分裂导线架空线路和电缆的波阻抗都较小,电缆的波阻抗为十几欧姆至几十欧姆不等。

波阻抗Z表示线路中同方向传播的电流波与电压波的数值关系,不同极性的行波向不同的方向传播,需要规定一个正方向。电压波的符号只取决于导线对地电容上相应电荷的符号,与运动方向无关。而电流波的符号不但与相应的电荷符号有关,而且与电荷运动方向有关,根据习惯规定:沿 x 正方向运动的正电荷相应的电流波为正方向。在规定行波电流正方向的前提下,电压前行波和电流反行波总是同号,而反行电压波和电流反行波总是异号,即

$$\frac{u_f}{i_f} = Z$$

$$\frac{u_b}{i_b} = -Z$$

必须指出,分布参数线路的波阻抗与集中参数电路的电阻虽然有相同的量纲,但物理意义上有着本质的不同。

① 波阻抗表示向同一方向传播的电压波和电流波之间比值的大小;电磁波通过波阻抗为 Z 的无损线路时,其能量以电磁能的形式储存于周围介质中,而不像通过电阻那样被消耗掉。

② 为了区别不同方向的行波,Z 的前面应有正负号。

③ 如果导线上有前行波,又有反行波,两波相遇时,总电压和总电流的比值不再等于波阻抗,即

$$\frac{u}{i} = \frac{u_f + u_b}{i_f + i_b} = Z\frac{u_f + u_b}{u_f - u_b} \neq Z$$

④ 波阻抗的数值 Z 只与导线单位长度的电感 L_0 和电容 C_0 有关,而与线路长度无关。

2. 行波的折射和反射

当波沿传输线传播,遇到线路参数发生突变,即波阻抗发生突变的节点时,都会在波阻抗发生突变的节点上产生折射和反射。

(1) 线路末端的折射、反射

① 末端开路时的折反射。当末端开路时,$Z_2 = \infty$,结果通过图 6-15 表示,由于末端的反射,在反射波所到之处电压提高 1 倍,而电流降为 0。

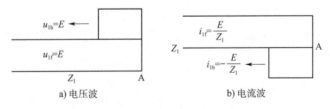

a) 电压波   b) 电流波

图 6-15 末端开路时波的折反射

② 末端短路时的折反射。当末端短路时,$Z_2 = 0$,结果通过图 6-16 表示,由于末端的反射,在反射波所到之处电流提高 1 倍,而电压降为 0。

③ 末端接集中负载时的折反射。当 $R \neq Z_1$ 时,来波将在集中负载上发生折反射。而当 $R = Z_1$ 时,没有反射电压波和反射电流波,由 Z_1 传输过来的能量全部消耗在 R 上了,其结果如图 6-17 所示。

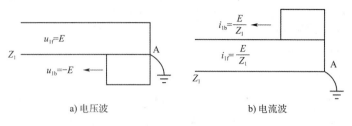

a) 电压波   b) 电流波

图 6-16　末端短路时波的折反射

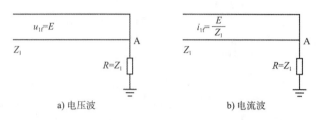

a) 电压波   b) 电流波

图 6-17　末端接集中负载 $R = Z_1$ 时的折反射

(2) 波的多次折射、反射

在实际电网中，线路总是有限长的，经常会遇到波在两个或多个节点之间来回多次折、反射的问题。例如，发电机或充气绝缘变电所经过电缆段连接到架空线路上，当雷电波入侵时，波将在电缆段间发生多次折、反射。

四、输电线路的防雷保护

输电线路是电力系统的大动脉，担负着将电能从发电厂输送到各地用电中心的重要任务。由于线路长、地处旷野，因此，输电线路极易遭受雷击。电力系统的雷害事故中，以线路的事故占大多数。雷击是造成线路跳闸的主要原因。同时，雷击线路时形成的雷电过电压波会沿线路侵入变电所，危及变电所内电气设备的安全。加强输电线路的防雷是减少电力系统雷害事故的关键，因此，对输电线路的防雷保护应给予充分的重视。

输电线路防雷性能的优劣主要用耐雷水平和雷击跳闸率来衡量。耐雷水平是指线路遭受雷击时，线路绝缘所能耐受的不至于引起绝缘闪络的最大雷电流幅值，单位为 kA，耐雷水平越高，线路的防雷性能越好。雷击跳闸率是指在雷暴日数 $T_d = 40$ 天的情况下，每 100km 线路每年由于雷击引起的跳闸次数，它是衡量线路防雷性能的综合指标。

1. 输电线路的感应雷过电压

感应过电压包含静电感应和电磁感应两个分量，其形成过程在前面已介绍。

感应过电压的幅值与雷电流大小、雷电通道与线路间的距离以及导线的悬挂高度等因素有关。由于雷击地面时雷击点的自然接地电阻较大，所以雷电流幅值 I 一般不超过 100kA。实测证明，感应过电压一般不超过 500kV，对 35kV 及以下的水泥杆线路会引起闪络事故；对 110kV 及以上的线路，由于绝缘水平较高，一般不会引起闪络事故。

线路上的感应过电压具有以下特点：①感应过电压与雷电流的极性相反，由于大部分的雷云带负电荷，所以感应过电压大多数是正极性；②感应过电压同时存在于三相导线，相间不存在电位差，只能引起对地闪络，若二相或三相同时对地闪络，即形成相间闪络事故；③感应过电压的波形较平缓,波头由几微秒到几十微秒变化。

如果导线上方挂有避雷线,接地避雷线的屏蔽效应会使导线上的感应电荷减少,从而使导线上的感应过电压降低。

2. 输电线路的耐雷水平

我国110kV及以上线路一般全线都装设避雷线,而35kV及以下线路一般不装设避雷线,下面以中性点直接接地系统中有避雷线的线路为例,进行输电线路的直击雷过电压和耐雷水平的分析,无避雷线线路与有避雷线线路分析的方法相同。

按照雷击线路部位的不同,雷直击于有避雷线的线路可分为3种情况:雷击线路杆塔塔顶、雷击避雷线挡距中央及雷绕过避雷线击于导线(称为绕击),如图6-18所示。

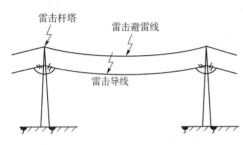

图6-18 雷击输电线路部位示意图

(1)雷击线路杆塔塔顶时的过电压和耐雷水平

运行经验表明,在线路落雷总次数中,雷击杆塔的次数与避雷线的根数和经过地区的地形有关。

雷击杆塔的次数与雷击线路总次数的比值称为击杆率,用 g 表示。有关规程建议击杆率 g 如表6-1所示。

击杆率 g　　　　　　表6-1

地形	避雷线根数		
	0	1	2
平原	1/2	1/4	1/6
山区	—	1/3	1/4

如前所述,在雷击杆塔的先导放电阶段,导线、避雷线和杆塔上都会感应出异号束缚电荷,由于先导放电发展的平均速度较慢,所以产生的电流及电压较小,可略去不计。若不计导线上的工频工作电压,则线路绝缘上不会出现电位差。

(2)雷击避雷线挡距中央时的过电压

根据模拟试验和实际运行经验,这种雷击线路的情况出现的概率约为10%。雷击避雷线挡居中央时,在雷击点会产生很高的过电压。不过由于避雷线的半径较小,雷击点距杆塔较远,强烈的电晕使过电压波传播到杆塔时已衰减得较小,不足以使绝缘子串闪络,所以通常只考虑雷击点处避雷线对导线的反击问题。

经过我国多年运行经验的修正,规程提出:对于一般挡距的线路,在挡距中央导线和避雷线之间的空气距离 S 宜按下述经验公式确定

$$S = 0.012l + 1 \quad (m) \tag{6-17}$$

式中:l——挡距长度,m。

在线路防雷的工程计算中,只要导线与避雷线间的空气距离满足式(6-17)的要求,雷击

避雷线挡距中央引起的线路跳闸则可以忽略不计。

对于大跨越挡距,若 l/v_S 大于雷电流波头,则来自接地杆塔的负反射波回到雷击点之前,雷电流已过峰值,故雷击点的最高电位由雷电流峰值决定。导线与避雷线间的距离 S 将由雷击点的最高电位和间隙平均击穿场强所决定。

(3) 绕击时的过电压和耐雷水平

对于装设有避雷线的输电线路,各种随机因素的影响,可能会使避雷线的屏蔽保护失效,仍可能发生雷绕过避雷线击中导线的情况(即绕击),如图 6-19 所示。虽然绕击的概率很小,但一旦发生则往往会引起线路绝缘子串的闪络。

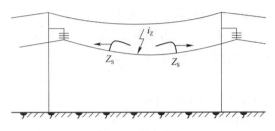

图 6-19 绕击导线

山区的绕击率约为平原地区的 3 倍,或相当于保护角增大 8°的情况。从减小绕击率的观点出发,应尽量减小保护角。

绕击时,线路的耐雷水平很低。对 110kV、220kV、330kV 电压等级的输电线路,雷绕击导线的耐雷水平分别只有 7kA、12kA、16kA 左右,对于 500kV 电压等级的线路,其耐雷水平也只有 27.5kA。因此,对于 110kV 及以上中性点直接接地系统的输电线路,一般要求全线架设避雷线,以防止线路频繁发生雷击闪络跳闸事故。

3. 输电线路的雷击跳闸率

雷电过电压导致输电线路跳闸需要同时具备两个条件:首先,雷电流必须超过线路耐雷水平,引起线路绝缘发生冲击闪络;其次,冲击闪络转变为稳定的工频电弧。由于雷电流持续时间很短(只有几十微秒),所以冲击闪络时线路开关来不及跳闸,因此只有同时满足这两个条件,继电保护装置才会动作,使线路跳闸停电。

(1) 建弧率

冲击闪络转变为稳定工频电弧的概率,称为建弧率,以 η 表示。冲击闪络能否转变为稳定的工频电弧主要取决于工频弧道中的平均电场强度(即沿绝缘子串或空气间隙的平均运行电压梯度)E,还取决于闪络瞬间工频电压的瞬时值以及去游离强度等条件。

实践证明,当 $E \leqslant 6\mathrm{kV}$(有效值)$/\mathrm{m}$ 时,建弧率很小,可以近似地认为建弧率 $\eta = 0$。

(2) 线路落雷次数

雷击输电线路的跳闸次数与线路可能受雷击的次数有关。

输电线路高出地面,有引雷作用,其引雷范围与线路高度有关。线路越高,等效受雷面积越大。

(3) 有避雷线线路雷击跳闸率 n 的计算

① 雷击杆塔时的跳闸率 n_1。每 100km 有避雷线的线路每年(40 个雷暴日)落雷次数

为 $N=0.28(b+4h_s)$ 次。若击杆率为 g，则每 100km 线路每年雷击杆塔次数为 $0.28(b+4h_s)g$ 次。若雷电流幅值大于雷击杆塔时的耐雷水平 I_1 的概率为 P_1，建弧率为 η，则每 100km 线路每年因雷击杆塔的跳闸次数 n_1 为

$$n_1 = 0.28(b+4h_s)\eta g P_1 \tag{6-18}$$

②绕击跳闸率 n_2。设线路绕击率为 P_α，则每 100km 线路每年绕击次数为 $0.28(b+4h_s)P_\alpha$，雷电流幅值超过绕击耐雷水平 I_2 的概率为 P_2，建弧率为 η，则每 100km 线路每年的绕击跳闸次数为

$$n_2 = 0.28(b+4h_s)\eta P_\alpha P_2 \tag{6-19}$$

③线路雷击跳闸率。根据运行经验，只要避雷线与导线之间的空气距离满足式(6-19)，则雷击避雷线挡距中央时一般不会发生击穿事故，故其跳闸率为零。

所以，线路雷击跳闸率只考虑雷击杆塔和雷绕击于导线两种情况。综上所述，有避雷线的线路，雷击总跳闸率为

$$n = n_1 + n_2 = 0.28(b+4h_s)\eta(gP_1 + P_\alpha P_2) \quad [次/(100 \text{km} \cdot 年)] \tag{6-20}$$

4. 输电线路的防雷保护措施

在确定输电线路的防雷保护方式时，应综合考虑系统的运行方式、线路的电压等级和重要程度、已有线路的运行经验、线路经过地区雷电活动的强弱、地形地貌的特点、土壤电阻率的高低等条件，根据技术经济比较的结果，因地制宜采取合理的保护措施。

(1) 架设避雷线

架设避雷线是高压和超高压线路最基本的防雷措施，其主要作用是防止雷直击导线。此外，避雷线还有以下作用：对塔顶雷击有分流作用，减少流入杆塔的雷电流，从而降低塔顶电位；对导线有耦合作用，可以降低绝缘子串上的电位差；对导线有屏蔽作用，可以降低导线上的感应过电压。线路电压越高，采用避雷线的效果越好。有了避雷线后，雷也可能绕过避雷线击在导线上，绕击的概率与避雷线的保护角有关。为了降低绕击率，避雷线的保护角不宜太大。

330kV 和 500kV 线路应沿全线架设双避雷线。500kV 及以上的超高压、特高压线路保护角应在 15°及以下，330kV 线路保护角应采用 20°以下。220kV 线路宜沿全线架设双避雷线，少雷区宜架设单避雷线，保护角应在 25°以下。110kV 线路，一般沿全线架设避雷线，保护角一般取 25°～30°，在雷电活动特别强烈的地区，宜架设双避雷线，对架在少雷区的 110kV 线路，可不沿全线架设避雷线，但应装设自动重合闸装置，以减少线路停电事故。35kV 及以下的线路，因绝缘很弱，装设避雷线的效果不大，只在变电所的进线段架设避雷线。

为了降低正常运行时避雷线中感应电流所引起的附加损耗和利用避雷线兼作高频通道，超高压线路常将避雷线经小间隙接地。正常运行时避雷线对地绝缘，雷击时小间隙被击穿，使避雷线接地。

(2) 降低杆塔接地电阻

线路架设避雷线后，杆塔必须良好接地。降低杆塔接地电阻是提高线路耐雷水平、防止反击的有效措施。有避雷线的线路，每基杆塔（不连避雷线）的工频接地电阻在雷雨季节干

燥时,不宜超过表 6-2 的数值。

有避雷线的线路杆塔的工频接地电阻　　　　表 6-2

土壤电阻率($\Omega \cdot m$)	100 及以下	100~500	500~1000	1000~2000	2000 以上
接地电阻(Ω)	≤10	≤15	≤20	≤25	≤30

在土壤电阻率低的地区,应充分利用铁塔、钢筋混凝土杆的自然接地电阻。在土壤电阻率高的地区,当采用一般措施难以降低接地电阻时,可用多根放射形接地体,将接地电阻降低到 30Ω 以下。在土壤电阻率特别高的地区,可采用两根与线路平行的连续伸长接地体,它可以增强地线与导线间的耦合作用,也可降低杆塔的冲击接地电阻,避免末端反射,因而能降低绝缘子串上的电位差,提高耐雷水平。

(3) 架设耦合地线

如果接地电阻很难降低时,可以在导线下方加一条架空地线(耦合地线),其作用是在雷击导线时起分流作用和增强避雷线与导线间的耦合作用,从而降低绝缘子串上的电压,提高线路的耐雷水平。运行经验表明,耦合地线对降低雷击跳闸率有显著的效果。

(4) 采用不平衡绝缘

在现代高压及超高压线路中,同杆架设的双回路线路日益增多。为了降低雷击时双回路同时跳闸的跳闸率,当采用通常的防雷措施不能满足要求时,可采用不平衡绝缘方式,也就是使两回线路的绝缘子片数有差异,以保证不中断供电。这样,当线路遭雷击时,绝缘子片数少的回路先闪络,闪络后的导线相当于地线,增加了对另一回线路的耦合作用,使其耐雷水平提高而不再发生闪络,以保证线路继续供电。两回线路绝缘水平相差多少,应根据技术、经济等各方面的比较来确定。一般认为两回路绝缘水平的差异宜为 $\sqrt{3}$ 倍相电压(峰值),差异过大将使线路的总跳闸率增加。

(5) 采用消弧线圈接地方式

在雷电活动强烈、接地电阻又难以降低的地区,对于 110kV 及以下电压等级的电网可采用系统中性点不接地或经消弧线圈接地的方式。这样绝大多数的雷击单相闪络接地故障能被消弧线圈所消除,不至于发展成为持续工频电弧。在两相或三相受雷时,雷击引起第一相导线闪络并不会造成跳闸,先闪络的导线相当于地线,增加了分流和对未闪络相的耦合作用,使未闪络相绝缘上的电压下降,从而提高了线路的耐雷水平。

(6) 装设自动重合闸装置

由于线路绝缘具有自恢复性能,大多数雷击造成的冲击闪络在线路跳闸后能够自行消除。所以,安装自动重合闸装置对降低线路的雷击事故率效果较好,各级电压的线路都应装设自动重合闸装置。

(7) 装设排气式避雷器

在我国跳闸率比较高的地区,高压线路的总跳闸次数中,由于雷击引起的跳闸次数占到 40%~70%。为了减少输电线路的雷害事故,提高供电的可靠性,可在线路雷电活动强烈或土壤电阻率很高的线段及线路绝缘薄弱处装设排气式避雷器。一般在线路交叉处和大跨越高杆塔等处装设排气式避雷器。

(8) 加强绝缘

对于线路的个别大跨越高杆塔地段,落雷机会增多,杆塔的等值电感大,感应过电压高,绕击的概率也随高度的增大而增加,这些都增加了线路的雷击跳闸率。为降低跳闸率,可在高杆塔上增加绝缘子串的片数,加大跨越挡导线与避雷线之间的距离,以加强线路绝缘。全高超过40m有避雷线的杆塔,每增高10m应增加一片绝缘子;全高超过100m的杆塔,绝缘子串的片数应结合运行经验通过计算确定。

五、发电厂和变电所的防雷保护

发电厂和变电所是电力系统的枢纽,设备相对集中,一旦发生雷害事故,往往导致发电机、变压器等重要电气设备的损坏,更换和修复困难,并造成大面积停电,严重影响国民经济和人民生活。因此,发电厂和变电所的防雷保护要求十分可靠。

发电厂和变电所遭受的雷害一般来自两方面:一方面是雷直击于发电厂、变电所;另一方面是雷击输电线路后产生的雷电波沿该导线侵入发电厂、变电所。

对直击雷的保护,一般采用避雷针或避雷线,根据我国的运行经验,凡装设符合要求的避雷针(线)的发电厂和变电所绕击和反击事故率是非常低的,约每年每百所0.3次。

由于雷击线路比较频繁,沿线路侵入的雷电波是导致发电厂、变电所雷害事故的主要原因,雷电流幅值虽受到线路绝缘的限制,但发电厂、变电所电气设备的绝缘水平比线路绝缘水平低,主要措施是在发电厂和变电所内安装合适的避雷器以限制电气设备上的过电压峰值,同时设置进线保护段以限制雷电流幅值和降低侵入波的陡度。对于直接与架空线路相连的发电机(一般称为直配电机),除在发电机母线上装设避雷器外,还应装设并联电容器,以降低发电机绕组侵入波的陡度,保护发电机匝间绝缘和中性点绝缘不受损坏。

1. 直击雷过电压的防护

直击雷过电压防护的措施主要是装设避雷针或避雷线,使被保护设备处于避雷针或避雷线的保护范围之内,同时还必须防止雷击避雷针或避雷线时引起的被保护物的反击事故。

当雷击独立避雷针时,如图6-20所示,为了防止避雷针与被保护的配电构架或设备之间的空气间隙S_a被击穿而造成反击事故,要求S_a必须大于一定距离,一般情况下,避雷针和避雷线的间隙距离S_a不宜小于5m,地中距离S_e不宜小于3m。

35kV及以下的变电所,需要架设独立避雷针。对于110kV及以上变电所,由于此类电压等级配电装置的绝缘水平较高,可以将避雷针架设在配电装置的构架上。构架避雷针具有节约投资、便于布置等优点,但更应注意反击问题,在土壤电阻率不高的地区,雷击避雷针时在配电构架上出现的高电位不会造成反击事

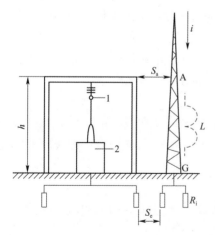

图6-20 雷击独立避雷针
1-母线;2-变压器

故,但在土壤电阻率大于2000Ω·m的地区,宜架设独立避雷针。变压器是变电所中最重要而绝缘水平又较弱的设备,一般在变压器的门形构架上不允许装避雷针(线)。要求在其他装置避雷针的构架埋设辅助集中接地装置,且避雷针与主接地网的地下连接点至变压器接地线与主接地网的地下连接点,沿接地体的距离不得小于15m。

线路终端杆塔上的避雷线能否与变电所构架相连,也主要根据是否发生反击而定。110kV及以上的配电装置可以将线路避雷线引至出线门形架上,但在土壤电阻率大于1000Ω·m的地区,应加设集中接地装置;对35~60kV配电装置,一般不允许线路避雷线与出线门形架相连,只在土壤电阻率不大于500Ω·m的地区允许,但同样需加设集中接地装置。

变电所采用避雷线防直击雷,所选避雷线要有足够的截面积和机械强度,以免由于避雷线断线引起母线短路的严重故障,只要结构布置合理,设计参数选择正确,同样可以起到可靠的防雷作用。近年来,国内外新建的500kV变电所多有采用避雷线保护的趋势。

发电厂的主厂房、主控制室和配电装置室一般不装设直击雷保护装置,以免发生反击事故和引起继电保护误动作。

在设计避雷针(线)时还应注意以下几个问题:

①避雷针的安装地点应避开人员经常通行的地方,一般应距道路3m以上,否则应采取均压措施,或铺设碎石路面或混凝土沥青路面(厚5~8cm),以保证人身安全。

②为避免雷击避雷针时,雷电波沿电线传入室内,所以架空照明线、电话线、广播线、无线电天线等严禁架在避雷针(线)上或其下的架构上。

③现场中往往需要在独立避雷针上或在装有避雷针的架构上装有照明灯,这些灯的电源线必须采用金属包皮并且埋入土中10m以上,再与35kV及以下配电装置的接地网及低压配电装置相连。机力通风冷却塔上的电源线也应照此处理。

④发电厂烟囱上装有避雷针,烟囱下附近往往有引风机,后者自配电室供电。为使雷击烟囱避雷针时不致使引风机或配电室发生损坏,一般应将二者的接地分开,并将引风机外壳接于发电厂主接地网。当因位置所限,二者不易分开时,引风机的电源线应采用金属包皮并埋入土中10m以上。

2. 侵入波过电压的防护

变电所中限制雷电侵入波过电压的主要措施是装设避雷器,需要正确选择避雷器的类型、参数,合理确定避雷器的数量和安装位置。如果3台避雷器分别直接连接在变压器的3个出线套管端部,只要避雷器的冲击放电电压和残压低于变压器的冲击绝缘水平,变压器就会得到可靠的保护。

但在实际中,变电所有许多电气设备需要防护,而电气设备总是分散布置在变电所内,常常要求尽可能减少避雷器的组数(一组3台避雷器),又要保护全部电气设备的安全,加上布线上的原因,避雷器与电气设备之间总有一段长度不等的距离。在雷电侵入波的作用下,被保护电气设备上的电压与避雷器上的电压不同。

在实际情况下,由于变电所接线方式比较复杂,出线可能不止一路,再考虑变压器的对地电容的作用、冲击电晕和避雷器电阻的衰减作用等,变电所的波过程将十分复杂。实测表

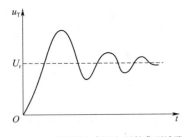

图 6-21 变压器上实际电压的典型波形

明,雷电波侵入变电所时变压器上实际电压的典型波形如图 6-21 所示。它相当于在避雷器的残压上叠加一个衰减的振荡波,这种波形和全波波形相差较大,对变压器绝缘结构的作用与截波的作用较为接近,因此常以变压器绝缘承受截波的能力来说明在运行中该变压器承受雷电波的能力。变压器承受截波的能力称为多次截波耐压值 U_j,根据实践经验,对变压器而言,$U_j = 0.87 U_{j3}$(U_{j3} 为变压器 3 次截波冲击试验电压)。

取变压器的冲击耐压强度为 U_j,可求出避雷器与变压器的最大允许电气距离,即避雷器的保护距离 l_m 为

$$l_m = \frac{U_j - U_r}{2\dfrac{a}{v}} = \frac{U_j - U_r}{2a'} \tag{6-21}$$

式中:a'——电压沿导线升高的空间陡度,$a' = a/v$,kV/m。

高压变电所一般在每组母线上装设一组避雷器。普通阀型避雷器和金属氧化物避雷器与主变压器间的电气距离可分别参照表 6-3 和表 6-4 确定,全线有避雷线进线长度取 2km,进线长度在 1~2km 时的电气距离按补插法确定。电气距离超过表中的参考值,可在主变压器附近增设一组避雷器。其他电器的绝缘水平高于变压器,对其他电器的最大距离可相应增加 35%。

普通阀型避雷器至主变压器间的最大电气距离(mm)　　　　表 6-3

系统标称电压 (kV)	进线长度 (km)	进线路数			
		1	2	3	≥4
35	1	25	40	50	55
	1.5	40	55	65	75
	2	50	75	90	105
66	1	45	65	80	90
	1.5	60	85	105	115
	2	80	105	130	145
110	1	45	70	80	90
	1.5	70	95	115	130
	2	100	135	160	180
220	2	105	165	195	220

注:1. 全线有避雷线进线长度取 2km,进线长度在 1~2km 时的距离按补插法确定。
　　2. 35kV 也适用于有串联间隙金属氧化物避雷器的情况。

金属氧化物避雷器至主变压器间的最大电气距离(mm)　　表6-4

系统标称电压 (kV)	进线长度 (km)	进线路数			
		1	2	3	≥4
110	1	55	85	105	115
	1.5	90	120	145	165
	2	125	170	205	230
220	2	125	195	235	265
		(90)	(140)	(170)	(190)

注：1. 本表也适用于电站碳化硅磁吹避雷器(FM)的情况。
　　2. 括号内距离对应的雷电冲击全波耐受电压为850kV。

超高压、特高压变电所由于限制线路上操作过电压的要求，在变电所线路断路器的线路侧必然安装有金属氧化物避雷器，变压器回路也要求安装有金属氧化物避雷器，至于变电所母线上是否安装金属氧化物避雷器以及各避雷器与被保护设备的电气距离，则需要通过数字仿真计算予以确定。

3. 变电所的进线段保护

变电所的进线段保护是对雷电侵入波保护的一个重要辅助措施，就是在邻近变电所1～2km的一段线路上加强防护。当线路全线无避雷线时，这段线路必须架设避雷线；当沿全线架设有避雷线时，则应提高这段线路的耐雷水平，以降低这段线路内绕击和反击的概率。进线段保护的作用在于限制流经避雷器的雷电流幅值和侵入波的陡度。

未沿全线架设避雷线的35～110kV架空送电线路，当雷直击于变电所附近的导线时，流过避雷线的电流幅值可能超过5kA，而陡度也会超过允许值。因此，应在变电所1～2m的进线段架设避雷线作为进线段保护，要求保护段上的避雷线保护角宜不超过20°，最大不应超过30°，110kV及以上有避雷线架空送电线路，把2km范围内进线作为进线保护段，要求加强防护，如减小避雷线的保护角及降低杆塔的接地电阻 R_i。要求进线保护段范围内的杆塔耐雷水平，达到各个电压等级的最大值，以使避雷器电流幅值不超过5kA（在330～550kV级为10kA），而且必须保证来波陡度 a 不超过一定的允许值。35～110kV变电所的进线段保护接线如图6-22所示。

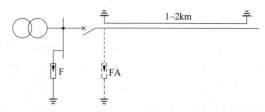

图6-22　35～110kV变电所的进线段保护接线

在图6-22的标准进线段保护方式中，安装排气式避雷器FA。这是因为在雷季，线路断路器、隔离开关可能经常开断而线路侧又带有工频电压(热备用状态)，沿线袭来的雷电波(其幅值为 $U_{50\%}$)在此处碰到了开路的末端，于是电压可上升到 $2U_{50\%}$，这时可能使开路的断路器和隔离开关对地放电,引起工频短路,将断路器或隔离开关的绝缘支座烧毁,为此需在靠近隔离开关或断路器处装设一组排气式避雷器 FA。但在断路器闭合运行时雷电侵入波不应使 FA 动作,即此时 FA 应在变电所避雷器 F 保护范围之内,如 FA 在断路器闭合运行时侵入波使之放电,则将造成截波,可能危及变压器纵绝缘与相间绝缘。若缺乏适当参数的排气式避雷器,则 FA 可用阀型避雷器代替。

对于 35kV 小容量变电所,可根据负荷的重要性及雷电活动的强弱等条件适当简化保护接线,因为变电所范围小,避雷器距变压器的距离一般在 10m 以内,故侵入波陡度 a 允许增加,变电所进线段的避雷线长度可减少到 500~600m,为了限制流入变电所避雷器的雷电流幅值,在进线首端可装设一组排气式避雷器或保护间隙,但其接地电阻不应超过 5Ω,如图 6-23 所示。

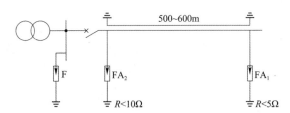

图 6-23　35kV 小容量变电所的简化进线保护

4. 变压器防雷保护的几个具体问题

(1) 变压器中性点防雷保护

当变压器绕组三相来波时,在变压器中性点的电位理论上会达到绕组首端电压的 2 倍,因此,需要考虑变压器中性点的保护问题。

对于中性点不接地、消弧线圈接地和高电阻接地系统,变压器是全绝缘的,即中性点的绝缘与相线端的绝缘水平相等。由于三相来波的概率只有 10%,机会很小,据统计约 15 年才有一次;大多数侵入波来自线路较远处,陡度较小;实际变电所有多路进线,非雷击进线有分流作用,进一步减少了流经避雷器中的雷电流;流经避雷器中的雷电流一般只有 1.4~2kA,避雷器的残压要比 5kA 时的残压减小 20% 左右;变压器绝缘水平有一定裕度等原因,运行经验表明,这种电网的雷害故障一般每一百台一年只有 0.38 次,实际上是可以接受的,因此,35~60kV 变压器中性点一般不装设保护装置。但多雷区单进线变电所且变压器中性点引出时,宜装设保护装置;中性点接有消弧线圈的变压器,如有单进线运行可能,为了限制开断两相短路时线圈中磁能释放所引起的操作过电压,应在中性点装设保护装置,该保护装置可任选金属氧化物避雷器或普通阀型避雷器,并在非雷雨季节也不能退出运行。

我国 110kV 及以上的系统是有效接地系统,运行时一部分变压器的中性点是直接接地的,同时为了限制单相接地电流和满足继电保护的需要,一部分变压器的中性点是不接地的。这种系统的变压器中性点大多是分级绝缘,即变压器中性点绝缘水平要比相线端低得多,如我国 220kV 和 110kV 变压器中性点的绝缘等级分别为 110kV 和 35kV,中性点不接地的变压器,如采用分级绝缘且未装设保护间隙,应在中性点装设雷电过电压保护装置,宜选用金属氧化物避雷器。中性点也有采用全绝缘的,此时中性点一般不加保护,但变电所为单进线且为单台变压器运行,也应在中性点装设雷电过电压保护装置。

变压器和高压并联电抗器的中性点经接地电抗器接地时,中性点上应装设金属氧化物避雷器保护。

(2) 自耦变压器的防雷保护

自耦变压器一般除有高、中压自耦绕组外,还带有三角形接线的低压(第三)非自耦绕组,以减小系统的零序阻抗及改善电压波形。因此,有可能高-低压绕组长期运行而中压侧端子开路,也可能中-低压绕组长期运行而高压侧端子开路。在这种运行方式时,自耦变压器除应按三绕组变压器的规定在低压非自耦绕组上加一只避雷器外,还需按照自耦变压器本身的特点加以保护。

(3) 配电变压器的防雷保护

配电变压器的防雷保护接线如图 6-24 所示,其 3～10kV 侧应装设阀型避雷器 FS—3～10kV 或保护间隙来保护,应将 FS 的接地端直接同变压器金属外壳连接后共同接地,以免将接地电阻 R 上的压降加到变压器绝缘结构上。但是,当雷电流流过时,变压器外壳将具有 iR 的电位,可能由金属外壳向 220～380V 低压侧反击。为了避免变压器低压侧绕组的损坏,必须将低压侧的中性点也连接在变压器的金属外壳上,即构成变压器高压侧 FS 的接地端点、低压绕组的中性点和变压器金属外壳 3 点联合接地。

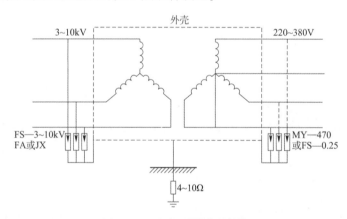

图 6-24 配电变压器的保护接线

然而,即使在上述情况下,仍会在高压侧绕组产生所谓正变换和反变换过电压。正变换过电压是指雷直击于低压线或低压线遭受感应雷过电压,此时通过电磁耦合,将低压侧过电压按电压比关系传到高压侧,由于高压侧绝缘水平的裕度比低压侧小,会损坏高压侧绕组。反变换过电压是指雷击高压线路或高压线路遭受感应雷过电压,高压侧避雷器动作,冲击大电流在接地电阻上产生压降 iR,此电压将同时作用于低压绕组的中性点上,而低压侧出线相当于经不大的导线波阻接地,因此 iR 的绝大部分都加在低压绕组上,经过电磁耦合,在高压绕组上同样会按电压比关系感应出过电压。由于高压绕组出线端的电位被避雷器限制,所以,由低压侧感应到高压侧的这一高电压将沿高压绕组分布,在中性点上达到最大值,可将中性点附近的绝缘结构击穿,也会危及绕组的纵绝缘。

为了限制上述正、反变换过电压,3～10kV 低压侧中性点接地和不接地(Yyn 和 Yy)接线的配电变压器,宜在低压侧装设一组阀型避雷器或击穿熔断器。显然,低压侧避雷器的接地端也应直接同变压器外壳连接后共同接地。

(4)三绕组变压器的防雷保护

双绕组变压器在正常运行时,高、低压侧断路器都是闭合的,两侧都有避雷器保护。三绕组变压器在正常运行时,可能出现高、中压绕组工作而低压绕组开路的情况,此时,在高压或中压侧有雷电侵入波作用,由于低压绕组对地电容较小,开路的低压绕组上的静电感应分量可达很高的数值,将危及绝缘结构,为了限制这种过电压,在低压绕组直接出口处对地加装避雷器即可,当低压绕组接有25m以上金属外皮电缆时,因为对地电容增大,可不必再装避雷器。中压绕组虽然也有开路的可能,但其绝缘水平较高,一般不装设避雷器。

专项实训 6.1 避雷器直流参考电压和 0.75 倍直流参考电压下的泄漏电流测试

一、工作任务

为了检查氧化锌阀片是否受潮或者劣化，确定其动作性能是否符合产品性能要求，某变电所 10kV 金属氧化物避雷器需进行直流参考电压和 0.75 倍直流参考电压下的泄漏电流测试来判断是否有质量缺陷。此任务在现场测试。

二、引用的标准、规程和文件

(1)《交流无间隙金属氧化物避雷器》(GB/T 11032—2020)。
(2)《电力设备预防性试验规程》(DL/T 596—2021)。
(3)《电力安全工作规程 发电厂和变电站电气部分》(DL/T 408—2023)。
(4) YTZG 型直流高压发生器说明书。

三、试验仪器、仪表及材料（表 6-5）

试验仪器、仪表及材料　　表 6-5

序号	试验所用设备（材料）	数量	序号	试验所用设备（材料）	数量
1	YTZG 型直流高压发生器	1 套	5	常用仪表（电压表、微安表、万用表等）	1 套
2	电源盘	2 个	6	小线箱（各种小线夹及跨接线）	1 套
3	常用工具	1 套	7	操作杆、放电棒、验电器	1 套
4	10kV 金属氧化物避雷器	1 个	8	设备试验原始记录	1 本

四、测试准备及工作危险点分析、防范措施

同项目 1 任务 1.1 专项实训 1.1 气体介质击穿测试要求。

五、测试人员配置

此任务可配测试负责人 1 名，测试人员 3 名（1 名接线；1 名操作仪表；1 名验电、放电）。

六、测试仪表设备介绍

见项目 4 任务 4.1 中专项实训 4.1。

七、方案设计

根据 YTZG 型直流高压发生器说明书设计测试接线图。

八、测试步骤

(1) 对避雷器进行放电,将避雷器瓷套表面擦拭干净。

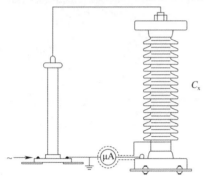

图 6-25　避雷器的底部串入电流表测试接线图

(2) 采用高压直流发生器进行试验接线(选用的试验设备额定电压应高于被试避雷器的直流 1mA 电压),泄漏电流应在高压侧读表,测试电流的导线应使用屏蔽线。在试品接地端可分开的情况下,也可采用在试品的底部(地电位侧)串入电流表进行测试的方式,但也必须使用屏蔽线,如图 6-25 所示。

若要排除试品表面泄漏电流的影响,可用软的裸铜线在试品地电位端绕上几圈与屏蔽连接。

(3) 升压。在直流泄漏电流超过 200μA 时,此时电压升高一点,电流将会急剧增大,所以应放慢升压速度,在电流达到 1mA 时,读取电压值 U_{1mA} 后,降压至零。

(4) 计算 0.75 倍 U_{1mA} 值。

(5) 升压至 $0.75U_{1mA}$,测试泄漏电流的大小。

(6) 降压至零,断开试验电流。

(7) 待电压表指示基本为零时,用放电杆对避雷器放电,挂接地线,拆试验接线。

(8) 记录环境温度。

九、结果判断

避雷器直流 1mA 电压的数值不应该低于《电力设备预防性试验规程》(DL/T 596—2021)中的规定数值,且 U_{1mA} 实测值与初始值或制造厂规定值比较变化不应超过 ±5%,$0.75U_{1mA}$ 下的泄漏电流不得大于 50μA,且与初始值相比较不应有明显变化。如试验数据虽未超过标准要求,但是与初始数据出现比较明显变化时应加强分析,并且在确认数据无误的情况下加强监视,如增加带电测试的次数等。

十、注意事项

(1) 由于无间隙金属氧化物避雷器表面的泄漏原因,在试验时应尽可能地将避雷器瓷套表面擦拭干净。如果直流 1mA 电压仍然试验不合格,应在避雷器瓷套表面装一个屏蔽环,让表面泄漏电流不通过测试仪器,而直接流入地。

(2) 测试时应记录环境温度,阀片的温度系数一般为 0.05% ~ 0.17%,温度升高 10℃,直流 1mA 电压约降低 1%,所以,如果在必要的时候应该进行换算,以免出现误判断。

任务6.2　避雷针接地电阻测试

任务导入

避雷针是由直接接收雷击的接闪器、电流引下线及接地体所构成,它的接地体是独立存在的,且接地电阻很小。避雷针由于长年累月暴露在大气中,遭受光、热、潮气等的作用,很容易使金属件锈蚀,造成焊接点开焊、断裂、接触不良等。如果不能及时发现、及时处理,在接收雷电时,不能迅速将雷电流泄入大地,必将使避雷针造成损坏,危及保护范围内的电气设备。所以要对避雷针接地电阻进行测试,接地体电流引下线与接闪器也要进行测试。

《电力设备预防性试验规程》(DL/T 596—2021)中的规定,独立避雷针(线)的接地电阻不超过1~3年要进行一次测试。如何进行避雷针的接地电阻测试?

理论知识

一、接地的基本概念及原理

1. 接地概念及分类

接地是指将电力系统中电气装置和设施的某些导电部分,经接地线连接至接地极。埋入地中并直接与大地接触的导体称为接地极,兼作接地极用的直接与大地接触的各种金属构件、金属井管、钢筋混凝土建筑物的基础、金属管道和设备等称为自然接地极。电气装置、设施的接地端子与接地极连接用的金属导电部分称为接地线。接地极和接地线合称接地装置。

接地按用途可分为工作接地、保护接地、防雷接地和防静电接地4种。

(1) 工作接地

电力系统电气装置中,工作接地为运行需要所设的接地,如中性点的直接接地,中性点经消弧线圈、电阻接地,又称系统接地。工作接地的接地电阻一般为 $0.5 \sim 5\Omega$。

(2) 保护接地

为了保证人身安全,防止因设备绝缘损坏引发触电事故而采取的将高压电气设备的金属外壳接地。其作用是保证金属外壳经常固定为地电位,当设备绝缘损坏而使外壳带电时,不致有危险的电位升高造成人员触电事故。不过,还要防止接触电压和跨步电压引起的触电事故。在正常情况下,接地点没有电流入地,金属外壳保持地电位,但当设备发生接地故障有电流通过接地体流入大地时,与接地点相连的设备金属外壳和附近地面的电位都会升高,有可能威胁到人身的安全。高压设备要求保护接地电阻值为 $1 \sim 10\Omega$。

(3) 防雷接地

防雷接地是针对防雷保护装置的需要而设置的接地。其作用是使雷电流顺利入地,减小雷电流通过时的电位。

对工作接地和保护接地来说,接地电阻是指工频或直流电流流过时的接地电阻,称为工频(或直流)接地电阻;当接地装置上流过雷电冲击电流时,所呈现的电阻称为冲击接地电阻(指接地体上的冲击电压幅值与冲击电流幅值之比)。雷电冲击电流与工频接地短路电流相比,具有幅值大、等值频率高的特点。

雷电流的幅值大,会使地中电流密度 δ 增大,因而提高了地中的电场强度($E = \rho\delta$),当 E 超过定值时,在接地体周围的土壤中会发生局部火花放电。火花放电使土壤电导增大,接地装置周围像被良好导电物质包围,相当于接地电极的尺寸加大,于是使接地电阻减小。当土壤电阻率 ρ、δ 越大时,E 也越大,土壤中火花放电也越强烈,冲击接地电阻值降低得也越多,这一现象称为火花效应。

此外,雷电流的等值频率高,会使接地体本身呈现明显的电感作用,阻碍雷电流流向接地体的远端,结果使接地体不能被充分利用,则冲击接地电阻大于工频接地电阻,这一现象称为电感效应。对于伸长接地体这种效应更显著。

由于上述原因,同一接地装置在冲击电流和工频电流的作用下,将具有不同的电阻。两者之间的关系用冲击系数 a 表示,即

$$a = \frac{R_i}{R_g} \tag{6-22}$$

式中:R_g——工频接地电阻;

R_i——冲击接地电阻。

(4) 防静电接地

防静电接地是为防止静电对易燃油、天然气贮罐、氢气贮罐和管道等的危险作用而设的接地。

2. 接地电阻、接触电压和跨步电压

大地是个导电体,当其中没有电流流通时是等电位的,通常人们认为大地具有零电位。大地具有一定的电阻率,如果有电流经过接地极注入,电流以电流场的形式向大地做半球形扩散,则大地就不再保持等电位,将沿大地产生电压降。此时大地中必然呈现相应的电场分布,在靠近接地极处,电流密度和电场强度最大,离电流注入点越远,地中电流密度和电场强度就越小,因此,可以认为在相当远(20~40m)处,地中电流密度已接近零,电场强度 E 也接近零,该处的电位为零电位。

接地装置对地电位 u 与通过接地极流入地中电流 i 的比值称为接地电阻,根据流入的接地电流性质,工频电流作用时呈现的电阻称为工频接地电阻,用 R_e 表示;冲击电流作用时呈现的电阻称为冲击接地电阻,用 R_i 表示。一般不特殊说明,接地电阻指的是工频接地电阻,因为测试接地电阻时用的是工频电源。

人处于分布电位区域内,可能有两种方式触及不同电位点而受到电压的作用。当人触及漏电外壳,加于人手脚之间的电压,称为接触电压,即通常按人在地面上离设备水平距离

为 0.8m,处于设备外壳、架构或墙壁离地面的垂直距离 1.8m 处两点间的电位差,称为接触电位差,即接触电压 U_t。当人在分布电位区域内跨开一步,两脚间(水平距离 0.8m)的电位差,称为跨步电位差,即跨步电压 U_s。当接地电流 i 为定值时,接地电阻越大,电压越高,此时地面上的接地物体也就具有了较高电位,有可能引起大的接触电位差和跨步电位差,也有可能引起其他带电部分间绝缘的闪络,从而危及人身安全和电气设备的绝缘,因此要力求降低接地电阻。

为了降低接地电阻,首先要充分利用自然接地极,如钢筋混凝土杆、铁塔基础、发电厂和变电所的构架基础等,大多数情况下单纯依靠自然接地极是不能满足要求的,需要增设人工接地装置,人工接地装置有水平敷设、垂直敷设以及既有水平又有垂直敷设的复合接地装置。水平敷设人工接地极的可采用圆钢、扁钢,垂直敷设的可采用角钢、钢管,埋于地表面下 0.5~1.0m 处。水平接地极多用扁钢,宽度一般为 20~40mm,厚度不小于 4mm,或者用直径不小于 6mm 的圆钢。垂直接地极一般用角钢(20mm × 20mm × 3mm ~ 50mm × 50mm × 50mm)或钢管,长度一般为 2.5m。由于金属的电阻率远小于土壤的电阻率,所以接地极本身的电阻在接地电阻中忽略不计。

3. 典型接地体的接地电阻

(1)垂直接地体

其接地电阻为

$$R = \frac{\rho}{2\pi l}\left(\ln\frac{8l}{d} - 1\right) \tag{6-23}$$

式中:l——垂直接地体长度,m;

d——接地体直径,m。

当采用扁钢时,$d = b/2$(b 是扁钢宽度),如图 6-26 所示。当采用角钢时,$d = 0.84b$(b 是角钢每边的宽度)。

为了得到较小的接地电阻,接地装置往往由多个单一接地体并联组成,称为复式接地装置。在复式接地装置中,由于各接地体之间相互屏蔽的效应,以及各接地体与连接用的水平电极之间相互屏蔽的影响,接地体的利用情况恶化,如图 6-27 所示。故总的接地电阻 R_Σ 要比 R/n 略大,可由下式计算

$$R_\Sigma = \frac{R}{\eta n}$$

式中:η——利用系数,表示由于电流相互屏蔽而使接地体不能充分利用的程度。一般 η 为 0.65~0.8,η 值与流经接地体的电流是工频或是冲击电流有关。

(2)水平接地体

其电阻值为

$$R = \frac{\rho}{2\pi L}\left(\ln\frac{L^2}{dh} + A\right) \quad (\Omega) \tag{6-24}$$

式中:L——水平接地体的总长度,m;

h——水平接地体埋设深度,m;

A——因受屏蔽影响使接地电阻增加的系数(屏蔽系数)。

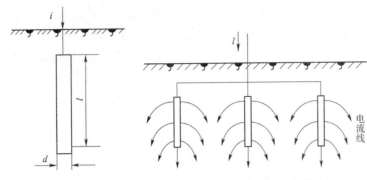

图 6-26 单根垂直接地体　　图 6-27 三垂直接地体的屏蔽效应

水平接地体屏蔽系数 A 见表 6-6。

水平接地体屏蔽系数 A　　表 6-6

序号	1	2	3	4	5	6	7	8
接地体形式	—	∟	⅄	○	＋	□	✳	✳
屏蔽系数 A	-0.6	-0.18	0	0.48	0.89	1	3.03	5.65

以上公式计算出的是工频电流下的接地电阻即工频接地电阻。当流过雷电冲击电流时，其冲击接地电阻与工频接地电阻的关系通常用冲击系数 a 表示。

4. 接地和接零保护

(1) 输电线路的防雷接地

高压输电线路在每一基杆塔下都设有接地体，并通过引线与避雷线相连，其目的是使雷电流通过较低的接地电阻入地。

高压线路杆塔都有混凝土基础，它也起着接地体的作用（称为自然接地体）。一般情况下，自然接地电阻是不能满足要求的，需要装设人工接地装置。线路杆塔接地电阻值（上限）应满足表 6-7 中的要求。

装有避雷线的线路杆塔工频接地电阻值（上限）　　表 6-7

土壤电阻率 $\rho(\Omega \cdot m)$	工频接地电阻（Ω）
100 及以下	10
100 以上至 500	15
500 以上至 1000	20
1000 以上至 2000	25
2000 以上	30，或敷设 6~8 根总长不超过 500m 的放射线，或用 2 根连续伸长接地线，阻值不做规定

(2) 发电厂和变电所的接地

发电厂和变电所内有大量的重要设备，因此需要良好的接地装置，以满足工作、安全和防雷的要求。一般的做法是根据安全和工作接地的要求敷设一个统一的接地网，然后在避雷针和避雷器安装处增加辅助接地体，以满足防雷接地的要求。

接地网由扁钢水平连接，埋入地下 0.6～0.8m 处，其面积大体与发电厂和变电所的面积相同。接地网一般做成网孔形，如图 6-28 所示，也可做成方孔接地网，其目的主要在于均压，接地网中的两水平接地带的间距为 3～10m，应按接触电压和跨步电压的要求确定。

接地网的总接地电阻 R 可按下式估算

$$R = \frac{0.44\rho}{\sqrt{S}} + \frac{\rho}{L} \approx 0.5\frac{\rho}{\sqrt{S}} \quad (\Omega) \quad (6-25)$$

式中：L——接地体（包括水平接地体与垂直接地体）的总长度，m；

ρ——土壤电阻率，$\Omega \cdot m$；

S——接地网的总面积，m^2。

发电厂和变电所的工频接地电阻值一般在 0.5～5Ω，主要是为了满足工作接地及安全接地的要求。

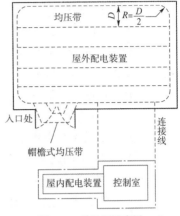

图 6-28　接地网示意图

二、操作过电压与绝缘配合

操作过电压是内部过电压的一种。操作过电压中所指的"操作"并非狭义的开关倒闸操作，而应理解为"电网参数的突变"，它可能由倒闸操作引起，也可能由故障产生的过渡过程而引起。与暂时过电压相比，操作过电压通常具有幅值高、存在高频振荡、阻尼强和持续时间短的特点。其危害性极大，如不及时防治，有可能使电气设备绝缘击穿而损坏或造成停电事故，因此，有必要引起足够的重视。

常见的操作过电压主要包括：切除空载线路过电压、空载线路合闸过电压、切除空载变压器过电压和断续电弧接地过电压等几种。前 3 种属于中性点直接接地的系统。近年来，由于断路器及其他设备性能的改善，切除空载线路过电压和切除空载变压器过电压已经显得不严重了，因此在超高压系统中以合闸（包括重合闸）过电压最为严重。断续电弧接地过电压属于中性点非直接接地系统，其防护措施是使系统中性点经消弧线圈接地。

绝缘配合是高电压技术的一个中心问题，是指综合考虑系统中可能出现的各种作用电压、保护装置特性及设备的绝缘特性，最终确定电气设备的绝缘水平。随着电力系统电压等级的提高，合理解决电力系统的绝缘配合问题显得越来越重要。

1. 切除空载线路过电压

切除空载线路是电网中常见操作之一，在切除空载线路的过程中，虽然断路器切断的是几十安到几百安的电容电流，比短路电流小得多，但如果使用的断路器灭弧能力不强，在切断这种电容电流时就可能出现电弧的重燃，从而引起电磁振荡，造成过电压。在实际电网中常遇到切除空载线路过电压引起阀型避雷器爆炸、断路器损坏、套管或线路绝缘闪络等情况。

切除空载线路过电压出现比较频繁，而且波及全线，所以，其成为选择电网绝缘水平的主要依据之一。采取适当措施来消除和限制这种过电压，对于降低电网的绝缘水平有很大的意义。主要措施如下：

①改善断路器的结构。避免发生重燃现象断路器的重燃是产生这种过电压的最根本的

原因,因此,最有效的措施就是改善断路器的结构,提高触头间介质的恢复强度和灭弧能力,避免发生重燃现象。20世纪70年代以前,在110~220kV系统中,断路器的重燃问题没有得到很好的解决,致使出现很高幅值的过电压。但随着现代断路器设计和制造水平的提高,如压缩空气断路器以及六氟化硫断路器等大大改善其灭弧性能,基本上达到了不重燃的要求。

②断路器加装并联电阻。这也是降低触头间的恢复电压、避免电弧重燃的一种有效措施。图6-29是这种断路器一般采取的两种接线方式。在分闸时先断开主触头1,经过一定时间间隔后再断开辅助触头2,合闸时的动作顺序刚好与上述相反。在切除空载线路时,第一步,打开主触头1,这时电阻R被串联在回路之中,线路上的剩余电荷通过R向外释放。这时主触头1的恢复电压就是R上的压降,显然,要想使得主触头不发生电弧重燃,R越小越好。第二步,辅助触头2断开,由于恢复电压较低,一般不会发生重燃。即使发生重燃,由于R上有压降,沿线传播的电压波远小于没有R时的数值。所以,从这个方面考虑,又希望R大一些。综合两方面考虑,并考虑R的热容量,这种分闸电阻的阻值一般处于100~3000Ω,这种并联电阻也称为中值并联电阻。

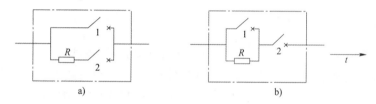

图6-29　带并联电阻断路器

③利用避雷器保护。安装在线路首端和末端的氧化锌或磁吹避雷器,也能有效地限制这种过电压的幅值。

④泄流设备的装设。将并联电抗器或电磁式互感器接在线路侧,可以使线路上的残余电荷得以泄放或产生衰减振荡,最终降低断路器间的恢复电压和重燃的可能性,从而降低过电压。

2. 空载线路合闸过电压

电力系统中,空载线路合闸过电压也是一种常见的操作过电压。其通常分为两种情况:正常操作和自动重合闸。由于初始条件的差别,重合闸过电压的情况更为严重。近年来,由于采用了种种措施(如采用不重燃断路器、改进变压器铁芯材料等)限制或降低了其他幅值更高的操作过电压,空载线路合闸过电压的问题就显得更加突出。特别在超高压或特高压电网的绝缘配合中,这种过电压已经成为确定电网水平的主要依据。

合闸过电压的限制、降低措施主要有:

①装设并联合闸电阻。这是限制这种过电压最有效的措施,如图6-29所示。不过,这时应先合辅助触头2,后合主触头1。整个合闸过程的两个阶段对阻值的要求是不同的:在合辅助触头2的第一阶段,R对振荡起阻尼作用,使过渡过程中的过电压最大值有所降低。R越大,阻尼作用越大,过电压就越小,所以,希望选用较大的阻值;经过8~15ms,开始合闸的第二阶段,主触头1闭合,将R短接,使线路直接与电源相连,完成合闸操作。在第二阶段,R值越大,过电压也越大,所以,希望选用较小的阻值。因此,合闸过电压的高低与电阻

值有关,某一适当的电阻值下可将合闸过电压限制到最低。

②控制合闸相位。通过一些电子装置来控制断路器的动作时间,在各相合闸时,将电源电压的相位角控制在一定范围内,以达到降低过电压的目的。具有这种功能的同电位合闸断路器在国外已研制成功。它既有精确、稳定的机械特性,又有检测触头间电压(捕捉向电位瞬间)的二次选择回路。

③利用避雷器来保护。安装在线路首端和末端(线路断路器的线路侧)的氧化锌或磁吹避雷器,均能对这种过电压进行限制,如果采用的是现代氧化锌避雷器,就有可能将这种过电压的倍数限制在 1.5~1.6,因而,可不必在断路器中安装合闸电阻。

3. 切除空载变压器过电压

切除空载变压器也是电力系统中常见的一种操作。正常运行时,空载变压器表现为一个励磁电感。因此切除空载变压器就是开断一个小容量电感负荷,这时会在变压器和断路器上出现很高的过电压。系统中利用断路器切除空载变压器、并联电抗器及电机等都是常见的操作方式,它们都属于切断感性小电流的情况。

目前,限制切除空载变压器过电压的主要措施是采用避雷器。切除空载变压器过电压幅值虽较高,但持续时间短、能量不大,用于限制雷电过电压的避雷器,其通流容量完全能满足限制切除空载变压器过电压的要求。用来限制切除空载变压器过电压的避雷器应接在断路器的变压器侧,保证断路器开断后,避雷器仍与变压器相连。此外,此避雷器在非雷雨季节也不能退出运行。若变压器高、低压侧中性点接地方式相同,则可在低压侧装避雷器来限制高压侧切空变产生的过电压。

4. 断续电弧接地过电压

如果中性点不接地电网中的单相接地电流(电容电流)较大,接地点的电弧将不能自熄,而以断续电弧的形式存在,就会产生另一种严重的操作过电压-断续电弧接地过电压。

消除电弧接地过电压最根本的途径是消除间歇性电弧。若中性点接地,一旦发生单相接地,接地点将流过很大的短路电流,断路器将跳闸,从而彻底消除电弧接地过电压。目前,110kV 及以上电网大多采用中性点直接接地的运行方式。但是如果在电压等级较低的配电网中,其单相接地故障率相对较高,如采用中性点直接接地方式,必将引起断路器频繁跳闸,这不仅要增加大量的重合闸装置,增加断路器的维修工作量,又影响供电的连续性。所以,我国 35kV 及以下电压等级的配电网采用中性点经消弧线圈接地的运行方式。

通常把消弧线圈电感电流补偿系统对地电容电流的百分数称为消弧线圈的补偿度。根据补偿度的不同,消弧线圈可以处于 3 种不同的运行状态:(1)欠补偿,$I_L < I_C$;(2)全补偿,$I_L = I_C$;(3)过补偿,$I_L > I_C$。

通常消弧线圈采用过补偿5%~10%运行。首先,采用过补偿是因为电网发展过程中可以逐渐发展成为欠补偿运行,不至于出现采用欠补偿时因电网的发展而导致脱谐度过大,失去消弧作用;其次,若采用欠补偿,在运行中因部分线路退出而可能形成全补偿,产生较大的中性点偏移,可能引起零序网络中产生严重的铁磁谐振过电压。

5. 绝缘配合

电力系统的运行可靠性主要由停电次数及停电时间来衡量。尽管停电原因很多,但绝缘结构的击穿是造成停电的主要原因之一,因此,电力系统运行的可靠性,在很大程度上取决于设备的绝缘水平和工作状况。而如何选择采用合适的限压措施及保护措施,在不过多增加设备投资的前提下,既限制可能出现的高幅值过电压,保证设备与系统安全、可靠地运行,又降低对各种输变电设备绝缘水平的要求,减少主要设备的投资费用,这些已日益得到重视,这就是绝缘配合问题。

所谓绝缘配合是根据设备在系统中可能承受的各种电压(工作电压及过电压),并考虑限压装置的特性和设备的绝缘特性确定必要的耐受强度,以便把作用于设备上的各种电压所引起的绝缘结构损坏和影响连续运行的概率,降低到在经济和运行上能接受的水平。这就要求在技术上处理好各种电压、各种限压措施和设备绝缘耐受能力三者之间的关系,以及在经济上协调设备投资费、运行维护费和事故损失费(可靠性)三者之间的关系。这样,既不因绝缘水平取得过高而使设备尺寸过大、造价太贵,造成浪费;也不会由于绝缘水平取得过低,虽然一时节省了设备造价,但增加了运行中的事故率,导致停电损失和维护费用大增,最终不仅造成经济上更大的浪费,而且造成供电可靠性的降低。

在上述绝缘配合总体原则确定的情况下,对具体的电力系统如何选取合适的绝缘水平,还有根据不同的系统结构、不同的地区以及电力系统不同的发展阶段来进行具体的分析。

绝缘配合的最终目的就是确定电气设备的绝缘水平,所谓电气设备的绝缘水平是指设备可以承受(不发生闪络、放电或其他损坏)的试验电压值。考虑到设备在运行时要承受运行电压、工频过电压及操作过电压,对电气设备绝缘水平规定了短时工频试验电压,对外绝缘水平还规定了干状态和湿状态下的工频放电电压;考虑到在长期工作电压和工频过电压的作用下内绝缘的老化和外绝缘的抗污秽性能,规定了设备的长时间工频试验电压;考虑到雷电过电压对绝缘结构的作用,规定了雷电冲击试验电压等。

对于220kV及以下的设备和线路,雷电过电压一直是主要威胁,因此,在选取设备的绝缘水平时应首先考虑雷电冲击的作用,即以限制雷电过电压的主要措施、以阀型避雷器的保护水平为基础来确定设备的冲击耐受电压,而一般不采用专门限制内部过电压的措施。

在超高压系统中,随着电压等级的提高,操作过电压的幅值随之增大,对设备与线路的绝缘水平要求更高,绝缘结构的造价以更大比例提高。例如,在330kV及以上的超高压绝缘配合中,操作过电压起主导作用。处于污秽地区的电网,外绝缘的强度受污秽的影响大大降低,恶劣气象条件时就会发生污闪事故。因此,此类电网的外绝缘水平主要由系统最大运行电压决定。另外,在特高压电网中,由于限压措施的不断完善,过电压可降到 $1.6 \sim 1.8 p\mu$,甚至更低。

专项实训 6.2　避雷针接地电阻测试

一、工作任务

对某一独立避雷针进行接地电阻测试。

二、引用的标准、规程和文件

(1)《电气装置安装工程 电气设备交接试验标准》(GB 50150—2016)。
(2)《电力安全工作规程　发电厂和变电站电气部分》(DL/T 408—2023)。
(3)接地电阻测试仪说明书。

接地电阻测试仪介绍

三、试验仪器、仪表及材料(表6-8)

试验仪器、仪表及材料　　　　　　　　　表6-8

序号	试验所用设备(材料)	数量	序号	试验所用设备(材料)	数量
1	接地电阻测试仪	1套	4	小线箱(各种小线夹及跨接线)	1套
2	常用工具	2套	5	操作杆、放电棒、验电器	1套
3	常用仪表(电压表、微安表、万用表等)	1套	6	设备试验原始记录	1本

四、测试准备及工作危险点分析、防范措施

同项目1任务1.1专项实训1.1气体介质击穿测试要求。

五、测试人员配置

此任务可配测试负责人1名,测试人员3名(1名接线;1名操作仪表;1名验电、放电)。

六、测试仪表设备介绍

接地电阻测试仪实际上是一台交流发电机其输出端发出130V、频率为110Hz的交流电。其主要用来测试接地装置的工频电阻值(包括避雷针及土壤的电阻)。其外观如图6-30所示。

七、方案设计

根据接地电阻测试仪说明书设计接线图。

八、测试步骤

(1)对避雷器进行放电,将避雷器瓷套表面擦

图6-30　接地电阻测试仪外观图

拭干净。

(2)外观检查:表壳应完好无损;接线端子应齐全完好;检流计指针应能自由摆动;附件应齐全完好(有5m、20m、40m线各1根和2个接地钎子)。

(3)调整:将表位放平,检流计指针应与基线对准,否则需调准。

(4)试验:将表的4个接线端(C_1、P_1、P_2、C_2)短接;表位放平稳,倍率挡置于将要使用的一挡;调整刻度盘,使"0"对准下面的基线;摇动摇把使摇表速度达到120r/min,检流计指针应不动。

(5)按图6-31所示方法接好各条线。(此40m成1条直线。)

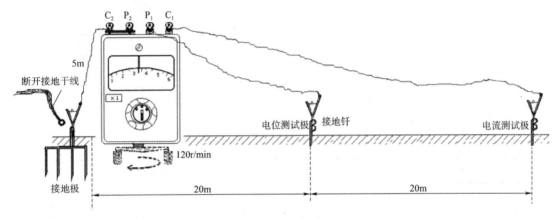

图6-31 接地电阻测试接线图

(6)慢摇摇把,同时调整刻度盘(检流计指针右偏,使刻度盘反时针方向转动;指针左偏,使刻度盘顺时针方向转动)使指针复位。当指针接近基线时,应加快摇表速度达到120r/min,并仔细调整刻度盘,使指针对准基线,然后停止摇表。

(7)读数:读取对应基线处刻度盘上的数。

(8)计算:被测接地电阻值 = 读数 × 倍率(Ω)。

(9)收回测试用线、接地钎子和仪表并将其存放在干燥、无尘、无腐蚀性气体且不受振动的处所。

九、注意事项

(1)应正确地选表并做充分的检查。

(2)将被测接地装置退出运行(先切断与之有关的电源,拆开与接地线的连接螺栓)。

(3)在测试的40m一线的上方不应有与之相平行的强电力线路,下方不应有与之相平行的地下金属管线。

(4)雷雨天气不得测试防雷接地装置的接地电阻。

(5)仪表不能开路遥测。

(6)遥测接地电阻,要远离强磁场,仪表要水平放置。

拓 展 练 习

一、接触网操作过电压测试

1. 试验目的

检查动车组过分相时分、合闸时接触网过电压水平；接触网馈线分、合闸操作过电压。

2. 试验依据

(1)《高速铁路工程动态验收技术规范》(TB 10761—2013)。

(2)《高电压试验技术 第1部分：一般定义及试验要求》(GB/T 16927.1—2011)。

3. 试验条件

检测列车：CRH2-010A 综合检测列车。

4. 试验设备

瞬态记录仪1台，100kV 分压器1套。

5. 试验方法

测试点为：牵引变电所311号馈线出口处电压。

把分压器高压侧并联在被试电压端，就近做好接地，测试信号接入瞬态记录仪。过电压测试接线原理如图 6-32 所示。

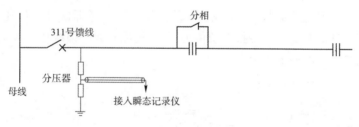

图 6-32 过电压测试接线原理图

二、氧化锌避雷器带电测试

1. 具体任务

对氧化锌避雷器进行带电测试，测试泄漏电流全电流、容性电流、泄漏电流阻性分量基波有效值及3次、5次、7次有效值，泄漏电流阻性分量峰值，避雷器功耗等。

2. 标准、规程和文件

(1)《电气装置安装工程 电气设备交接试验标准》(GB 50150—2016)。

(2)《交流无间隙金属氧化物避雷器》(GB/T 11032—2020)。

(3)《电力安全工作规程 发电厂和变电站电气部分》(DL/T 408—2023)。

(4) LCD-1 型氧化锌避雷器带电测试仪说明书。

3. 氧化锌避雷器带电测试原理

（1）氧化锌避雷器存在的主要问题

①由于氧化锌避雷器取消了串联间隙，在电网运行电压的作用下，其本体要流通电流，电流中的有功分量将使氧化锌阀片发热，继而引起伏安特性的变化。这是一个正反馈过程。长期作用的结果将导致氧化锌阀片老化，直至出现热击穿。

②氧化锌避雷器受到冲击电压的作用，氧化锌阀片也会在冲击电压能量的作用下发生老化。

③氧化锌避雷器内部受潮或绝缘支架绝缘性能不良，会使工频电流增加，功耗加剧，严重时可导致内部放电。

④氧化锌避雷器受到雨、雪、凝露及灰尘的污染，会由于氧化锌避雷器内外电位分布不同而使内部氧化锌阀片与外部瓷套之间产生较大电位差，导致径向放电现象发生，损坏整支避雷器。

（2）测试阻性电流的原因

判断氧化锌避雷器是否发生老化或受潮，通常以观察正常运行电压下流过氧化锌避雷器阻性电流的变化，即观察阻性泄漏电流是否增大作为判断依据。当氧化锌避雷器处于合适的荷电率状况下时，阻性泄漏电流仅占总电流的10%～20%，因此，仅仅以观察总电流的变化情况来确定氧化锌避雷器阻性电流的变化情况是很困难的，只有将阻性泄漏电流从总电流中分离出来，才能清楚地了解它的变化情况。

4. 测试电路图

电流信号的测试接线如图6-33所示，在放电计数器的上端引线，地线可以在系统的任一个接地点，一点接入仪器面板。电压取样，从系统电压互感器的计量端子取A相电压信号，此电压信号经过配套的V/I变换有源传感器，通过配套的电缆线接入仪器参考电压信号通道，作为阻性电流测试的电压参考。

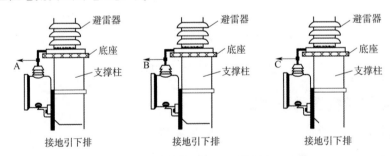

图6-33　避雷器带电测试接线图

三、理论题

（1）雷电流、地面落雷密度是怎样定义的？

（2）表征雷电流的几个主要参数是什么？

（3）什么叫接地体的屏蔽效应？

（4）某电厂的油罐直径10m，高出地面10m，需用独立避雷针保护，针距罐至少5m，分别计算用单针、双针保护时避雷针的最低高度。

(5) 试全面比较阀型避雷器与氧化锌避雷器的性能。

(6) 为什么要重视输电线路的防雷保护？线路上的大气过电压有哪几种？

(7) 直击雷过电压是怎样形成的？

(8) 输电线路的耐雷水平和雷击跳闸率各是什么含义？

(9) 如何提高输电线路的耐雷水平？

(10) 试说明避雷线在输电线路防雷保护中的作用。

(11) 输电线路防雷的基本措施有哪些？

项目7

轨道交通高压电气设备测试

知识目标

1. 熟悉SF_6气体检漏的方法。
2. 掌握露点法测试SF_6含水率的原理。
3. 掌握电力电缆故障测寻的方法。
4. 掌握电缆核相的方法。

能力目标

1. 能用气体检漏仪测试高压开关柜是否漏气。
2. 能用微水测试仪测试高压开关柜内SF_6气体的含水率。
3. 能在专人的监护和配合下独立完成整个测试过程。
4. 能根据相关标准、规程对测试结果做出正确的判断和比较全面的分析。

素质目标

1. 具备创新思维和创新能力,能够在未来的发展中具有竞争力。
2. 具备实践能力和实践经验,能够将所学知识应用到实际岗位中。
3. 具备社会责任和国际视野,能够在社会中扮演积极角色。

建议学时

6学时。

任务 7.1　开关柜 SF_6 气体检漏与含水率测试

任务导入

六氟化硫(SF_6)气体作为绝缘和灭弧介质广泛应用在城市轨道交通牵引供电系统中,使电气设备发生了极大的变化,例如城市轨道交通 35kVGIS 开关柜,设备性能大为提升,运行更加安全可靠。由于 SF_6 开关柜是按照免维护设计的,通常检修人员只是对其进行密封性测试,当 SF_6 气室气压接近报警值时需对设备进行补气,并进行 SF_6 气体泄漏的检测。SF_6 气体中的水分,不仅影响设备的绝缘性能,而且水分在电弧的作用下,使气体分解出有毒和有害的低氧化物质,对材料起腐蚀作用。因此,SF_6 气体中微量水的含量也是非常重要的指标。如何进行 SF_6 气体检漏与含水率测试?

理论知识

一、SF_6 气体泄漏的原因、危害及检漏测试方法

1. SF_6 气体泄漏的原因、危害

SF_6 气体在常温、常压下是一种无色、无味、无毒和不可燃的气体。SF_6 气体的电气绝缘性能和灭弧性能非常强。SF_6 的分子量是空气的 5 倍多,因此 SF_6 离子在电场中的运行速度比空气中的氮、氧等离子小得多,更容易发生复合,氟离子使气体带电质点减少,大大提高气体的绝缘水平,约为空气的 3 倍。氟元素是所有元素中对电子亲和力最强的,所以 SF_6 具有很强的电负性,对电子吸引能力极大,极易形成负离子,所以 SF_6 气体的灭弧性能是空气的 100 倍。因此,SF_6 气体在电气设备中应用非常广泛,是目前所发现的绝缘灭弧性能最好的物质。

SF_6 开关设备是全封闭电器,对气密性要求极高。气体泄漏的主要原因包括:生产工艺不良,外壳上有砂眼,密封材料质量欠佳;现场安装质量不高,密封面处理不到位;设备运行中发生振动,如开关分合、变压器运行中的振动、密封材料老化等。当 SF_6 气体发生泄漏时,其危害表现在以下几个方面:

(1)造成高压设备绝缘性能下降。若设备的 SF_6 气室发生气体泄漏,会造成压力下降甚至骤减,电气设备内部的绝缘性能将会被严重破坏,甚至随时发生爆炸等严重后果。对于 SF_6 断路器而言,气体泄漏同时造成灭弧能力下降,从而闭锁不能操作,存在安全隐患,最终可能会引起重大事故。

(2)危及运维人员的安全。SF_6 气体密度大约是空气的 5 倍,气体泄漏出来后聚集在地面上,如果是室内设备,在运维人员不知情的情况下会产生窒息危险。含有分解产物的 SF_6 气体泄漏出来更危险。SF_6 经过高温拉弧放电或局部放电的分解物氟化亚硫酰(SOF_2)、氟化硫酰(SO_2F_2)、四氟化硫(SF_4)、二氟化硫(SF_2)等气体具有很强的毒性。当这些分解产物泄漏出来后,对靠近设备的运维人员的生命安全造成危险。

(3)设备运维成本的增加。SF_6 气体的成本在逐年上升,价格昂贵,每年 GIS 设备的 SF_6 补气用量很大,致使设备维修成本增加。

(4)污染环境。SF_6 气体属于温室气体,其影响力是二氧化碳的 23900 倍。发生 SF_6 气体泄漏会污染和破坏大气环境,加强温室效应。因此 GIS 设备要求具有气体回收装置。

2. SF_6 气体检漏测试方法

气体检漏测试试验又称泄漏或密封试验,SF_6 气体的绝缘和灭弧能力主要依赖于足够的充气密度(压力)和气体纯度,运行中的开关设备不允许频繁补气,因此有关标准规定 SF_6 电气设备的年漏气率不能超过 1%。现场检漏的主要部位是设备气室的接头、阀门、表计、法兰面接口等。SF_6 设备气体的泄漏检测一般分为定性检漏和定量检漏两类。

(1)定性检漏

定性检漏的目的是确定 SF_6 电气设备是否漏气、漏气的具体部位、大致判断漏气量的大小。常用判断设备漏气的方法有抽真空检漏法、定性检漏仪法、气体压力降法、密度降法、红外成像检漏法等。

①抽真空检漏法。对设备抽真空,维持真空度在 133×10^{-6} MPa 以下,使真空泵运转 30min,停泵 30min 后读真空度,标记为 A;间隔 5h 读真空度,标记为 B;如 $B - A < 133$Pa,可以认为密封性合格;如 $B - A > 133$Pa,对设备进行处理。在设备制造和安装中一般采用这种方法。

②定性检漏仪法。用定性检漏仪器探头,沿被测面以 10~25mm/s 的速度移动,无报警、无泄漏点发现,则认为密封性良好。这种方法一般用于日常设备维护。

③气体压力降法和密度降法。对于运行设备,当发现同一温度下相邻两次 SF_6 气体压力表上的读数相差 0.01~0.03MPa 时,即可判断设备存在漏气现象。

对于装有密度继电器的运行设备,若发现密度计指示的气体密度连续下降,也可判定设备存在漏气现象。此法一般用于设备日常监督巡视。

④红外成像检漏法。SF_6 气体对红外线吸收极强,而对空气吸收较弱,造成其两者的红外影像具有不同的特性,表现为泄漏点处的 SF_6 气体与周围环境的温度有微小的差别,浓度越高,这种温度差异越大,使得通常可见光无法观察的 SF_6 气体泄漏,在红外探测器及先进的红外探测技术的帮助下变得可见。这是目前最新的 SF_6 气体检漏技术。

(2)定量检漏

定量检漏是通过准确测试气体的泄漏量从而计算出年漏气率。常用的定量检漏法有下面几种。

①整体法。测试开关柜的年漏气率,要采用特制的密封容器,如用特制的塑料袋把整台设备罩起来,经过一定的时间,测试塑料袋内的 SF_6 气体浓度,再根据塑料袋和开关柜本体的体积之差来计算年漏气率。这种方法只适合于较小开关设备,在制造厂进行。由于被测

设备体积大,在现场使用有一定难度,一般在生产厂家对产品进行密封性试验时使用。但是,漏出的 SF_6 气体在塑料袋或金属容器内不可能完全均匀分布,所以发生漏检在所难免。当发现漏气率超标时,还要用其他方法来确定具体的漏气部位。

②简易定性检漏法。根据现场条件可以采用不同的检漏仪,对所有组装或未组装的动静密封面、管道连接处、密度继电器接头以及其他可疑部位进行仔细检查。这种方法简单方便,可作为初步检漏,可查找比较明显的缺陷,但可能存在漏检。

③压力下降法。测试一定时间间隔内设备压力差,根据设备压力降低情况计算出漏气率。具体方法是,按两次检查记录的环境温度和压力,计算出两次密度,依据两次密度的改变计算出年漏气率。该方法因为要间隔时间长,不适用于设备安装大修后检测,只能作为一种日常监督。

④局部包扎法。用塑料布将待测的部位包扎起来,经过一定的时间(如 4~6h)后,再用检漏仪对塑料袋内部进行定性或定量检测。这种方法比较灵敏,特别是在户外刮风的场合效果更加明显。当断路器的密封面数量较少时,采用这个方法效率最高。应注意,包扎的密封性直接影响测试精度。

二、SF_6 气体微水测试的意义及微水测试方法

1. SF_6 气体微水测试的意义

SF_6 气体中的水分超过一定标准会造成严重不良后果,其危害表现在以下几个方面:

(1)使设备的绝缘强度大大降低。

存在于 SF_6 气体中的水分,本身一般不会对开关装置的绝缘有显著的影响。但当这些水分以液态存在于绝缘件的表面(特别是表面存在易于导电的物质)时,会降低沿绝缘件表面的电阻,并改变了绝缘件的电场。试验表明,附着在绝缘件表面的水分,可以使绝缘件的沿面放电电压降到无水时的 60%~80%;在运行中电器的内部,SF_6 气体中的水汽结霜,当绝缘件的温度回升到 0℃时,绝缘件表面的霜就会融成水而降低绝缘件的绝缘强度。但这种认识是不全面的。如果露点温度达到 0℃,这时霜开始融化成水。这一过程在使用中是经常发生的,这就必然会降低设备的绝缘。只有升温的过程极其缓慢,当霜的温度未达到 0℃ 之前就都升华为水汽时,才不会出现水态。霜变成水取决于:升温的程度;露点的高低;SF_6 气体的多少;装置内水汽的多少。

要完全清除装置内的水分是不可能的,当霜融化成水时,将造成该部分的电场畸变,使局部电场增强很多而降低绝缘强度。适当降低装置内水汽的露点,可以防止霜变成水造成的危害,当然这是很难的。

(2)水分的存在会加速 SF_6 气体在电弧作用下的分解反应,生成许多有害物质,引起设备的化学腐蚀,并危及工作人员的人身安全。

SF_6 气体是非常稳定的,当温度低于 500℃时,其一般不会自行分解,但当水分含量较高且温度高于 200℃时,其就可能产生水反应,会生成亚硫酸和氢氟酸(HF),它们都具有腐蚀性,可严重腐蚀设备;SF_6 气体在电弧作用下可分解,由于水分的存在会加剧低氟化物的水解,生成氟化亚硫酰,且水分的增加会加速其反应。生成的氟化亚硫酰、硫化氢都具有很强的毒性,HF 还可与含 SiO_2 元件反应,腐蚀固体元件的表面。

2. SF₆ 气体微水测试方法

SF₆ 气体水分检测应在稳定后测试。新装和检修后由于零部件吸收的水分向 SF₆ 气体扩散,需要 3~6 个月,所以 1 年后复测 1 次。运行多年后,由于密封件的老化,会有水分进入,应增加测试次数,平时按规程要求测试。

在高纯气体中,杂质水常用露点表示。露点是指含水分的气体冷却到水汽饱和时的温度。常用的测试 SF₆ 气体的原理是测试水分露点再转换成水分含量,即用等压冷却的方法使被测气体中的水蒸气开始出现露或霜,测试此时的温度,即为该气体的露(霜)点。测试其露点温度便可知气体湿度值。我们也可以通过一个试验理解露点的概念。若将一个光洁的金属表面放到相对湿度低于 100% 的空气中并使之冷却,当温度降到某一数值时,靠近该表面的相对湿度达到 100%,这时将有露在表面上形成。因为在这个温度下空气中的水汽达到了饱和,冷表面附着的水膜和空气中的水分处于动态平衡,也就是说,在单位时间内离开和返回到表面上的水分子数相同。所以当一定体积的湿空气在恒定的总压力下被均匀降温,直到空气中的水汽达到饱和状态,该状态对应的温度叫作露点;在冷却的过程中,气体和水汽两者的分压力保持不变。

而露点测试水分含量的情况较为复杂。设取样气体的压力为 0.1MPa(大气压),在该压力下测得的水分露点不能代表设备内工作压力气体的水分露点。例如当设备的 SF₆ 气体工作压力为 0.7MPa 时,用露点仪在 0.1 取样压力下测得的露点为 $-40℃$,饱和蒸汽压力为 12.8Pa,由于在混合气体中,各种组分的气体分子分别占有相同的体积(即容器的总空间)和具有相同的温度。混合气体的总压力是各种分子对器壁产生撞击的共同作用的结果。每一种组分所产生的压力叫分压力,它可看作在该温度下各组分分子单独存在于容器中时所产生的压力。因此含水率体积比等于其压力比,所以含水率为:

$$R(V/V) = \frac{水蒸气的分压力}{取压气体压力} = \frac{12.878}{0.1 \times 10^6} = 128.78 \times 10^{-6} = 128.78 \text{ppm} \tag{7-1}$$

(注:ppm 指的是百万分率。)

露点与含水率关系(SF₆ 气压 0.1MPa,20℃)可以通过查阅相关资料,在露点与饱和参数及在 SF₆ 气体中含量的关系文件中查出,$-40℃$ 时的 SF₆ 气体中含水率为 149.5×10^{-6},即 149.5ppm。

由于 SF₆ 气体工作压力为 0.6MPa,在该工作压力下水蒸气的分压力为 12.878Pa × 6 = 77.268Pa,查水蒸气饱和参数表得到露点为 $-23℃$,含水率为 149.5ppm × 6 = 897ppm。从气体含水率和露点之间的函数关系[式(7-1)]可以得到,此时含水率体积比为

$$R = \frac{水蒸气的分压力}{取压气体压力} = \frac{149.5 \times 6}{0.6 \times 10^6} = 1495 \text{ppm}$$

显然,由于取样气体压力和设备内气体工作压力不同时所测得的露点值不相同,但最后换算成体积比含水率的效果是一样的。

测试时取样压力的不同,对于直接反映含水率体积比大小的测试是没有影响的,因为其结果是以水分与 SF₆ 气体的体积比表示的,测试时取样气体的压力大小不会改变水分和 SF₆ 气体之间的体积。可以认为设备内的水分与 SF₆ 气体是均匀混合的,从设备中取出的样品气体与设备内其余气体具有相同的水分含量。因此,不管取样气体的压力如何,仪器所测试的含水率就可以代表设备内气体的水分含量。

专项实训 7.1　SF_6 气体红外检漏测试

一、工作任务

某地铁牵引变电所 A 采用 SF_6 高压开关柜,要对其进行 SF_6 气体红外检漏作业,并判断是否存在气体泄漏。

二、引用的标准、规程和文件

(1)《电气装置安装工程　电气设备交接试验标准》(GB 50150—2016)。
(2)《电力安全工作规程　发电厂和变电站电气部分》(DL/T 408—2023)。
(3)高精度 SF_6 气体检漏仪说明书。

三、试验仪器、仪表及材料(表 7-1)

试验仪器、仪表及材料表　　　　表 7-1

序号	试验所用设备(材料)	数量	序号	试验所用设备(材料)	数量
1	红外热像仪	1 套	4	电池	3 块
2	SF_6 气体检漏仪	1 套	5	常用仪表	1 套
3	专用工具箱	1 个	6	设备试验原始记录	1 本

四、测试准备及工作危险点分析、防范措施

(1)拟订测试流程图,组织作业人员学习作业指导书,使操作人员熟悉红外成像检漏仪的工作原理和使用方法,使全体人员熟悉测试内容、测试标准、安全注意事项。

(2)检测时应与设备带电部位保持足够的安全距离,防止误碰、误动设备,行走中注意脚下,防止踩踏设备管道。

(3)进入室内开展现场检测前,应先通风 15min,检查氧气和 SF_6 气体含量合格后方可进入,检测过程中应始终保持通风。

(4)室外检测宜在晴朗天气下进行,环境温湿度、风速等应满足仪器技术要求,检测时避免阳光直接照射或反射进入仪器镜头。

(5)待测设备外壳接地要牢固、可靠。

五、测试人员配置

此任务可配测试负责人 1 名,测试人员 1 名。

六、测试仪表设备介绍

SF_6 气体检漏仪是一种非接触式测试仪器,它能够快速扫描 SF_6 高压电气设备,以热图

像方式实时、直观定位 SF_6 气体泄漏点并精确测温,实现高压电气设备远距离带电检测。红外高品质 SF_6 气体检漏红外热像仪,帮助发电、供电、用电、电力设备制造企业更好地控制 SF_6 气体的排放、设备的质量检测。

七、方案设计

根据高精度 SF_6 气体检漏仪说明书设计接线图。

八、试验步骤

(1)仪器自检。视环境温度情况接通电源开关挡位。确认电源开关处第3挡,检查电池指示是否正常;观看仪器屏幕是否通过自检。确认仪器能正常通过自检程序。

(2)按说明书要求校准仪器,使图像轮廓清晰,焦距调至最佳,亮度适中,对比分明。通常情况下,先在高灵敏度 HSM 模式检漏,发现具体泄漏后,切换至普通挡观察图像。

(3)首先对密封薄弱部位进行检漏;再对设备整体进行检漏,检漏过程中应注意同一部位不同角度的检查;发现泄漏点后适当调节焦距、明亮度、对比度、灵敏度等参数,使图像清晰。

(4)记录泄漏情况。视频录像可观察到具体的泄漏情况,照片可清楚显示泄漏部件,记录应详细,明确反映设备泄漏点位置。

(5)仪器正常关机,取下电池,做好仪器防潮、防振措施。

九、测试结果的分析判断

测试结果记录如表7-2所示。

测试结果记录表　　　　　　　　　　　　　　　　　　　表7-2

位置	SF_6 设备气体检漏情况
泄漏位置1	
泄漏位置2	
泄漏位置3	

专项实训7.2 SF_6 气体含水率测试

一、工作任务

某地铁牵引变电所 A 采用 SF_6 高压开关柜,要对其进行 SF_6 含水率(也叫湿度)测试,确保其水分含量在要求范围内。若 SF_6 气体水分含量过多,会造成水分凝结在绝缘部件表面,使绝缘强度下降,且 SF_6 气体与水混合后在电弧的作用下会产生有毒、有腐蚀性的物质,腐蚀电气设备内部结构。

二、引用的标准、规程和文件

(1)《电气装置安装工程 电气设备交接试验标准》(GB 50150—2016)。
(2)《六氟化硫电气设备中绝缘气体湿度测量方法》(DL/T 506—2018)。
(3)智能微水测试仪说明书。

三、试验仪器、仪表及材料(表7-3)

试验仪器、仪表及材料表   表7-3

序号	试验所用设备(材料)	数量	序号	试验所用设备(材料)	数量
1	红外热像仪	1套	3	电池	3块
2	智能微水测试仪	1套	4	设备试验原始记录	1本

四、测试准备及工作危险点分析、防范措施

(1)检测时应与设备带电部位保持足够的安全距离。
(2)测试仪器应放置在安全位置,防止摔坏,避免剧烈振动。
(3)试验人员注意采取防止测试气体伤人的措施,应站在上风侧。

五、测试人员配置

此任务可配测试负责人1名,测试人员1名。

六、测试仪表设备介绍

智能微水测试仪是依据国家电力行业标准《六氟化硫电气设备中绝缘气体湿度测试方法》(DL/T 506—2018),采用露点法测试 SF_6 气体中微量水分含量的高精度智能型仪器,可用于变电所 SF_6 开关气体微水及制氢站、氢冷发电机组氢气微水的精密、快速检测,也可用于冶金、化纤、石化等行业特殊气体的微水检测。

七、方案设计

根据智能微水测试仪说明书设计测试接线图。

八、试验步骤

(1) 将试验仪器搬入试验现场,在工作地点放置温湿度计并记录,同时记录设备铭牌。

(2) 打开仪器电源开关,预热 5min,由试验人员连接仪器出气阀,将塑料管与出气管连接,将出气管尾端放置于测试人员下风侧,再由试验人员用专用的取气阀连接试验设备的进气口。

(3) 由检修人员配合使用专用取气接口,连接待测 SF_6 气体设备,通过聚四氟乙烯管连接设备进气管。

(4) 旋转流量调节阀,根据不同仪器进行调节,确保有气体输出。流量应控制在 0.5～1L/min。

(5) 待数据稳定或曲线几乎为直线时,仪器所显示的数值为露点温度和微水含量 150μL/L,记录试验结果。

注意:

考虑到水分含量实测值与测试时温度有一定关系,测试时的环境温度应保持在 20℃ 左右,应尽量保持在 10℃ 以上,并且对于同一台被试品每次测试时的环境温度应尽可能相近,以便比较。

(6) 断开仪器电源,拆除仪器接线。检修人员拆除专用取气阀。

(7) 收拾试验仪器,整理试验现场,确保无遗留物件。

九、测试结果的分析判断

(1) 测试结果(表 7-4)

SF_6 设备气体含水率测试结果记录表   表 7-4

设备名称/编号	
露点温度	
含水率	
试验日期	

(2) 测试结果判断

规程规定的 SF_6 气体含水率标准(20℃,0.1MPa)如表 7-5 所示。

SF_6 气体含水率标准   表 7-5

隔室	有电弧分解物的隔室(μL/L)	无电弧分解物的隔室(μL/L)
交接验收值	≤150	≤500
运行允许值	≤300	≤1000

注:SF_6 设备中气体压力在 0.1MPa 表压以下湿度允许值可以放宽,由供需双方商定。

任务 7.2　电力电缆故障测寻

任务导入

在城市轨道交通供电系统中,绵延数公里的电缆深藏地下,其故障处理中最大的难点就是锁定电缆故障的具体位置。电力电缆故障测寻,是通过对故障电缆的多次测试、分析,根据电缆竣工图、电缆路径图,结合电缆故障定点仪精湛的"听诊"技术,迅速锁定故障的原因和故障点的具体位置,及时制定抢修方案,缩短故障处理时间,尽快恢复供电。如何进行电力电缆故障测寻?

理论知识

在国内城市轨道交通中,中压供电网络一般采用分散供电、集中供电、分散与集中相结合的供电模式。供电电压有 10kV、20kV、33kV、35kV4 种电压制式。不论采用哪种电压制式,中压供电网络中均需大量电缆,中压电缆是供电能力传输动脉,习惯上称之为环网电缆。电缆的可靠性决定了城市轨道交通供电系统的可靠性,同时也决定了整条城市轨道交通线路能否安全、稳定运行。

电力电缆多埋于地下,一旦发生故障,测寻起来十分困难,往往要花费数小时,甚至几天的时间,不仅浪费大量的人力、物力,而且会造成难以估量的停电损失。由于电缆故障情况及埋设环境比较复杂、变化多,测试人员应熟悉电缆的埋设走向与环境,确切地判断出电缆故障性质,选择合适的仪器与测试方法,按照一定的程序工作,才能顺利、准确地测寻到电缆故障点。

电力电缆故障产生的原因有很多,例如机械外力损伤、绝缘受潮、绝缘老化、绝缘击穿、护层腐蚀、长期过负荷、设计和制造工艺问题、材料缺陷等。

一、电缆故障测寻步骤

电缆故障测寻工作一般要经过电缆故障性质判断、电缆故障测距、路径查寻、精确定点四个步骤。

(1)电缆故障性质判断。电缆故障性质的判断,即确定故障类型与严重程度,以便测试人员对症下药,选择适当的电缆故障测距和定点方法。

(2)电缆故障测距。电缆故障测距,又叫粗测,在电缆的一端使用专业仪器初步确定故障距离。

(3)路径查寻。在对电缆故障进行测距之后,要根据电缆的路径走向,找出故障点的大体方位。有些电缆是直埋式或埋设在沟道里,不能明确判断电缆路径,这就需要专用仪器测试电缆路径。

(4)精确定点。电缆故障定点,又叫精测,即按照故障测距结果,根据电缆的路径走向,在故障测距的一个很小范围内,利用声磁法或其他方法确定故障点的准确位置。

电缆通常埋置于地下,发生故障后,除特殊情况(如发生电缆终端头的爆炸事故、发生外力破坏事故)可直接观察到故障点外,一般均无法通过巡视发现,必须采用测试电缆故障的仪器进行测试来确定电缆故障点的位置。不同电缆故障类型,测寻方法也不同。因此在故障测寻工作开始前,应先准确确定电缆故障性质,然后才能根据故障性质进行下一步的故障测距。

二、电力电缆故障类型

根据电缆发生故障的直接原因可以分为两大类:一类为试验击穿故障,另一类为运行故障。

1. 试验击穿故障性质的判断

在试验过程中发生击穿的故障,其性质比较简单,一般为一相接地或两相短路,很少有三相同时在试验中接地或短路的情况,更不可能发生断线故障。其另一个特点是故障电阻均比较高,一般不能直接用绝缘电阻表测出,而需要借助直流耐压试验设备进行测试,其方法如下。

(1)在试验中发生击穿时,对于分相屏蔽型电缆均为一相接地,对于统包型电缆,则应将未试相地线拆除,再进行加压,如仍发生击穿,则为一相接地故障;如果将未试相地线拆除后不再发生击穿,则说明是相间故障,此时则应将未试相分别接地,以检验是哪两相之间发生短路故障。

(2)在试验中,可以升压,但是当升至某一定值时,电缆绝缘强度迅速降低,发生闪络,而当电压降低后,电缆绝缘恢复,这种故障即为闪络性故障。

2. 运行故障性质的判断

与试验击穿故障的性质相比,运行电缆故障的性质相对比较复杂,除发生接地或短路故障外,还可能发生断线故障。因此在测寻前,还应做电缆导体连续性的检查,以确定是否发生断线故障。运行电缆故障一般不会是闪络性的故障。确定电缆故障的性质,一般应用1000V或2500V绝缘电阻表和万用表进行测试并做好记录。

确定电缆故障的性质测试方法

3. 电缆故障性质的判断及特点

根据以上测试结果,进行分析判断。

(1)接地故障:电缆有一芯或多芯接地。其中又可分为低阻接地和高阻接地。

故障特点:一般是由于外力破坏,在运行电压的作用下绝缘击穿。该故障发生在电缆本体较多。目前对于低阻故障,业内还没有达成共识。有的定义100Ω以内为低阻故障,有的定义低于1kΩ为低阻故障,还有其他定义,如果用低压脉冲法测试得到的反射波表现明显,则可以认为是低阻范畴。无论是低阻故障还是高阻故障,目前的脉冲电流法可以测试出距离。

(2)短路故障:电缆两芯或三芯短路,或两芯或三芯短路并接地。

故障特点:多发生在电缆中间接头和终端头,故障点较明显。该故障属敞开型故障,电阻值较低。

(3) 断线故障：电缆一芯或数芯断线。

故障特点：一般是被故障电流烧断，或受机械外力拉断，形成完全断线或不完全断线，故障点较明显。该故障属敞开型故障，电阻值较高（一般与正常情况相当）。

(4) 闪络性故障：一般为试验击穿故障。

故障特点：故障点外观完好，电阻值呈高阻，多发生在中间接头和终端头。在试验中，当电压升至某一定值时，电缆发生闪络击穿。当电压降低时，电缆绝缘又恢复，这种故障称为开放性闪络故障。有时在特殊条件下，绝缘击穿后又恢复正常，即使提高试验电压，也不再击穿，这种故障称为封闭性闪络故障。以上两种现象均属于闪络性故障。

(5) 混合性故障。同时具有上述接地、短路、断线两种及以上性质的故障称为混合故障。

三、电缆故障测距

电缆故障测距是故障测寻最关键的一步，也是故障测寻核心环节。电缆故障测距大致可分为电桥法和脉冲法两大类。脉冲法又分为低压脉冲法、直流高压闪络法、冲击高压闪络法、二次脉冲法。

1. 电桥法

电桥法是一种传统、经典的且对低阻故障行之有效的方法。

电桥法操作相对简单，测试精度也较高。由于电桥电压和检流计灵敏度的限制，此法仅适用于直流电阻小于100Ω的低阻泄漏故障，而且要求电缆必须有1根以上的完好相才具备测试条件。该方法对高阻故障、断路故障和三相均有泄漏的故障电缆则无能为力。

电桥法测试线路的原理接线如图7-1a)所示，将被测电缆终端故障相与非故障相短接，电桥两臂分别接故障相与非故障相，图7-1b)给出了等效电路图。

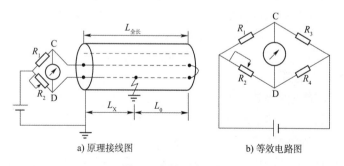

a) 原理接线图 b) 等效电路图

图7-1 电桥法测试图

调节 R_2 的电阻值，使电桥达到平衡，即CD间的电位差为0，无电流流过检流计，此时根据电桥平衡原理可得

$$\frac{R_3}{R_4} = \frac{R_1}{R_2}$$

R_1、R_2 为已知电阻，设 $\frac{R_1}{R_2} = K$，则 $\frac{R_3}{R_4} = K$。

由于电缆直流电阻与长度成正比，设电缆导体电阻率为 R_0，$L_{全长}$ 代表电缆全长，L_X、L_0 分

别为电缆故障点到测试端及末端的距离,则 $R_2 = (L_{全长} + L_0)R_0$ 代替,可推出电缆断路故障,

$$L_0 = L_{全长} - L_X$$
$$L_X = 2L_{全长}/(K+1) \tag{7-2}$$

也可用电容电桥测试,原理与上述电阻电桥类似,不再赘述。

2. 脉冲法

(1) 低压脉冲法

①适用范围。

脉冲法主要对电缆的断线、低阻短路和低阻接地故障进行故障测距。据统计,这类故障约占电缆故障的8%。同时低压脉冲法还可用于测试电缆的全长、校验波速度以及初步判断及定位电缆的中间头、T形接头等。

②测试原理。

低压脉冲法测试的基本原理是行波理论,其反射原理图如图7-2所示。由仪器发射高频脉冲信号,信号的波长小于测试电缆长度,或者二者可以相比拟时,被测试的电缆可以看作传输线。而正常的电缆各处参数基本相等,所以被测电缆又看作均匀传输线。测试仪器从电缆一端发射低压脉冲波,正常电缆各处特性阻抗相等,不会发生波的折射和反射问题,而一旦遇到故障点,由

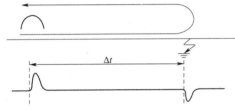

图7-2 低压脉冲反射原理图

于特性阻抗发生了变化,所以当电压波传到该处时易发生折、反射现象。反射波返回仪器端,并被记录波形和时间t,在固定介质中,波的传输速度v是一定的,从而得到故障距离。

不同故障发生的折、反射现象不同,折射波继续前行,我们无法检测到,但是反射波却可以很容易在仪器端被记录。所以我们可通过研究反射波与入射波的关系来表明故障点处发生的物理关系,一般用反射系数β来表示反射电压U_e与入射电压U_i的关系式,即

$$U_e = \frac{Z - Z_c}{Z + Z_c} U_i = \beta U_i \tag{7-3}$$

式中:Z_c——电缆的特性阻抗;

Z——电缆故障点的等效波阻抗。

对于低电阻故障,若故障点对地电阻为R,则该点的等效波阻抗$Z = R/Z_c$;对于开路故障,若故障电阻为R,则该点的等效阻抗$Z = R + Z_c$。

当$-1 < \beta < 0$时,说明低阻抗点存在反射波,且反射波与入射波反极性。R越小,$|\beta|$越大,$|U_e|$越大。

当$R = 0$为短路故障时,$\beta = -1$,$U_e = -U_i$,说明电压波在短路故障点产生全反射。

当$0 < \beta < 1$时,说明开路故障点也存在反射波,且反射波与入射波同极性。R越大,$|\beta|$越大,$|U_e|$越大。

当$R = \infty$,即为断线故障时,$\beta = 1$,$U_e = -U_i$,电压波在断线故障点产生开路全反射。

低压脉冲法测试的具体过程如下:首先,由仪器内部连续发射一定频率的低压高频脉冲(脉冲幅值通常一定,脉冲宽度可调),在t_0时刻加到电缆故障相任意一端。此时脉冲以速

度 v 向电缆故障点传播,并经过 Δt 时间后到达故障点,并产生反射脉冲,反射脉冲波又以同样的速度 v 向测试端传播,经过同样的时间 Δt 于 t_1 时刻到达测试端。记录故障点到测试端的距离为 L,则有如下关系:

$$L = v\Delta t = \frac{1}{2}v(t_1 - t_0)$$

所以只要记录 t_0 和 t_1 时刻,就可以测出测试端到故障点的距离。

③对低压脉冲反射波形的理解。

a. 开路故障波形。

开路故障的反射脉冲与发射脉冲极性相同,理想波形如图 7-3 所示。

当电缆近距离开路故障或仪器选择的测试范围为几倍的开路故障距离时,仪器就会显示多次反射波形,每个反射脉冲波形的极性都和发射脉冲相同,而且反射波间距离相等,如图 7-4 所示。

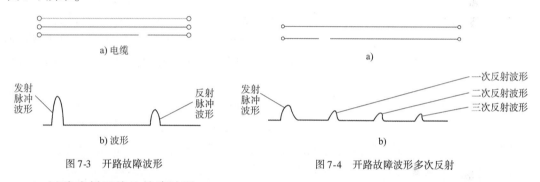

图 7-3 开路故障波形   图 7-4 开路故障波形多次反射

b. 短路或低阻接地故障波形。

短路或低阻接地故障的反射脉冲与发射脉冲极性相反,理想波形如图 7-5 所示。

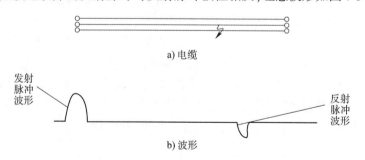

图 7-5 短路或低阻接地故障波形

根据行波理论,短路或低阻故障处,反射波的极性与入射波相反,我们需要标记出反射波刚刚到达故障点的位置。由于入射波的起始位置为下降沿,所以在入射波刚刚到达故障位置时,理论上应产生一个陡峭反射波上升沿,也就是反射波的起始点,然而电缆不可能从绝缘无穷大立刻变为低阻值(除非人为原因),故障点前端存在电缆阻值过渡区域,造成反射波形陡度变缓。

一般低压脉冲仪器依靠操作人员移动标尺或电子光标来测试故障距离。由于每个故障点反射脉冲波形的陡度不同,有的波形比较平滑,实际测试时,人们往往因不能准确地标定

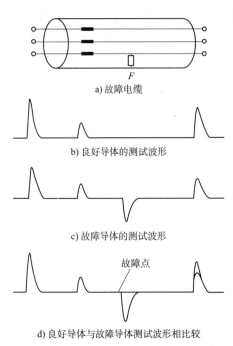

图 7-6 低压脉冲方式比较测试法测试单相对地故障

反射脉冲的起始点而增加故障测距的误差,所以准确地标定反射脉冲的起始点非常重要。

④低压脉冲比较测试法。

在实际测试时,电缆线路可能比较复杂,存在着中间接头、接地不良、不同性质电缆对接等情况,使得脉冲反射波形不容易理解,反射波形起始点不好标定。

实际上电力电缆三相均有故障的可能性很小,绝大部分情况下有良好的线芯存在。操作人员可以通过比较电缆良好线芯与故障线芯脉冲反射波形的差异处来寻找故障点,避免了理解复杂的脉冲反射波形的困难,使故障点容易准确、快速识别。

如图 7-6a) 所示,这是一条带中间接头的电缆,发生了单相低阻接地故障。首先,通过故障线芯对地测试得到一低压脉冲反射波形,如图 7-6b) 所示;然后,在测试范围与波形增益都不变的情况下,再用良好的线芯对地测得一个低压脉冲反射波形,如图 7-6c) 所示;最后,把两个波形进行比较,在比较后的波形上会出现了一个明显的差异点,这是由于故障点反射脉冲造成的,如图 7-6d) 所示,该点所表示的位置即是故障点位置。

(2) 直流高压闪络法

直流高压闪络法,简称直闪法,用于测试闪络击穿性故障,即故障点电阻极高,在用高压试验设备把电压升到一定值时就产生闪络击穿的故障。

采用如图 7-7 所示的接线进行测试。在电缆的一端加上直流高压,当电压达到某一值时,电缆被击穿而形成短路电弧,使故障点电压瞬间突变到零,产生一个与所加直流负高压极性相反的正突跳电压波。此突跳电压波在测试端至故障点间来回传播,形成一系列有规律的波传播过程,正确选择出相同波的起始点即可得到准确的位置。当故障距离较近时,入射波和反射波形成叠加区域,造成无法准确标定距离,形成测试盲区。

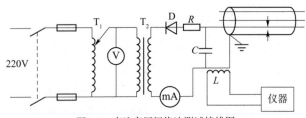

图 7-7 直流高压闪络法测试接线图

T_1-调压器;T_2-高压试验变压器(常见容量为 0.5 ~ 1.0kVA,输出电压为 30 ~ 60kV);C-储能电容器;L-线性电流耦合器(取样器)

如图 7-8 所示,就是远距离故障直闪脉冲电流波形图。

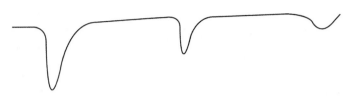

图 7-8　远距离故障直闪脉冲电流波形图

（3）冲击高压闪络法

冲击高压闪络法，简称冲闪法，用于测试高阻接地和短路故障。其测试时接线如图 7-9 所示，它与直闪法接线（图 7-7）基本相同，不同的是冲闪法的储能电容 C 与电缆之间串入一个球形间隙 G。首先，通过调节调压升压器对电容 C 充电，当电容 C 上电压足够高时，球形间隙 G 被击穿，电容 C 对电缆放电，这一过程相当于把直流电源电压突然加到电缆上去，本质上是对直闪法的改进。我们知道直闪法面对相对高阻故障时，由于设备容量所限，无法继续升压，也就无法检测出高阻故障的距离。而冲闪法则利用球隙作为过渡，间接提升了向电缆注入的压力值，以此来将高阻故障点击穿。

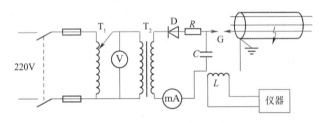

图 7-9　冲击高压闪络法测试接线图

（4）二次脉冲法

二次脉冲法是近几年来出现的比较先进的一种测试方法，是基于低压脉冲波形容易分析、测试精度高的情况下开发出的一种新的测距方法。图 7-10 为二次脉冲法测试接线图。

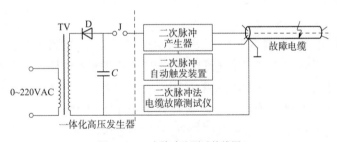

图 7-10　二次脉冲法测试接线图

二次脉冲法的基本原理是通过高压发生器，给存在高阻或闪络性故障的电缆施加高压脉冲，使故障点出现弧光放电。由于弧光电阻很小，在燃弧期间原本高阻或闪络性的故障就变成了低阻短路故障。此时，通过耦合装置向故障电缆中注入一个低压脉冲信号，记录下此时的低压脉冲反射波形（称为带电弧波形），则可明显地观察到故障点的低压反射脉冲；在故障电弧熄灭后，再向故障电缆中注入一个低压脉冲（二次脉冲），记录下此时的低压脉冲反射波形（称为无电弧波形），此时因故障电阻恢复为高阻，低压脉冲信号在故障点没有反射或反射很小。把带电弧波形和无电弧波形进行比较，两个波形在相应的故障点位移上将明显不同，波形的明显分歧点离测试端的距离就是故障距离。

①脉冲磁场的波形与方向使用与冲闪法测试相同的高压设备，向电缆中施加高压脉冲信号，使故障点击穿放电时，故障点的放电电流是暂态脉冲电流。根据对脉冲电流的分析和实际应用中的表现，我们可近似地认为暂态电流磁场与稳态电流磁场的变化规律是基本一致的。也就是说，从较远处看，电缆周围的电磁场如图 7-11 所示。由图可知，如果把感应线圈以其轴心垂直于大地的方向，分别放置于电缆的左、右两侧，那么右侧的磁力线是以从下方进入线圈的方向穿过线圈的，而左侧的磁力线则是从线圈下方出来的。故障定点仪器可以检测记录下电缆故障点放电产生的脉冲磁场信号，在电缆的左、右两侧，记录到的脉冲磁场波形的初始方向不同，如图 7-12 所示。可把波形初始方向向上的称为正磁场，初始方向向下的称为负磁场（注意：电缆的左、右侧磁场的方向是不同的）。

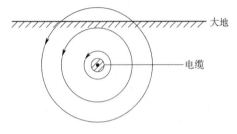

图 7-11　电缆周围的脉冲磁场图

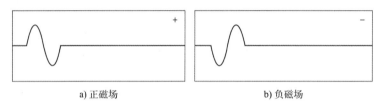

a) 正磁场　　　　　　　　　b) 负磁场

图 7-12　电缆周围脉冲磁场波形图

②利用脉冲磁场方向探测电缆的路径。

使用与冲闪法故障测距时相同的高压设备，向电缆中施加高压脉冲信号，使故障点击穿放电，在地表查看仪器显示的磁场波形，在正负磁场交替的正下方就是电缆，通过这种方法就能找到电缆的路径。

③电缆线路鉴别。

a. 工频感应鉴别法。工频感应鉴别法也叫感应线圈法，当绕制在铁芯上的感应线圈接近载流电缆导体时，其线圈中将产生交流电信号，接通耳机则可收听。若将感应线圈放在待检修的电缆上，由于其导体中没有电流通过，因而听不到声音。而感应线圈放在邻近有电的电缆上，则能从耳机中听到交流电信号。这种方法操作简单，缺点是当并列电缆条数较多时，由于相邻电缆之间的工频信号相互感应，信号强度难以区别。

b. 音频信号鉴别法。电缆路径探测仪由音频信号源、通用接收机、探测线圈组成。接入音频信号有两种方法：一种方法是将音频信号源的输出端与电缆一端的两相导体连接，将电缆另一端的两相导体跨接，或三相短路接地；另一种方法是将音频信号接在电缆一相导体与接地的金属护套之间，在另一端也将该相导体与金属护套连接。当音频信号源开机后，发出 1kHz 或 10kHz 的音频信号，在待鉴别的电缆处，用专用接收机、探测线圈和耳机在现场收听。当探测线圈环绕待测电缆转动时，耳机中的音频信号有明显的强弱变化。在采用第一种方法时，当探测线圈在两相接入信号的导体上下方时，音频信号为最强。在采用第二种方法时,当探测线圈靠近接入信号的导体时音频信号为最强。这样能与邻近电缆的工频电流、零序电流和高次谐波电流所产生的干扰信号相区别,从而确定接入音频信号的电缆是否为需要检修的电缆。

c.利用脉冲磁场方向鉴别。在需鉴别电缆的对端,做一个相对的间隙模拟故障,然后通过高压信号发生器向电缆中施加高压脉冲信号,把感应线圈分别放在各条电缆的两侧,磁场方向发生变化的电缆就是作业电缆。

四、电缆故障的精确定点

电缆故障的精确定点是故障探测的关键。在进行电缆故障测距时,无论采用哪种仪器和测试方法,都难免有误差,因此根据测距结果只能定出电缆故障点的大体位置。目前,比较常用的方法是冲击放电声测法、声磁信号同步接收定点法、跨步电压法及音频信号法(主要用于低阻故障定点)。

1. 冲击放电声测法

冲击放电声测法,简称声测法,是利用直流高压试验设备向电容器充电、储能,当电压达到某一数值时,球间隙击穿,高压试验设备和电容器上的能量经球间隙向电缆故障点放电,产生机械振动声波,用人的听觉予以区别。声波的强弱取决于击穿放电时的能量。能量较大的放电,可以在地平表面辨别;能量小的放电,就需要用灵敏度较高的拾音器沿初测确定的范围加以辨认。声测试验的接线图按故障类型不同而有所差别。图 7-13 是接地(短路)、断线不接地和闪络三种类型故障的声测接线图。

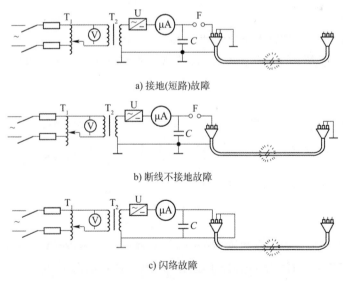

图 7-13 声测试验接线图

T_1-调压器;T_2-试验变压器;U-硅整流器;F-球间隙;C-电容器

声测法很容易受到周边环境的噪声干扰,有时无法辨别故障点。

2. 声磁信号同步接收定点法

声磁信号同步接收定点法,简称声磁同步法,是向电缆施加冲击直流高压使故障点放电,在放电瞬间电缆金属护套与大地构成的回路中形成感应环流,从而在电缆周围产生脉冲磁场。用感应接收仪器沿电缆路径接收脉冲磁场信号和故障点发出的放电声信号,当仪器探头检测到的声、磁两种信号时间间隔最小点时,即为故障点。声磁同步法比声测法的抗干扰性能好,所以现在应用十分广泛。

图 7-14 为电缆故障点放电产生的典型磁场和声音波形图。

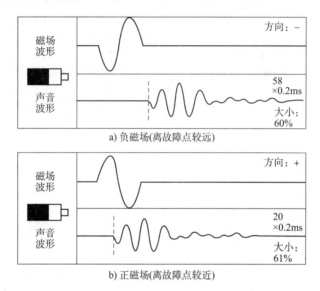

图 7-14 电缆故障点放电产生的典型磁场和声音波形图

3. 跨步电压法

通过向故障相和大地之间加入一个直流高压脉冲信号,在故障点附近用电压表检测放电时两点间跨步电压突变的大小和方向,来找到故障点的方法。跨步电压法直流电源接线图如图 7-15 所示。

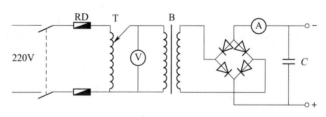

图 7-15 跨步电压法直流电源接线图

这种方法的优点是可以指示故障点的方向,对测试人员的指导性较强。但此方法只能查找直埋电缆外皮破损的开放性故障,不适用于查找封闭性故障或非直埋电缆的故障。

4. 音频信号法

此方法主要是用来探测电缆的路径走向。在电缆两相间或者相和金属护层之间(在对端短路的情况下)加入一个音频电流信号,用音频信号接收器接收这个音频电流产生的音频磁场信号,就能找出电缆的敷设路径。在电缆中间有金属性短路故障时,对端就不需短路,在发生金属性短路的两者之间加入音频电流信号后,音频信号接收器在故障点正上方接收到的信号会突然增强,过了故障点后音频信号会明显减弱或者消失,用这种方法可以找到故障点。

5. 电缆故障精确定点应注意的问题

(1)对于高阻故障的定点,由于故障的阻抗较高,探测时施加的冲击电压较高,故障点才会发生闪络放电,故放电声和由此而产生的冲击振动波一般说来都比较大,较便于收听、分析和辨别。

(2)对于低阻故障的定点,由于这类故障电阻小,因此故障点的放电间隙也小,致使施加的冲击高压在不是很高的情况下,故障点便会发生闪络放电。这时因闪络放电而产生的冲击振动波也较小,再加上现场其他因素的干扰,放电声往往不易分辨甚至听不到放电声。这时可控制冲击电压的高低,并通过加大储能电容器的电容量,增强放电强度,从而获得较强、较大的放电声,便于收听、分析和判断故障点的精确位置。

(3)对于开路故障的定点,是在故障相的一端加冲击高压,而另一端用另外两相和电缆铅包连接后充分接地,然后利用定点仪在粗测范围内进行定点。因开路故障类似于高阻故障,其定点方法与高阻故障的定点方法相同。

(4)如果故障点就在测试端附近,这时故障点的放电声会被球隙的放电声所淹没,因而不易被测听到。在遇到这种情况时,可以将球间隙放到远离测试端的另一端,并通过已知的正常相对故障相加电压,从而达到故障相闪络放电的目的。这时因串入回路的球间隙远离测试端,因此故障点的放电声就比较容易被监听到。

专项实训 7.3 电力电缆故障测寻

一、工作任务

某地铁站 10kV 201 进线开关失压跳闸,综合监控系统中的警铃突然响起,初步估计为电缆故障,请查找故障原因并确定故障点具体位置,及时抢修。

二、引用的标准和规程

(1)《电气装置安装工程 电气设备交接试验标准》(GB 50150—2016)。
(2)《电力安全工作规程 发电厂和变电站电气部分》(DL/T 408—2023)。
(3)《输电电缆故障测距技术规范》(DL/T 2456—2021)。

电力电缆故障测寻

三、试验仪器、仪表及材料(表 7-6)

试验仪器、仪表及材料表　　　　表 7-6

序号	试验所用设备(材料)	数量	序号	试验所用设备(材料)	数量
1	交直流高压试验器	1 套	9	安全带	1 套
2	放电棒	1 个	10	接地软铜线	若干
3	试验电源线(100m)	1 根	11	绝缘电阻表(2500V)	1 台
4	试验用小型配电盘	1 个	12	高低压验电笔	各 1 个
5	短路接地线(带绝缘棒)	1 组	13	万用表	1 个
6	短路接地线(带绝缘柄)	1 组	14	工具(扳手、螺丝刀)	1 套
7	电缆故障测距仪	1 套	15	定点仪	1 套
8	交流高压冲击设备	1 套	16	路径仪	1 套

四、测试准备及工作危险点分析、防范措施

同项目 7 任务 7.1 专项实训 7.1 SF_6 气体红外检漏测试要求。

电缆故障检测仪介绍及测试步骤

五、测试人员配置

此任务可配工作负责人 1 人,测试人员 3~5 人。

六、测试结果判断

根据测试结果判断故障的类型,故障类型如表 7-7 所示。

故障类型 表 7-7

故障类型	故障特征
低阻故障或短路故障	电缆的一芯或数芯对地绝缘电阻或芯与芯之间绝缘电阻低于1kΩ
断线故障	电缆的一芯或数芯导体不连续
高阻故障	电缆有一芯或数芯对地绝缘电阻或芯与芯之间绝缘电阻低于正常值,但高于1kΩ
闪络故障	电缆的一芯或数芯对地绝缘电阻或芯与芯间绝缘电阻较高,但当对电缆加直流电压至某值时,出现击穿现象

拓 展 练 习

一、电缆核相

在城市轨道交通供电中压环网系统中 A、C 两环网柜之间增设一环网柜 B，所有环网节点经核对相位正确后，方可进行合环操作。

电缆核相试验是中压环网扩建、改建或主设备大修后的一项重要工作。在三相电力系统中，相位或相序不同的交流电源合并，将产生很大的电流。巨大的电流会造成电气设备的损坏，因此在两个系统并网、两台变压器并联或配电网线路联络运行之前，首先需要进行核相作业，从而保证系统的安全运行。由于电缆线路的相位大多无法用直接观察的方法得到，只能用仪器来进行判断，因此就产生了电缆核相工作。这项工作必须在电缆线路投入运行、连接两个系统或电气设备前完成，以确保相位正确地将电缆线路和电气设备连接好。因此，电缆施工人员必须掌握电缆的核相方法。

1. 核相的作用、原理

缆线路核相的原理就是通过专用仪器或仪表，在符合两端电气设备的相位排列情况下，认定电缆线路的每根线芯两端所连接的电气设备是同相的。

在电缆线路安装或检修完毕应及时与电力系统接通，方能发挥作用。然而在线路接入系统后，若连接的电力设备相位与电力系统上的相位不符，或连接的两个电网相位不同，会产生严重结果。

（1）电缆线路联络两个电源相位不符时，合上开关会立即跳闸，即无法合环运行。例如，各变电所、开闭站和大多电力客户均有两个或两个以上电源进线，形成双母线或多母线供电，若各电源母线相位不同，则各母线不能并网供电。当一段母线进线出现故障后，另外一段母线不能通过母联断路器给故障段母线及馈电线路送电。

（2）给电力客户供电的馈电电缆线路的相位有两相接错时，会使电力客户的电机倒转。当三相全部接错时，虽不致使电机倒转，但对有双路电源的用户则无法并用双电源；对只有一个电源的用户，当其申请备用电源后，则会产生备用电源无法正常工作的后果。特别是对有电梯、给水泵等电机类电力客户供电时，应特别注意核对电缆相位。

（3）由电缆线路送电到变电所或电力客户变压器时，会使低压电网无法合环并列运行。

（4）双并或多并电缆线路中有一条接错相位时，如果在做直流耐压试验时没有发现出来，则会产生相间短路、合不上断路器的恶果。

由此可见，电缆线路在投入运行前及制作接头时，必须核对其两端的相位对应情况，使其符合两端电力系统设备的相位。

2. 不带电核相

电缆敷设完毕在制作电缆终端头前以及电缆线路检修完毕，应及时进行相位核对，相位正确后方可投入运行。这项工作对于单个用电设备关系不大，但对于输电网络、双电源或多电源系统和有备用电源的重要用户,以及有关联的电缆运行系统有重要意义,是保证电网安全运行、电力客户可靠用电的重要环节。核对相位的方法很多,但目前比较通用又方便的方法是直流电压表法和绝缘电阻表法。

(1)直流电压表法

①原理。直流电压表法是将直流电源和电压表分别置于电缆线路的两侧,利用在直流电压的作用下电压表的指针产生定向偏转的原理来判断电缆线路两端相位。这种方法简便易学,而且判别准确。直流电压表法的直流电源一般采用干电池串联的方式获得。

②操作方法。直流电压表法所用设备和检测方法均比较简单。在电缆的一端任意两个导电线芯间插入一个用于电池串联的低压直流电源。假定接正极的导电线芯为 A 相,接负极的导电线芯为 B 相。在电缆的另一端用直流电压表的相应挡位测试任意两个导电线芯。如有相应的直流电压指示,则接电压表正极的导电线芯为 A 相,接电压表负极的导电线芯为 B 相,第三芯为 C 相。

若电压表没有指示,则说明电压表所接的两个导电线芯中,有一个导电线芯为 C 相,此时可任意将一个导电线芯接到电压表上进行测试,直到电压表有正确的指示为止。

采用零点位于中间的电压表更方便。如果电压表指示为正值,则接电压表正极的导电线芯为 A 相,接电压表负极的导电线芯为 B 相;如果电压表指示为负值,则接电压表正极的导电线芯为 B 相,接电压表负极的导电线芯为 A 相,第三芯为 C 相。

(2)绝缘电阻表(也称摇表)法

绝缘电阻表法是通过测试电缆各相对地的绝缘情况来辨别电缆相位的。其操作方法是:将已经确定相位的电缆端的一芯(相)与电缆金属护层或金属屏蔽层连接,利用兆欧表测试电缆线路另外一端。

(3)其他方法

将直流电压表换为万用表的直流电压挡进行测试,就产生了万用表法。将直流电压表换成带限流电阻的发光半导体二极管或小电珠(灯),通过观察其亮与不亮来判断相位的为发光半导体二极管法或小电珠(灯)法。采用绝缘电阻表法的万用表法,将绝缘电阻表用万用表电阻挡来替换,观察对端接地相的电阻情况来判断相位。

(4)注意事项

①两端相位或一端电缆终端相位未定时,接头线芯连接可不核相,直接按接头线芯的排列方式进行连接,在电缆线路的两端进行电缆核相。

②两端相位已定,接头核相时,应在接头处以两端电缆的相位为准,向两边核相,然后同相连接。若此时同相连接线芯位置相差较大,影响加强绝缘绕包时,可采取调整终端相位的方法来达到电缆相位的要求,此时切不可忘记同时改正终端的相位,若终端的相位无法改变,则可在不影响电缆质量的一定范围内旋转电缆,以达到电缆线芯既同相连接,又不影响加强绝缘的目的,由于这个旋转的量不易控制,故应尽量避免采用这种做法。

③若两条及两条以上同型号、同截面平行电缆用作一条电缆线路,在进行电缆线路核相

工作时，应逐条进行电缆核相。

3. 带电核相

在某些特殊的情况下，如用户有两个及两个以上电源，且并路运行，必须使各电源的相位相同（即两段母线相位一致），否则并路（即联络开关合上）会引起短路，所以一定要确认两路电源供电母线的相位一致，两路电源发送电时或运行两路电源中一路故障接头修复后，要进行带电核相。

(1) 低压带电核相

带电核相的基本原理是，两路电源同相间电压为零，不同相的电压为该电压等级的线电压。通过辨认电压表的数值，确定两电源相位的对应关系。

用户双电源各供一台变压器，可在低压侧核相，同相电压为零，不同相时则电压不为零。

在用交流电压表进行核相时，应注意以下几点：

①必须正确选择电压表测试量程，测试线绝缘良好。

②核相至少由四人协作完成，其中两人持电压表表笔，一人读表，一人监护。

③核相应由熟练工人站在绝缘垫上进行操作，操作时必须戴绝缘手套，人身、仪表及引线对带电体在任何情况下均不得低于安全距离标准。

④核相时应先接到原电源上作为标准相位，后接被核相电源，更换测试相时注意满足相间安全距离，核相完毕同时撤离带电体。

(2) 高压带电核相

带电核相的基本原理是核相杆的外绝缘和串联电阻的耐压等级均能承受被核的相电压，串联电阻是一相间负荷，其作用是防止短路、限制电流，其值按微安表量程来定，同相时无电流，不同相时有一定的电流。

其注意事项有：

①每次使用前必须认真确认核相器完好，没有脏污、损伤的现象，带电核相杆的电阻值符合标准要求。

②如发现带电核相杆有异常现象应停止使用，正常情况下每年应按规定进行试验。如发现核相杆有裂缝、高阻变黑或其他异常变化应进行检查，试验合格后再使用。

③带电核相至少由四人协作完成，其中两人持杆，一人读表，一人监护。

④带电核相时应先接到原高压电源上作为标准相位，后接被核相高压电源，更换测试相时，注意满足相间安全距离，核相完毕两杆同时撤离带电体。

⑤若在同一开关柜中带电核相不能满足安全距离时应采取其他方法，不允许在同一柜中带电核相。

二、理论题

(1) SF_6 气体为什么可以用作良好的绝缘材料？

(2) 根据《电气装置安装工程 电气设备交接试验标准》（GB 50150—2016）规定，SF_6 气体微水测试的标准（20℃，0.1MPa）是什么？

(3) 为什么要对 SF_6 开关柜进行含水率测试？

（4）运行中的 SF_6 开关柜气体泄漏会造成什么危害？
（5）什么是电力故障测寻技术？
（6）电缆故障测寻的一般步骤有哪些？
（7）常用的故障测距方法有哪些？
（8）故障精确定点可以采用哪些方法？
（9）两端电缆未经核相送电会造成什么后果？

项目8

高压安全用具的检查与测试

知识目标

1. 掌握高压测试的意义、分类。
2. 熟悉绝缘手套、绝缘靴、安全帽的检测方法。
3. 掌握高压验电器、绝缘操作杆的检测方法。

能力目标

1. 能用高压测试装置进行安全工器具的测试。
2. 能在专人的监护和配合下独立完成整个测试过程。
3. 能根据相关标准、规程对测试结果做出正确的判断和比较全面的分析。

素质目标

1. 具备创新思维和创新能力,能够在未来的发展中具有竞争力。
2. 具备实践能力和实践经验,能够将所学知识应用到实际岗位中。
3. 具备社会责任和国际视野,能够在社会中扮演积极角色。

建议学时

4学时。

任务 8.1　绝缘手套和绝缘靴的检查与测试

任务导入

电气安全用具是指用以保护电气工作安全运行和人身安全所必不可少的工器具和用具等，它们可防止触电、弧光灼伤和高空摔跌等伤害事故的发生。高压试验过程中要通过试验仪器对电气设备施加很高的试验电压，如果操作不当，会给试验操作人员带来很大的伤害。所以，在试验中需要使用绝缘工器具，便于保护操作人员的安全。在使用前，必须进行安全用具的检查与测试。如何对绝缘手套和绝缘靴进行检查与测试？

理论知识

一、高压测试的意义、分类

1. 高压测试的意义

高压测试又称高压试验，高压电气设备在制造或检修过程中，由于材质或工艺存在瑕疵，或者由于操作人员的一时疏忽，在电气设备内部留下潜伏性的缺陷。如果将存在缺陷的电气设备投入电力系统运行，有的当时就会发生事故；有的虽然暂时不发生事故，但在运行一段时间后，由于受电动力、湿度和温度等的作用，原有的缺陷进一步发展，最后也会扩大为事故。电气设备在运行中发生事故，通常会引起严重后果，不仅损坏设备，而且造成线路跳闸、供电中断，严重影响社会生活秩序和生产活动。

为了防止电气设备在投入运行时或运行中发生事故，必须对电气设备进行高压试验，以便及时发现设备中潜伏的缺陷。因此高压试验是防止发生电气事故的重要手段，对电力系统安全运行具有重要意义。

（1）交接试验的意义

新安装电气设备在安装竣工后、交接验收时必须进行交接试验，用来检验制造单位生产的电气设备质量是否合格；检验电气设备在安装施工过程中是否受到损坏、安装质量是否符合规程要求；检验新安装的电气设备是否满足投入电力系统运行的技术条件要求。这样，在电气设备投入运行后，如果出现问题，也便于分清责任，找出具体原因。因此，电气设备交接试验报告必须存档保存，为以后运行、检修和事故分析提供基础性参考数据。电气设备交接试验时，除按《电气装置安装工程 电气设备交接试验标准》（GB 50150—2016）执行外，还应参考设备制造厂对产品的技术说明和有关要求进行。

(2) 预防性试验的意义

电力设备在设计和制造过程中可能存在着一些质量问题,而且在安装运输过程中也可能出现损坏,由此将造成一些潜伏性故障。电力设备在运行中,由于受电压、热、化学、机械振动以及其他因素的影响,其绝缘性能会逐渐劣化,甚至失去绝缘性能,进而造成事故。

电气设备的预防性试验就是要及时发现电气设备在运行中出现的各种潜伏性缺陷,根据缺陷的严重程度,对不合格的电气设备安排检修或进行更换,以保证安全运行。预防性试验时执行电力行业标准《电力设备预防性试验规程》(DL/T 596—2021)。电气设备预防性试验结果报告等资料应存档备查,作为日后电气设备排大、小修计划时的参考依据。

2. 高压测试的分类

(1) 根据试验项目内容不同分类

根据试验项目内容不同,高压试验分为绝缘试验和特性试验。

绝缘试验是指对电气设备绝缘状况的检查试验。在电力系统各种事故中,电气设备的绝缘击穿占很大比例。为了防止发生此类事故,保证安全运行,必须对电气设备进行绝缘检查试验。绝缘试验主要包括电气设备外绝缘外观检查、绝缘特性数据测试和耐压试验。绝缘试验又可分为非破坏性试验和破坏性试验。

非破坏性试验是指使用较低的试验电压(一般低于电气设备的额定电压)或其他不会损伤绝缘的办法来测试绝缘的某些特性,从而判断绝缘内部是否存在缺陷。实践证明,非破坏性试验对电气设备的某些绝缘缺陷的判断是有效的。常用的非破坏性试验方法有:绝缘电阻测试、直流泄漏电流测试、绝缘介质损耗角正切值测试(简称"介质损失角"测试)、局部放电测试、油色谱分析试验等。

破坏性试验,是指对电气设备进行耐压试验。试验电压远高于电气设备正常运行时所承受的电源电压。通过耐压试验,可以考核电气设备遇到过电压时的承受能力。如果电气设备的绝缘裕度达不到技术标准所规定的要求,则在耐压试验时会出现绝缘击穿,造成损坏,因此这种试验称为破坏性试验。耐压试验有以下几种:

①直流耐压试验。在试验时对被试物施加直流高压进行耐压。

②交流耐压试验。其包括工频耐压试验和感应耐压试验:在工频耐压试验时利用工频交流电源通过调压装置,经升压变压器的高压输出端输出一个交流高压,对被试物进行高电压耐压试验,称为工频耐压试验。这种试验也称为交流外施电压试验,简称交流耐压试验。因为对于被试电气设备来说,这个高压试验电压是在外部产生,然后施加到其上的,因此称为外施电压试验。由于交流试验电压的频率就是电源电压频率,这个频率称为工频,因此也称为工频耐压试验。

感应耐压试验指在交流耐压试验时,利用被试变压器本身一次、二次绕组之间的电磁感应原理产生高压电对自身进行的耐压试验。进行感应耐压试验时,在被试变压器(或电压互感器)的低压侧施加一个试验电压,在被试设备铁芯中产生磁通,通过电磁感应原理在被试设备高压绕组感应产生高电压,从而达到耐压试验的目的。显然,感应耐压试验不能用于直流电压试验。

③冲击耐压试验。除了交、直流耐压试验,冲击耐压试验也属于破坏性试验。冲击试

时所用的试验电压是一个持续时间很短(一般以微秒计)的冲击波。根据冲击波的不同波形,又分为雷电冲击波试验、操作冲击波试验、全波试验和截波试验。这些不同的冲击波试验分别用于不同的试验目的。例如为了检验阀型避雷器的保护特性,一般采用雷电冲击波试验。冲击波试验在电气设备的形式鉴定试验中用得较多。

特性试验通常把绝缘试验以外的电气试验统称为特性试验。对电气设备进行特性试验的目的是检验电气设备的技术特性是否符合有关技术规程的要求,以满足电气设备正常运行的需要。对不同的电气设备有不同的特性试验项目。同一台电气设备可能有多个特性试验项目。例如,对于电力变压器常进行的特性试验项目有:电压比、直流电阻测试、极性或联结组标号、空载电流、阻抗电压、空载和负载损耗等。

有些电气设备既要进行绝缘试验,又要进行特性试验,例如电力变压器。但也有些电气设备只进行绝缘试验,并无特性试验项目。例如绝缘子和电力电缆等设备一般只进行绝缘试验,很少进行特性试验。

(2) 根据试验目的任务不同分类

根据试验目的任务不同,电气试验有以下几种。

① 交接试验。新安装的电气设备必须经过试验合格,才能办理竣工验收手续。电气设备安装竣工后的验收试验称为交接试验。

② 预防性试验。预防性试验是指对已投入运行的电气设备,为了及时发现运行中设备的隐患,预防发生事故或设备损坏,对设备进行的试验或检测。

③ 临时性试验。除了交接试验和预防性试验,电气设备在运行中如果遇到异常情况,例如发生电气事故,或者出现异常状态,根据具体需要,临时对电气设备进行事故调查试验。这种临时试验的试验项目一般参考有关规程,并根据具体需要加以确定。

④ 电气设备的工厂试验。上面介绍的是接入电力系统挂网运行的电气设备所要进行的各种试验。对于电气设备制造厂来说,需要进行的试验有:新产品的形式鉴定试验、电气设备制造过程中的中间试验、成品出厂前的产品出厂合格试验。有的还要对成批生产的产品进行某些试验项目的抽样试验。

二、安全工器具分类及绝缘手套、绝缘靴的检测

1. 安全工器具分类

安全工器具通常专指电力安全工器具,是指防止发生触电、灼伤、坠落、摔跌等事故,保障工作人员人身安全的各种专用工具和器具。

在电力系统中,为了顺利完成任务而又不发生人身事故,操作者必须携带和使用各种安全工器具。如对运行中的电气设备进行巡视、改变运行方式、检修试验时,需要采用电气安全用具;在线路施工中,需要使用登高安全用具;在带电的电气设备上或邻近带电设备的地方工作时,为了防止触电或被电弧灼伤,需使用绝缘安全工器具等。

电力安全工器具可分为绝缘安全工器具、个体防护装备、登高工器具、警示标志四类。绝缘安全工器具分为基本和辅助两种绝缘安全工器具。基本绝缘安全工器具是指能直接操作带电设备或接触及可能接触带电体的工器具,如验电器、绝缘杆、核相器、绝缘罩、绝缘隔

板、绝缘夹钳、携带型短路接地线等,这类工器具和带电作业工器具的区别在于工作过程中为短时间接触带电体或非接触带电体。辅助绝缘安全工器具是指绝缘强度不能承受设备或线路的工作电压,只是用于加强基本绝缘安全工器具的保安作用,用以防止接触电压、跨步电压、泄漏电流电弧对操作人员的伤害,不能直接接触高压设备带电部分。属于这一类的有:绝缘手套、绝缘靴、绝缘胶垫等。个体防护装备是指防护工作人员发生事故的工器具,如安全带、安全帽、安全绳、速差自控器、自锁器、缓冲器、导电鞋、个人保安线等。登高工器具指用于登高作业、临时性高处作业的工具,如登高用的脚扣、登高板、升降板、硬梯、软梯、脚手架等。警示标志包括安全围栏(网)和标志牌。安全围栏(网)包括用各种材料做成的安全围栏、安全围网和红布幔;标志牌包括各种安全标示牌、设备标志牌、锥形交通标、警示带等。

2. 绝缘手套的检测

绝缘手套是用特种橡胶制成的,分为低压绝缘手套和高压绝缘手套。其主要用于电气设备带电作业和倒闸操作,是进行电气试验、带电作业或倒闸操作时必须要戴的安全防护工具。其主要起电气绝缘作用,防止感应电、接触电压等引发的人身伤害。

绝缘手套的检查

(1)技术要求

①绝缘手套必须有良好的电气绝缘性能,能满足《电力安全工器具预防性试验规程》(DL/T 1476—2023)规定的耐压水平。

②参考《带电作业用绝缘手套》(GB/T 17622—2008)标准,绝缘手套应具有以下技术规范:绝缘手套受平均拉伸强度应不低于16MPa,平均扯断伸长率应不低于600%,拉伸永久变形不应超过15%,抗机械刺穿力应不小于18N/mm,并具有耐老化、耐燃性能、耐低性能,绝缘试验合格。

(2)使用方法

①使用前先检查外观完好、无破损,并在试验有效期内。

②检查气密性应良好。将手套从口部向上卷,稍用力将空气压至手掌及指头部分检查上述部位有无漏气,如漏气则不能使用。

③戴好手套后将衣袖口套入筒口内。

(3)使用注意事项

①使用时注意防止尖锐物体刺破手套。

②使用后应将内外污物擦洗干净,平整存放在干燥处,并在绝缘手套内撒一些滑石粉,以免粘连;远离热源,避免阳光直射,并不得接触油类及腐蚀性药品等。

(4)试验标准

在被试手套内部放入电阻率不大于100Ω的水,如自来水,然后浸入盛有相同水的金属盆中,使手套内外水平面呈相同高度,手套应有90mm的露出水面部分,这一部分应该擦干,以恒定速度升压至规定的电压值(高压8kV,低压2.5kV),保持1min,不应发生电气击穿,测试泄漏电流,其值满足高压的泄漏电流≤9mA,低压泄漏电流≤2.5mA,则认为试验通过。试验周期为6个月。

3. 绝缘靴的检测

绝缘靴是能使人的脚与带电物体绝缘,防止电击的防护靴。按耐电压高低分低压绝缘靴和高压绝缘靴两类。高压绝缘靴有高压绝缘布面胶鞋和高压绝缘胶面胶靴两种。高压绝缘布面胶鞋是由布帮面、绝缘围条、绝缘内底和绝缘外底经硫化成型的防护鞋,一般有5kV、10kV、15kV等级别,主要适用于工频电压为1~15kV的高低压电气设备作业时为足部防触电辅助安全用具。高压绝缘胶面胶靴是由全绝缘橡胶作靴面和大底,筒子绒布作里,外表为黑色。其一般有20kV、30kV等级别,主要用作高压电力设备的倒闸操作、设备巡视作业时、高压测试时的辅助的安全用具。特别是在雷雨天气巡视设备或线路接地的作业中,其能有效防止跨步电压和接触电压的伤害。

(1)绝缘靴的检查

①使用前应检查绝缘靴表面不得有划伤、无裂纹、无漏洞、无气泡、无毛刺等,如发现应立即停止使用并及时更换。

②检查时注意靴底磨损情况,若大底花纹磨掉后,则不能使用。

③检查绝缘靴有无电气试验合格证,是否在有效试验有效期内,超过试验有效期则不得使用。

绝缘靴的检查

(2)绝缘靴的使用注意事项

①应根据作业场所电压正确选用绝缘靴,低压绝缘鞋禁止在高压电气设备上作为安全辅助用具使用,高压绝缘靴可以作为高压和低压电气设备上辅助安全用具使用。但不论是穿低压绝缘靴还是穿高压绝缘靴,均不得直接用手接触电气设备。

②绝缘靴不得当作雨鞋或用作其他用途,其他非绝缘靴也不能代替绝缘靴。

③穿用绝缘靴时,应将裤管套入靴筒内。穿用绝缘鞋时,裤管不宜长及鞋底外沿条高度,更不能长及地面,保持布帮干燥。

④在使用绝缘靴时,应查验鞋上是否有绝缘永久标记,如红色闪电符号,鞋底有耐电压的数值标记等;鞋内是否有合格证、安全鉴定证、生产许可证编号等。

⑤绝缘靴应按规定使用期限进行预防性检验,耐电压和泄漏电流应符合要求,方可继续使用。

⑥绝缘靴应统一编号,现场可供使用的绝缘靴应最少保留两双。

⑦绝缘靴应存放于干燥、阴凉的地方,并应存放在专用的柜子内。

专项实训8.1 绝缘手套和绝缘靴的测试

一、工作任务

绝缘手套和绝缘靴使用了一段时间后,马上要过试验有效期了,需要进行预防性试验,检测是否满足相关标准要求。

二、引用的标准、规程和文件

(1)《足部防护 安全鞋》(GB 21148—2020)。

(2)《带电作业用绝缘手套》(GB/T 17622—2008)。

(3)《高电压试验技术 第1部分:一般定义及试验要求》(GB/T 16927.1—2011)。

(4)《电力安全工器具预防性试验规程》(DL/T 1476—2023)。

(5)《电力安全工作规程 发电厂和变电站电气部分》(DL/T 408—2023)。

(6)《带电作业用绝缘鞋(靴)通用技术条件》(DL/T 676—2012)。

(7)绝缘安全工器具、耐压试验装置使用说明书。

绝缘手套测试

绝缘靴测试

三、试验仪器、仪表及材料(表8-1)

试验仪器、仪表及材料　　　　表8-1

序号	试验所用设备(材料)	数量	序号	试验所用设备(材料)	数量
1	绝缘手套(靴)试验装置	1套	3	常用仪表(电压表、微安表、万用表等)	1套
2	电源盘	2个	4	设备试验原始记录	1本

四、测试准备及工作危险点分析、防范措施

同项目1任务1.1专项实训1.1气体介质击穿测试要求。

五、测试人员配置

此任务可配测试负责人1名,测试人员1名。

六、绝缘手套(靴)试验装置介绍及测试步骤

绝缘手套(靴)试验装置如图8-1所示。绝缘手套(靴)试验接线图如图8-2所示。

项目8 高压安全用具的检查与测试

图 8-1 绝缘手套(靴)试验装置

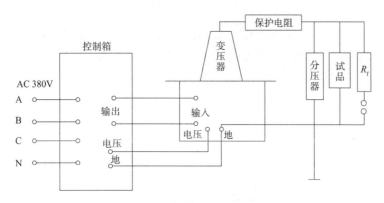

图 8-2 绝缘手套(靴)试验接线图

七、测试报告与结果判断(表 8-2)

测试报告　　　　　　　　　　　　　　　　　表 8-2

测试序号	绝缘手套高压测试		绝缘靴高压测试	
	工频电压(kV)	泄漏电流(μA)	工频电压(kV)	泄漏电流(μA)
1				
2				

参考《带电作业用绝缘鞋(靴)通用技术条件》(DL/T 676—2012),无论储存或使用中的绝缘鞋(靴),若电气试验周期已超过 6 个月,应进行试验检测,未经检测不可直接使用。

任务 8.2　高压验电器的检查与测试

任务导入

投入使用的高压验电器必须是经电气试验合格的,高压验电器必须定期试验,确保其性能良好。在使用前必须正确检查,合格后才能使用,使用时和使用后也有一些注意事项。如何对高压验电器进行检查与测试?

理论知识

一、高压验电器的作用、分类组成

1. 高压验电器的作用

高压验电器是用于对额定频率为 50Hz,电压等级为 6kV、10kV、35kV、110kV、220kV、500kV 的交流电压做直接接触试验电的专用工器具,它是发电、输电、配电、变电系统,工矿企业的电器操作检修人员用于验证运行、检修线路和设备有无电压的理想安全工器具。它也是检验电气设备(如导线)是否有电的一种专用安全用具。当每次断开电源进行检修时,必须先用它验明设备确实无电后,方可进行工作。

2. 高压验电器的分类组成

高压验电器按照适用电压等级,可分为 0.1~10kV、6kV、10kV、35kV、66kV、110kV、220kV、500kV 验电器。0.1~10kV 验电器如图 8-3 所示。按照高压验电器的显示方式,其可分为声类、光类、数字类、回转类、组合式类等;按照主要元件构成及其工作原理,其又可分为电容型验电器、电阻型验电器和感应型验电器。电容型验电器是通过检测流过验电器对地杂散电容中的电流来指示电压是否存在的装置。电容型验电器原理和结构简单、操作安全可靠,因而在电力行业得到了广泛应用。

目前,广泛采用的有发光型、声光型、风车型三种类型。各种验电器如图 8-4 所示。它们一般是由检测部分(指示器部分或风车)、绝缘部分、握手部分和罩护环四大部分组成。绝缘部分系指自指示器下部金属衔接螺栓起至罩护环止的部分,握手部分系指罩护环以下的部分。其中绝缘部分、握手部分根据电压等级的不同其长度也不相同。

(1)发光型高压验电器

如图 8-5 所示为发光型高压验电器的结构图,其主要由四部分组成:指示器部分、绝缘部分、握手部分和罩护环。

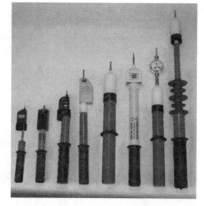

图 8-3　0.1~10kV 验电器

图 8-4　各种验电器

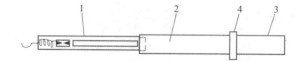

图 8-5　发光型高压验电器的结构图
1-指示器部分；2-绝缘部分；3-握手部分；4-罩护环

指示器部分主要有金属接触端、压紧弹簧、氖气管、电容纸箔管或电子元件，外套部分有硬质绝缘绝管。

绝缘部分可以分为自指示器下部的金属衔接螺钉起至罩护环止的部分，绝缘部分长度，对 10kV 及以下不小于 0.4m，35kV 不小于 0.6m。

握手部分为罩护环以下的部分。

罩护环是绝缘部分与握手部分的分界点，罩护环的直径需比握手部分大 20~30mm。

(2) 风车型高压验电器

风车型高压验电器如图 8-6 所示，当风车型高压验电器指示系统带电后，由于同种电荷的排斥力使指示器发生偏转，它是从力的角度来反映导体带电的情况，当指示系统具有一定偏转角时，其重力矩与静电力矩平衡。

风车型验电器在使用前应观察回转指示器叶片有无脱轴现象，脱轴者不得使用，轻轻摇晃验电器，其叶片应稍微有晃动。在使用风车型验电器时，应逐渐靠近被测设备，一旦指示叶片开始正常回转，即说明该设备有电，应随即离开被测设备，不要使指示叶片长期回转，以保证验电器的使用寿命。风车型验电器只适宜在户内或户外良好天气时使用，雨雪天禁止使用。风车型高压验电器不得强烈振动或受冲击，不得自行调试拆装。

图 8-6　风车型高压验电器

(3) 声光型高压验电器

由于验电器使用环境的复杂性和重要性，一般均采用声光组合的形式，目前广泛使用的是棒状伸缩型声光高压验电器，其一般是电容型的，故叫电容型高压声光验电器，如图 8-7 所示。还有语言型（图 8-8）、防雨型（图 8-9）等高压验电器。棒状伸缩型高压验电器是根据国内电业部门要求，在汲取国内外各验电器优点的基础上研制的"声光双重显示"型验电器，其验电灵敏性高，不受阳光、噪声影响，白天、黑夜、户内、户外均可使用；抗干扰性强，有些内设过压保护、温度自动补偿，具备全电路自检功能；还有的内设电子自动开关，电路采用集成电路屏蔽，保证在高电压、强电场下集成电路安全可靠地工作。

图 8-7　电容型高压声光验电器

图 8-8　语言型高压验电器

图 8-9　防雨型高压验电器

语言型验电器报警时发出"请勿靠近，有电危险"的警告声音，简单明了，避免了工作人员的误操作，保障了人身安全；验电器外壳为 ABS 工程塑料，伸缩操作杆采用环氧树脂玻璃钢管制成；产品结构一体，使用、存放方便。

二、高压验电器使用前检查及使用方法、注意事项

1. 高压验电器使用前检查

（1）使用前应进行外观检查，验电器的工作电压应与被测设备的电压相同，验电前应选用电压等级合适的高压验电器。用毛巾轻擦验电器，去除污垢和灰尘，检查表面无划伤、无破损和裂纹，绝缘漆无脱落，保护环完好。

（2）验电操作前应先进行自检试验。用手指按下试验按钮，检查高压验电器灯光、声响报警信号是否正常，声音是否正常。若自检试验无声光报警时，不得进行验电。应检查电池是否完好，是否有电，更换电池时注意正负极不能装反。

（3）检查高压验电器电气试验合格证是否在有效试验周期内。

2. 高压验电器使用方法

在使用高压验电器进行验电时，首先必须认真执行操作监护制，一人操作，一人监护。操作者在前，监护人在后。使用验电器时，必须注意其额定电压要和被测电气设备的电压等级相适应，否则会危及操作人员的人身安全或造成错误判断。

验电时,操作人员一定要戴绝缘手套,穿绝缘靴,防止跨步电压或接触电压对人体的伤害。操作者应手握罩护环以下的握手部分,先在同等电压等级的有电设备上进行检验,无法在有电设备上试验时可用高压发生器等验证验电器良好。检验时,应渐渐地移近带电设备至发光或发声为止,以验证验电器的完好性。然后在需要进行验电的设备上检测。

需要特别说明的是,在使用高压验电器验电前,一定要认真阅读使用说明书,检查一下试验是否超周期,外表是否损坏、破伤。对于高压声光型验电器在操作前应对指示器进行试验,才能将指示器旋转固定在操作杆上,并将操作杆拉伸至规定长度,再做一次自检后才能进行。注意,高压验电器不能检测直流电压。

对无法进行直接验电的设备,可以进行间接验电,即检查隔离开关(刀闸)的机械指示位置、电气指示、仪表及带电指示装置的指示变化,若进行遥控操作,则应同时检查隔离开关(刀闸)的就地状态指示、遥测、遥信信号及带电显示装置的指示。

3. 高压验电器使用注意事项

(1)高压验电器必须定期试验,一年一次,确保其性能良好。

(2)高压验电时,两人进行,一人监护,一人操作,操作者必须戴绝缘手套、穿绝缘靴。验电时必须精神集中,不能做与验电无关的事,如接打手机等,以免错验或漏验。

(3)对线路的验电应逐相进行,对联络用的断路器或隔离开关或其他检修设备验电时,应在其进出线两侧各相分别验电。

(4)验电时让验电器顶端的金属工作触头逐渐靠近带电部分,至氖泡发光或发出声响报警信号为止,不可直接接触电气设备的带电部分。验电器不应受邻近带电体的影响,以致发出错误的信号。

(5)验电完成后,应立即进行接地操作,验电后因故中断未及时进行接地,若需要继续操作必须重新验电。

(6)雨天室外验电,禁止使用普通(不防水)的验电器或绝缘拉杆,以免受潮闪络或沿面放电,引起事故。

4. 高压验电器测试

电容型高压声光验电器的检验依据电力系统的要求,符合相关的技术条件及相应的国家标准,按照《电容型验电器》(DL 740—2014)标准进行验电器的启动电压试验、交流耐压测试以及泄漏电流试验。

一般高压验电器启动电压试验采用工频信号发生器进行检验,而绝缘操作手杆则采用工频升压试验装置进行工频耐压试验进行检验,每个电压等级都有固定的检验方法。

电容型验电器的试验项目、周期和要求见表8-3。

电容型验电器的试验项目、周期和要求　　　　表8-3

序号	项目	周期	要求	说明
1	启动电压试验	1年	启动电压值不高于额定电压的40%,不低于额定电压的15%	试验时接触电极应与试验电极相接触

续上表

序号	项目	周期	要求				说明
			额定电压(kV)	试验长度(m)	工频耐压(kV)		
					1min	5min	
2	工频耐压试验	1年	10	0.7	45	—	
			35	0.9	95	—	
			63	1.0	175	—	
			110	1.3	220	—	
			220	2.1	440	—	
			330	3.2	—	380	
			500	4.1	—	580	

在规定的电压和时间下,电容型验电器不击穿,就说明耐压合格。

对于泄漏电流试验,标称电压不高于110kV的验电器,施加1.2倍的标称电压;标称电压高于110V的验电器,试验电压应为0.69倍的标称电压。对于有标称电压范围的验电器,应按照最大标称电压进行试验。泄漏电流(有效值)应在干燥条件下测试,施加电压时间为1min,如果测得的干燥条件下泄漏电流不超过50μA,则认为试验通过。淋雨条件下的泄漏电流(仅户外型),应进行淋雨试验,试验结果应符合相关的规定。

专项实训 8.2 高压验电器的测试

一、工作任务

高压验电器使用一段时间后,需要进行验电器的启动电压试验和交流耐压测试以及泄漏电流试验,看是否满足相关标准要求。

二、引用的标准、规程和文件

(1)《高电压试验技术 第 1 部分:一般定义及试验要求》(GB/T 16927.1—2011)。
(2)《电力安全工器具预防性试验规程》(DL/T 1476—2023)。
(3)《电力安全工作规程 发电厂和变电站电气部分》(DL/T 408—2023)。
(4)《电容型验电器》(DL/T 740—2014)。
(5)验电器功能检测试验装置使用说明书。

三、试验仪器、仪表及材料(表 8-4)

试验仪器、仪表及材料　　　　　　　　　表 8-4

序号	试验所用设备(材料)	数量	序号	试验所用设备(材料)	数量
1	验电器功能检测试验装置	1 套	3	常用仪表(电压表、微安表、万用表等)	1 套
2	电源盘	2 个	4	设备试验原始记录	1 本

四、测试准备及工作危险点分析、防范措施

同项目 1 任务 1.1 专项实训 1.1 气体介质击穿测试要求。

五、测试人员配置

此任务可配测试负责人 1 名,测试人员 3 名(1 名接线;1 名操作仪表;1 名验电、放电)。

六、测试仪表设备介绍

验电器功能检测试验装置根据我国电力行业标准《电容型验电器》(DL/T 740—2014)进行设计、研制、开发形成产品,主要用于进行验电器的启动电压试验和高压测试。该装置适用于 10~500kV 的高压验电器、低压验电器、声光型验电器等多种验电器的检测,如图 8-10 所示。整套装置由底座、绝缘杆、球形电极、环形电极以及高压控制箱和试验变压器组成。

图 8-10　验电器功能检测试验装置

七、方案设计

根据验电器功能检验测试装置使用说明书设计测试接线图。

八、测试步骤

（1）验电器启动电压试验

高压电极由金属球体构成，在 1m 的空间范围内不应放置其他物体，将验电器的接触电极与一极接地的交流电压的高压电极相接触，逐渐升高高压电极的电压，当验电器发出"电压存在"信号，如声光指示时，记录此时的启动电压，如该电压为 0.15～0.4 倍的额定电压，则认为试验通过。

（2）工频耐压试验

高压试验电极布置于绝缘杆的工作部分，高压试验电极和接地极间的长度即为试验长度，如在绝缘杆间有金属连接头，两试验电极间的距离还应在此值上再加上金属部件的长度，绝缘杆间应保持一定距离，以便观察试验情况。接地极和高压试验电极以宽 50mm 的金属箔或导线包绕。

对于各个电压等级的绝缘杆，施加对应的电压。对于 10～220kV 电压等级的绝缘杆，加压 1min；对于 330～500kV 电压等级的绝缘杆，加压 5min。

缓慢升高电压，以便能在仪表上准确读数，达到 0.75 的试验电压值起，以每秒 2% 试验电压的升压速率升至规定的值，保持相应的时间，然后迅速降压，但不能突然切断，试验中各绝缘杆应不发生闪络或击穿，试验后绝缘杆应无放电、灼伤痕迹，应不发热。

若试验变压器电压等级达不到试验的要求，可分段进行试验，最多可分成 4 段，分段试验电压应为整体试验电压除以分段数再乘以 1.2 倍的系数。

高压验电器试验报告单

拓 展 练 习

一、电力安全帽的检查与测试

对人体头部受坠落物及其他特定因素引起的伤害起防护作用的帽子称为安全帽。其由帽壳、帽衬、下颏带及其他附件组成。帽壳由壳体、帽舌、帽檐、顶筋等组成;帽衬是帽壳内部部件的总称,由帽箍、吸汗带、衬带及缓冲装置等组成;下颏带是系在下巴上,起固定作用的带子,由系带和锁紧卡组成。

安全帽的防护作用在于:当作业人员头部受到坠落物冲击时,利用安全帽帽壳、帽衬在瞬间先将冲击力分解到头盖骨的整个面积上,然后利用安全帽的帽壳、帽衬的结构、材料和所设置的缓冲结构(插口、拴绳、缝线、缓冲垫等)的弹性变形、塑性变形和允许的结构破坏将大部分冲击力吸收,使最后作用到人员头部的冲击力降低到4900N以下,从而起到保护作业人员的头部不受到伤害或降低伤害的作用。

1. 安全帽分类、作用

安全帽按性能分为普通型(P)和特殊型(T)。普通型安全帽是用于一般作业场所,具备基本防护性能的安全帽产品;特殊型安全帽是除具备基本防护性能外,还具备一项或多项特殊性能的安全帽产品,适用于与其性能相应的特殊作业场所。

带有电绝缘性能的特殊型安全帽按耐受电压大小分为G级和E级。G级电绝缘测试电压为2200V,E级电绝缘测试电压为20000V。

电力安全帽适应于可能接触400V以下三相交流电的工作环境,即可能接触400V以下三相交流电的作业人员,都应当佩戴具有绝缘性能的电工安全帽。电工安全帽的绝缘标准为:当安全帽接触400V及以下电压时,从安全帽泄漏到人头的电流小于或等于1.2毫安,从而保障佩戴人的安全。T类电工安全帽对400V以上电压接触是不起绝对保护作用的,尤其作为1kV以上的高压电不需要接触就可能发生放电等触电事故。因此近电报警(器)电力安全帽就应运而生,起到了"近电预警"功能。近电报警(器)电工安全帽的主要保护原理是"近电预警"提示功能,而不是接触绝缘功能。

2. 安全帽检查使用

安全帽在使用前应正确检查,其注意事项有:

(1)在佩戴安全帽前,应调整好松紧大小,以帽子不能在头部自由活动、自身又未感觉不适为宜。

(2)安全帽帽衬必须与帽壳连接良好,同时帽衬与帽壳不能紧贴,应有一定间隙,该间隙一般为2~4cm(视材质情况),当有物体附落到安全帽壳上时,帽衬可起到缓冲作用,以使颈椎不受到伤害。

(3)必须拴紧下颚带,以保证当人体发生附落或二次击打时,不脱落。

安全帽的检查

(4)安全帽应戴正,帽带系紧,帽箍的大小应根据佩戴人的头型调整箍紧;女生佩戴安全帽时应将头发放进帽衬。

(5)近电报警(器)电力安全帽在佩戴前,电压选择开关置于相应的电压挡,然后按住自检,能发出轰鸣(发声)信号后,即可正常使用。可选择0.22~500kV的近电电压范围,当佩戴近电报警(器)电力安全帽的人进入预设电压范围内,即发出近电自动轰鸣报警或真人发声语音报警,以提示佩戴人不要再靠近带电物体,以免触电。

3. 安全帽测试

(1)主要技术性能要求

①冲击吸收性能。

按照《安全帽测试方法》(GB/T 2812—2006)中4.3规定的方法进行测试,经高温、浸水、低温、紫外线照射预处理后做冲击测试,传递到头模上的力不超过4900N,帽壳不得有碎片脱落。

②耐穿刺性能。

按照《安全帽测试方法》(GB/T 2812—2006)中4.4规定的方法进行测试,经高温、浸水、低温、紫外线照射预处理后做穿刺测试,钢锥不得接触头模表面,帽壳不得有碎片脱落。

③侧向刚性。

按照《安全帽测试方法》(GB/T 2812—2006)中4.8规定的方法进行测试,最大变形不超过40mm,残余变形不超过15mm,帽壳不得有碎片脱落。

(2)安全帽试验项目、周期和要求(表8-5)

安全帽试验项目、周期和要求　　　　表8-5

序号	项目	周期	要求	说明
1	冲击性能试验	按规定期限	冲击力小于900N	制造之日起,柳条帽≤2年,塑料帽≤2.5年,玻璃钢帽≤3.5年
2	耐穿刺性能试验	按规定期限	钢锥不接触头模表面	

(3)冲击吸收性能试验

安全帽测试装置为电力安全工器具力学性能试验机,如图8-11所示,将安全帽试验传感器与安全帽测试仪传感器接口相接,进入相应的测试状态,出现"嘀、嘀"声便可落锤测试(听声后5s内需完成锤头冲击),并在数秒后显示冲击数据,如该冲击力小于4900kN,则试验通过。

(4)耐穿刺性能试验

将一顶完好的安全帽放在头模上,安全帽衬垫与头模间电接触装置有一个电极,其由铜片制成,如钢锥与该电极相接触,可形成一个闭合回路。按确认键便进入相应的测试状态,出现"嘀、嘀"声便可落锤测试,钢锥从1m高度落下穿刺安全帽顶中心100mm范围内(听声后5s内需完成锤头冲击),并在数秒后显示是否穿刺,未穿刺则试验通

图8-11　安全帽测试装置

二、绝缘杆的检查与测试

绝缘杆是基本绝缘安全用具,它可被用于直接操作高压隔离开关和跌落式熔断器,敷设或拆除临时接地线,以及进行测试或试验等工作。

绝缘杆主要由绝缘管或绝缘棒制成的含端部配件的绝缘工具,通常包括操作杆、扎线杆、钩头杆、通用操作杆。

1. 绝缘杆的组成和分类

绝缘杆由3部分组成:工作部分、绝缘部分和握手部分。工作部分由金属制成,它根据不同工作的需要,做成各种不同的式样,装在绝缘部分的顶部;工作部分的下部边缘至握手部分的上部边缘为绝缘部分;握手部分与绝缘部分之间有护环,护环的直径较握手部分大20~30mm。

绝缘操作杆按长度可分为:3m、4m、5m、6m、8m、10m等;按电压等级可分为:10kV、35kV、110kV、220kV、330kV、500kV、750kV、1000kV等;按伸缩方式分接扣式和伸缩式,接扣式一般采用黄色绝缘杆,伸缩式绝缘操作杆一般采用上红下黄颜色处理,红色是做的防滑处理,杆拉开后是黄色的。伸缩式绝缘杆如图8-12a)所示,接扣式绝缘杆如图8-12b)所示,另外还有防雨式绝缘杆,如图8-12c)所示,绝缘杆的首节杆上套放雨伞裙,防止下雨时雨水顺着杆流下来,以免影响其绝缘性能。

2. 绝缘杆的外观检查

对绝缘杆的检查,主要是外观检查,检查的重点是它的绝缘部分。在外观检查时,如发现零件不全、杆体缺损或有裂痕缺陷时,应进行修复,待试验合格后方可使用。

绝缘杆高压测试

3. 绝缘杆的交流耐压试验

按要求定期对绝缘杆进行交流耐压试验,可以确定绝缘杆的绝缘状况是否良好,是否能作为基本绝缘安全用具使用。交流耐压试验接线如图8-13所示。试验时,将被试绝缘杆平铺在电极上,锁紧卡扣,在工作部分与握手部分之间施加试验电压,将握手部分包以铝箔,按绝缘杆电气性能的规定,调整绝缘杆的电极距离。将高压线和地线接到指定的接线端上,确认无误后方可进行升压。根据绝缘杆的电压等级升到规定的试验电压值,在规定的时间内试品没有出现击穿、闪络现象,则可以判断试品合格。

a) 伸缩式

b) 接扣式

c) 防雨式

图8-12 各种绝缘杆

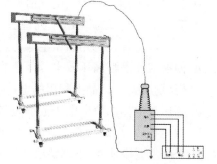

图8-13 绝缘杆交流耐压试验接线图

4. 注意事项

（1）对多根绝缘杆进行耐压试验。在同时对多根绝缘杆进行耐压试验时，若其中有一根发生闪络或放电现象时，应立即停止试验。

（2）对绝缘杆进行分段试验。若试验设备电压不够时，可对绝缘杆进行分段试验，试验时用软裸导线或铝箔按尺寸比例将绝缘杆的绝缘部分分成2～4段（最多不宜超过4段），每段所加电压可按长度成比例计算，但计算得的数值应另加20%。例如，绝缘杆长1m，应加的试验电压44kV，若分成4段，则实际每段应加的试验电压为 $11 \times (1 + 20\%) = 13.2(kV)$。

（3）对绝缘杆进行雨中交流耐压试验。对户外雨天使用的绝缘杆，需在人造雨中进行交流耐压试验。人工雨用水的电阻率为 $12000\Omega/cm$，试验时，人工雨量要保持不变。

5. 分析判断

在耐压试验中，如果不发生击穿、闪络、燃烧冒烟和爆裂声，试验后用手触摸也没有发热现象，即可认为绝缘杆耐压试验合格。如试验时发生上述现象，应根据原因进行修复处理，处理后试验合格方可使用。

三、理论题

（1）关于电气保护遮栏的作用，下列说法错误的是（　　）。
  A. 电气保护遮栏是为防止人或动物从任何方向接近带电体而设置的防护物
  B. 电气保护遮栏采用外壳或遮栏将危险的带电部分与外部完全隔开，从而避免从任何方向或经常接近方向直接触及危险的带电部分，是一种完全的防护
  C. 电气保护遮栏一般用干燥的木材或其他绝缘材料制成，分一般遮栏、绝缘挡板和绝缘罩三种
  D. 遮栏是用作隔离划分带电与不带电的，在变电设备检修和其他电气设备检修时，为防止工作人员误碰或接近带电体而设置的屏障

（2）关于电气标示牌的作用，下列说法错误的是（　　）。
  A. 电气标示牌又叫电气警告牌，是用来警告工作人员不准接近有电部分或禁止操作设备
  B. 电气标示牌用来指示工作人员何处可以工作及提醒工作必须注意的其他安全事项
  C. 电气标示牌主要分为以下四类：警告标示牌、禁止标示牌、提示标示牌和允许标示牌
  D. 电气标示用来警告非电气值班员，预知危险

（3）关于高压放电棒的作用，下列说法正确的是（　　）。
  A. 高压放电棒是利用新型绝缘材料加工而成，它既能拉长，又能收缩
  B. 便携式伸缩型高压放电棒便于在室外各项高电压试验中使用，特别在做直流耐压试验后，对试品上积累的电荷进行对地放电
  C. 高压放电棒的放电电压范围为:5～70kV
  D. 放电棒收缩尺寸：长220mm，放电棒收缩节数：5节

（4）关于携带型接地线，下列说法错误的是（　　）。
  A. 高压接地线按照使用环境可以分为：室内母排型接地线和室外线路型接地线

B. 高压接地线按照电压等级可分为:10kV 接地线、35kV 高压接地线、110kV 接地线、220kV 高压接地线、500kV 高压接地线

C. 挂接地线时:先接接电夹,后接接地夹;拆除接地线时,必须按程序先拆接地夹,后拆接电夹

D. 核实接地线的电压等级与操作设备的电压等级是否一致

(5) 安全色包括红、黄、蓝、绿,下列说法正确的是(　　　)。

A. 黄色表示注意、警告、停止的意思,需警告人们注意的器件、设备或环境涂以黄色标记,如警告标志、交通警告标志、停止标志

B. 黄色表示注意、警告、禁止的意思,需警告人们注意的器件、设备或环境涂以黄色标记,如警告标志、禁止标志、交通警告标志

C. 黄色表示注意、警告的意思,需警告人们注意的器件、设备或环境涂以黄色标记,如警告标志、交通警告标志

D. 以上说法都不对

附录1　标准说明书所需文件

序号	名称	二维码	序号	名称	二维码
1	《安全帽测试方法》		7	变频串联谐振交流耐压试验原理及测试步骤	
2	《带电作业工具、装置和设备预防性试验规程》		8	部分设备(试品)的电容值	
3	《带电作业用绝缘手套》		9	部分设备试验电压标准	
4	《带电作业用绝缘鞋(靴)通用技术条件》		10	各种放电及干扰分析谱图	
5	《电力设备预防性试验规程》		11	露点与饱和参数及在 SF_6 气体中含量的关系	
6	《电气装置安装工程　电气设备交接试验标准》				

附录2　电气试验工、高压电工文件

序号	名称	二维码	序号	名称	二维码
1	微课:变压器送电		5	微课:模拟灭火器灭火	
2	微课:挂接地线		6	电气试验通用步骤	
3	微课:心肺复苏		7	电气试验作业安全技术实际操作考试标准	
4	微课:10kV开关柜检修转运行		8	高压电工实操标准	

参 考 文 献

[1] 张文福,刘姣姣.高电压技术[M].郑州:黄河水利出版社,2020.
[2] 赵智大.高电压技术[M].4版.北京:中国电力出版社,2022.
[3] 常美生.高电压技术[M].3版.北京:中国电力出版社,2019.
[4] 高楠楠,郑远平.断路器 避雷器 电力电缆试验与分析[M].北京:中国电力出版社,2012.
[5] 伍家洁,苏渊.高压电气设备实验方法[M].2版.北京:中国电力出版社,2022.
[6] 沈诗佳,程航.高电压技术[M].北京:中国电力出版社,2012.
[7] 黄志先.高电压技术应用[M].北京:中国水利水电出版社,2015.
[8] 施围,邱毓昌,张乔根.高电压工程基础[M].2版.北京:机械工业出版社,2014.
[9] 何发武.城市轨道交通电气设备测试[M].成都:西南交通大学出版社,2017.